景观考古视角下江汉地区夏商时期聚落研究

国家社会科学基金项目「长江中游地区夏商时期聚落分布与社会组织研究」（项目号：22CKG013）阶段性成果

邹秋实 著

武汉大学出版社
WUHAN UNIVERSITY PRESS

图书在版编目(CIP)数据

景观考古视角下江汉地区夏商时期聚落研究/邹秋实著．—武汉：
武汉大学出版社,2023.6
ISBN 978-7-307-23682-0

Ⅰ.景…　Ⅱ.邹…　Ⅲ.①聚落地理—研究—湖北—夏代　②聚落
地理—研究—湖北—商代　Ⅳ.K926.3

中国国家版本馆 CIP 数据核字(2023)第 053329 号

责任编辑:李　程　　责任校对:李孟潇　　版式设计:马　佳

出版发行:武汉大学出版社　（430072　武昌　珞珈山）
　　　　　（电子邮箱：cbs22@whu.edu.cn　网址：www.wdp.com.cn）
印刷:武汉精一佳印刷有限公司
开本:720×1000　1/16　印张:22.25　字数:316 千字　插页:4
版次:2023 年 6 月第 1 版　　2023 年 6 月第 1 次印刷
ISBN 978-7-307-23682-0　　定价:119.00 元

目　录

第一章 绪 论

第一节 研究背景与意义

一、研究背景

江汉地区大致包括长江与汉水冲积形成的江汉平原以及外围的低山、丘陵地带。大巴山、大洪山、桐柏山、大别山分布于江汉地区以北，成为该区域与中原地区的天然分界线。就地理格局而言，江汉平原东、西、北三面环山、南与洞庭湖平原相望，形成了一个相对独立的地理空间。与此同时，汉水、涢水、滠水、澴水、倒水、举水等多条南北向水系穿大别山而过，经江汉腹地汇注长江，水系两侧的山间谷地成为连接江汉与中原地区的天然孔道。因此，自新石器时代以来江汉地区长期与中原地区保持着密切的文化联系。

公元前 1600 年至前 1100 年前后，兴起于中原地区的夏商文化蕴育出高度发达的青铜文明，同时对中原以外的周边地区形成了显著的辐射作用。在上述历史进程中，地处中原文化核心区以南的江汉地区亦催生出了极具地域特色的青铜文化，伴随着中原政体的扩张与收缩，江汉与中原地区的政治和文化联系亦呈现出相当的复杂性。在以往的考古学研究中，学者们多从遗物所体现的文化面貌入手，对江汉地区夏商文化时期的文化格局及其与中原地区的文化联系进行了广泛而深入的讨论。建构出相对清晰的考古学文化分期体系与年代框架，对江汉与中原地区的政治与文化关系亦形成了若干基本认识①。

　　然而，在以往的研究中鲜有论及文化发生所依托的地理环境。有学者认为，地理环境犹如人类历史演出的舞台。实际上，在一定程度上地理环境不仅充当着人类历史的舞台，而且可能影响和改变剧情的发展②。就研究视角而言，以往的研究多聚焦于考古遗存本身，较少关注遗存与其所处地理空间之间的复杂关系，将考古遗存置于特定的地理环境中进行考察或将成为我们理解和阐释早期文明的重要视角之一。

　　值得注意的是，近年来武汉盘龙城遗址的考古工作表明，商文化时期盘龙城区域的河湖水位比当今河湖水位至少低 5.1 米③。在此水位条件下，当前占据遗址总面积约 40% 的盘龙湖水域在商文化时期应为一片低平的陆地，并很有可能属于人类活动空间，由此引发的盘龙城聚落形态的整体变迁不言自明。可见，将遗址景观复原至聚落营建时期，是考古学家开展聚落布局有关研究的重要基础。不仅如此，江汉地区环境史研究表明，近5000 年以来，长江中游洪水位上涨幅度可达 13.6 米④。宋元时期以来，以筑堤围垦为核心的人类活动显著改变了江汉平原的自然地貌和人地关系⑤。显然，上述自然和人文景观的变迁势必对夏商时期聚落的形态造成影响，

---

　　① 张昌平：《夏商时期中原与长江中游地区的文化联系》，《华夏考古》2006 年第 3 期；王立新：《早商文化研究》，高等教育出版社，1998 年；豆海峰：《长江中游地区商代文化研究》，吉林大学博士学位论文，2011 年；豆海峰：《从出土遗物看商时期南方与中原的文化互动》，《考古》2017 年第 4 期；孙卓：《论商时期中原文化势力从南方的消退》，武汉大学博士学位论文，2017 年；孙华：《安阳时期商朝国家的政治版图——从文化分域和重要遗存的角度来考察》，《古代文明》第 10 卷，上海古籍出版社，2016 年。

　　② 鲁西奇：《区域历史地理研究：对象与方法——汉水流域的个案考察》，广西人民出版社，2000 年，第 1 页。

　　③ 武汉大学历史学院、湖北省文物考古研究所、盘龙城遗址博物院等：《武汉市盘龙城遗址水下勘探及试掘简报》，《江汉考古》2018 年第 5 期。

　　④ 周凤琴：《荆江近 5000 年来洪水位变迁的初步探讨》，《历史地理》第 4 辑，上海人民出版社，1986 年。

　　⑤ 杨果、陈曦：《经济开发与环境变迁研究——宋元明清时期的江汉平原》，武汉大学出版社，2008 年，第 359 页。

现代考古学家面对的正是经历了复杂环境变迁之后所留存的景象。不难想见，夏商时期江汉地区先民所居住和依托的自然与人文环境可能与当今所见大相径庭。因此，对遗址本体及其所处地理环境进行景观复原，乃是分析聚落形态、人地关系、文化交流等复杂问题的基本前提，亦是本书所欲探讨的主要内容之一。

景观考古学是 20 世纪 70 年代以来兴起于西方考古学领域的一门分支学科，尽管"景观"（Landscape）一词有着十分丰富和复杂的内涵，但作为一种研究方法，景观考古研究强调从文化的角度考察人类行为与地理空间要素之间的关系。在景观考古学语境中，无论是山川、谷地、河流等自然地物，还是聚落、道路和防御工事等人造设施都可以被视为"景观"的组成部分。"景观"所指的不仅仅是某项物质实体，还更多地表达着人类社会与其所处的地理空间之间的复杂关系。我们可以透过人类聚落的布局形态，乃至聚落周边的山川、河流等内容探究人类对周遭环境的理解和认知。因此，在复原江汉地区夏商文化时期聚落景观的基础上，探究古人对周遭环境的理解、认知与选择方式，亦是本书意图探讨的主要内容之一。

就宏观历史背景而言，公元前 1600 年至前 1100 年，江汉地区在相当长的时间内均处于中原文化的强力辐射和控制之下，公元前 1200 年前后，随着中原文化势力的退出，江汉地区土著青铜文化初见端倪。在上述长程的历史时期之内，政治与文化势力的渗透和交融何以在复杂的地理空间中得以实现？不同时期不同人群对地理环境的选择与利用又有着怎么样的异同？这些都是值得深入探究的问题。

二、研究意义

本书的研究意义大致可归纳为以下两个方面。

其一，就研究内容而言，本书试图从遗址现状入手，在对江汉地区夏商时期聚落景观进行复原的基础上，探讨此区域夏商时期的河湖水位与人居环境、聚落形态与选址理念以及聚落分布与交通路线等问题。相较而言，在本书所涉的时空范围内，以往的考古学研究多从遗物资料入手就文化面貌、年代框架及区域互动等问题展开讨论。因此，本书的研究既是对以往研究内容和视角的拓展与补充，亦是全面研究古代社会的题中应有之义。

如前所述，公元前 1600 年至前 1100 年江汉地区涌现出丰富的夏商文化时期遗存，以往学者们的研究多是通过对陶器、青铜器等遗物资料的分析，对考古遗存背后所体现的文化交流、人群族属及社会背景等问题进行探讨。然而，与遗物伴生的还有大量的遗迹，尤其是聚落、城址等人类活动聚集地。聚落形态本身以及聚落所处的地理空间均包含着丰富的文化信息，从景观考古的视角出发，对聚落及其周遭景观进行复原和研究理应成为我们研究古代社会与早期文明的重要角度。但是，由于大量的考古遗址在早年被发现之时，囿于技术手段等原因，未能对考古遗存丰富的空间信息进行采集，因而在刊布的资料中多侧重于遗物信息，这对于分析遗迹的布局形态乃至复原遗迹的景观"原貌"都造成了较大的困难。本书则有针对性地选择江汉地区若干夏商文化时期遗址，在对其进行大量景观考古调查的基础上，结合考古发掘资料和相关的景观分析手段，对遗址的景观变迁过程进行"由今及古"的分析，尽可能地复原出古代聚落的原始面貌，并尝试解读聚落形态及其分布态势所体现的社会图景和文化格局。

其二，就研究方法而言，本书所采用的景观考古分析方法与手段对于当前中国田野考古实践及相关考古学研究均具有借鉴意义。此项研究方法兴起于西方考古学领域，当前在中国尚处于起步阶段。较之于聚落考古而言，景观考古不仅关注聚落本身，同时关注承载聚落的地理空间以及聚落与聚落之间的连续地理表面[①]。较之于环境考古而言，景观考古主张从文化的角度对人类活动与地理环境之间的关系进行研究，景观考古与环境考古之差异近似人文地理与自然地理的差异。在以往刊布的考古发掘资料中，发掘者多侧重于详细介绍有关遗物的各项信息，而疏于公布遗迹所包

① 张海：《景观考古学——理论、方法与实践》，《南方文物》2010 年第 4 期。

含的丰富的地理空间信息。近年来，随着空间信息技术的发展，在田野考古实践和相关研究中，对于遗存空间信息的全面采集和综合分析已成为基本共识。在此背景之下，景观考古的相关分析方法和技术手段对于田野考古与研究工作具有十分积极的意义。本书的研究亦可视为该领域的一项粗浅尝试和探索。

第二节 研究目标与方法

一、研究目标

本书的研究始终围绕"景观"这一核心议题展开，所欲研究的目标可概括为两个层面，一是通过对当代所见遗址的深入考察，借助景观考古分析方法，复原出江汉地区夏商文化时期聚落的真实面貌，实现从"遗址"到"聚落"的回溯式观察。二是在本书所建构的时空框架之下，比较江汉地区公元前1600年至前1100年不同阶段河湖水位、聚落选址及交通路线等方面的差异。并透过不同阶段的景观特征探讨其背后所蕴藏的人类行为方式和思想观念，从景观的角度对上述复杂文化现象作出阐释。

具体而言，本书的研究目标包含以下内容。

(1)复原江汉地区夏商文化时期聚落形态及其所处的地理环境。对聚落形态的复原需要从遗址当前形态入手，结合考古发掘资料并全面梳理历史时期(聚落废弃后至今)遗址区域内自然及人文景观的变迁历程，从而尽可能地复原出夏商文化时期聚落的原貌。

对聚落周遭地理环境的复原则主要聚焦于河湖水位的考察和复原。河湖水位是众多地理环境要素中变迁最为频繁且极不稳定的一类因素。加之江汉地区地势低平，河湖纵横，河湖水位涨落成为影响这一区域地貌形态和人居环境的重要因素。反之，夏商文化时期人类居址的高程也在一定程度上体现了当时的河湖水位状况，因此可以依据夏商文化时期居址、墓葬的高程大致估测不同时期河湖水位的变化。同时，可将夏商时期聚落的高程与现代河湖水位进行比对，观察古今水位的显著差异，为我们理解和分析夏商文化时期江汉地区的文化格局提供更为真实可靠的地理背景。除河湖水位以外，河流改道亦是本书所欲探讨的内容，先秦时期聚落的分布多与河道走向密切相关，河道走向又影响着我们对古代交通路线的认识，因此梳理河道变迁历程是复原古代交通网络的基础。

（2）比较不同时期、不同区域景观特征的差异，探讨景观背后所体现的复杂人类行为及思想意识，并从景观的角度对复杂文化现象作出阐释。如前所述，公元前 1600 年至前 1100 年，中原文化对江汉地区的影响由强力辐射与控制到日渐式微，江汉地区土著青铜文明初见端倪。在此宏观背景之下，不同阶段的河湖水位、聚落的营建方式、选址特点乃至交通路线存在何种异同？从共时性的角度而言，江汉地区东部与西部有着不同的自然地理条件和区域文化背景，在相同的时间范围内，江汉地区东部与西部的景观特征又呈现出哪些差异？上述历时性与共时性的比较，是本书所欲探讨的重要内容。不仅如此，景观特征上的相同与差异实则体现出人类行为方式及观念方面的异同，是一定时期社会背景的折射。具体而言，二里头文化晚期与二里冈文化及殷墟文化时期聚落分布地点的差异可能体现着不同人群在居址选址理念方面的不同。而夏商时期江汉地区东部与西部聚落营建方式与分布范围的差别可能体现着中原政体对不同地域采取的不同政治经略手段。总之，不同时空尺度下景观特征所呈现出的复杂性包含着丰富的历史信息，对这些问题的探究将是本书希望探索的更深层次内容。

二、研究方法

本书的基本思路是从江汉地区夏商时期遗址的当代景观入手，借助田野考古材料和景观分析手段，复原这批遗址在夏商时期的"原始面貌"及其所处的地理环境。进而对江汉地区夏商时期的社会背景及文化发展进行全新的分析与阐释。因此，对遗址景观信息的提取和分析就成为本书研究所需关注的核心问题。然而，在以往刊布的田野考古报告或简报中，对于遗址地理位置及其所处空间地理景观的描述都相对简略，难以通过散见于不同考古报告中的图、文资料追溯和复原遗址的景观变迁。为开展本书的研究工作，笔者采用了一套从遗址景观信息的采集、提取到分析较为完整的研究方法，在此予以阐述。

（一）确定遗址的准确位置

遗址所处的地理空间包含着丰富的景观信息，查阅田野考古简报和报告是本书在对二手材料开展研究时，获取遗址准确位置信息的最初途径。然而，考古调查或发掘简报通常以文字的形式对遗址所在地点予以描述，并配以简略的示意图加以标示。研究者难以依据上述图文资料在大比例尺地图或遥感影像中直接确定遗址所在地点，对遗址景观信息的提取，及研究工作的开展造成一定的难度。

针对上述背景，笔者采用了两种不同的方式确定遗址的准确位置。第一种方式，笔者在地方文物考古单位的协助下赴遗址现场进行实地调查，运用 RTK 等高精度数字化测量仪器对遗址中心点和遗址分布区域进行高精度测绘，采测遗址的经纬度坐标。第二种方式，依据考古调查或发掘报告中对遗址地点的文字描述及相关位置示意图，凭借若干地理参照物和遗址的地貌特征，从现代高分辨率卫星影像（Google Earth）中辨识出遗址，从而获取遗址的经纬度坐标。例如，荆州荆南寺遗址由于现代人类活动的破坏，当今地表已被现代建筑物占据，遗址不复得见。笔者从《荆州荆南寺》及相关简报中可以获知荆南寺遗址位于荆州古城以西 1.5 千米，南距长江 4 千米[1]。遗址为一处高出周围 3~4 米的土墩，南濒茨湖，北有太晖河流过[2]。同时笔者查阅了 1924 年测绘的荆州地区地形图[3]，在荆州古城以西约 1.5 千米处发现了一处标注为"荆南寺"字样的土墩。依据以上线索以

①　荆州博物馆：《荆州荆南寺》，文物出版社，2000 年，第 1 页。

②　陈贤一：《江陵张家山遗址的试掘与探索》，《江汉考古》1980 年第 2 期。

③　中华民国军事委员会军令部第四厅 1924 年测绘出版的五万分之一地图"江陵县"幅。

及太晖河以南、茨湖以北等地理参考点，笔者就可以在谷歌地球卫星影像中锁定荆南寺遗址的准确位置，获取遗址中心点的坐标(参见图1.1举例)。

实地采测遗址三维坐标　　　　　在Google Earth中定位遗址

遗址三维坐标汇总统计

遗址名称	遗址中心点经纬度	海拔高程(米)	备注
徐家洲	114.270502，30.973209	35.6~37.2	
×××	…	…	…
×××	…	…	…

图1.1　确定遗址三维坐标的基本方法举例

当我们获知了某一遗址精确的地理坐标(在本书中以经纬度体现)后，便可以将遗址置于各类等高线地形图、遥感影像、数字高程模型之中，从而对遗址本体及其所处的地理空间的景观信息进行提取和分析。

(二)提取和分析遗址的景观信息

对江汉地区夏商时期遗址景观信息的采集和提取是开展本书研究的重要基础，本书对遗址景观信息的采集方法主要有两种。第一，运用RTK等高精度数字化测量仪器对遗址中各类考古遗存的空间信息进行测绘，使得散布于旷野之中的考古遗存均获得精准的三维坐标，为后续展开相关的景观分析奠定基础；第二，通过对民国时期军用地形图、20 世纪 60 年代 CORONA 卫星影像等图像资料的搜集和整理，从中提取出大量现已消逝的遗址景观信息，为后续分析并复原夏商时期聚落景观提供丰富的依据。20 世纪 70 年代以后，随着大规模基本建设的展开和随之而来的城市化进程，中国大部分区域的自然地貌发生了极其显著的变化。现代建筑工程机械的广泛使用使得大量的遗址遭受前所未有的严重破坏，许多保存数千年的遗迹在过去的 50 年间迅速消失，这一背景给当代考古学家复原古代聚落景观带来了极大的挑战。因此，早期地图和卫星影像对于复原遗址景观具有十分珍贵的意义。

本书研究中所运用的地形图及卫星影像资料主要包括：（1）20 世纪 20—30 年代中华民国政府组织各省测绘的五万分之一地形图；（2）20 世纪 60—70 年代美国卫星"科罗娜"（CORONA）拍摄高分辨率遥感影像和谷歌地球发布的当代地表遥感影像；（3）从"中国科学院计算机网络信息中心地理空间数据云平台"（http：//www. gscloud. cn）下载的相应研究区域的数字高程模型（Digital Elevation Model，简称 DEM）。鉴于在后文的讨论中将多次运用各种地形图、遥感影像及数字高程模型，以下将对上述各类图像资料予以简要介绍（参见图 1.2）。

（1）中华民国南京国民政府参谋本部 20 世纪初期在全国各省组织测绘的 1：50000 地形图。这批地图测绘于 1916—1925 年和 1930—1939 年两个"十年计划"时期。这批地图采用现代测绘技术进行测量、绘图。统一采用兰勃特投影，经纬度分幅，图中标绘有详细的高程信息（参见图 1.3）。由于具有现代测绘技术的精确、科学属性，这批地图中丰富的历史地理信息对于相关研究具有十分珍贵的价值，已经在历史地理研究中发挥了重要作用[①]。1949 年，国民党迁台时，将各类地图悉数带至台湾，日军侵华时出

---

① 江伟涛：《民国 1：10 万地形图及其所见江南市镇数量——兼论常熟、吴江市镇数量的巨大反差》，《中国历史地理论丛》2017 年第 3 期。

于军事目的又对这批地图进行过大量翻印、盗绘。因此目前这批地图主要分布于中国和日本。近年来中国台湾"中央研究院"人社中心推行的"地理资讯数位典藏计划"已将其收藏的两万余幅纸质1∶50000地形图全部进行数字化，并在互联网上发布供研究者取阅。本书所选用的20世纪20—30年代测绘的1∶50000地形图均来自台湾"'中央研究院'人社中心地理资讯数位典藏计划"。

a. 民国军用地形图   b. CORONA 卫星影像

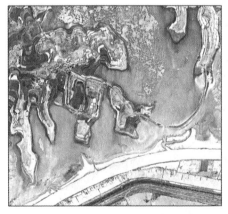
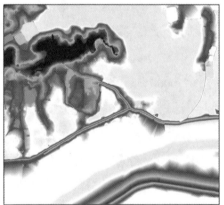

c. Google Earth 卫星影像   d. 数字高程模型

图 1.2 地形图、遥感影像与数字高程模型举例

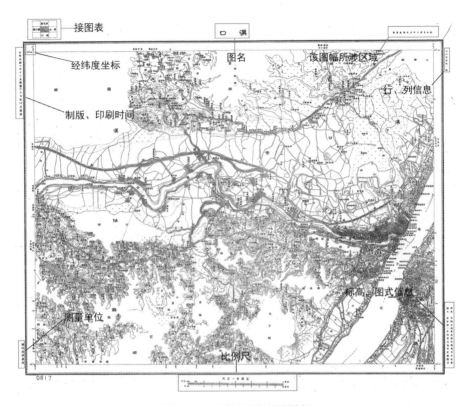

图 1.3　民国军用地形图样例

　　(2)美国科罗娜(CORONA)卫星是 20 世纪 60—70 年代拍摄的遥感影像。CORONA 卫星是冷战时期美国用于军事侦察的卫星, 其在 1960—1972 年拍摄了覆盖全球的卫星影像, 最高地面分辨率可达 2 米。科罗娜影像资料在美国地面要素制图方面掀起了一场革命①。而这批现已解密的卫星影像也使考古学家研究过去 50 年间业已消逝的遗址景观成为可能。然而, 由于 CORONA 卫星搭载的相机拍摄角度并非垂直成像, 影像传感器在拍摄中会产生畸变, 导致 CORONA 影像通常会出现一些变形, 因此我们在利用 CORONA 影像进行景观分析之前, 需要利用 Envi、Arcgis 等软件对此类影

---

　　①　蓝荣钦、林丽霞:《科罗纳侦察卫星影像及其地图制图应用》,《信息工程大学学报》2000 年第 4 期。

像进行纠正，即利用影像中明显像点（控制点）的影像坐标及其纠正后参考坐标系中的理论坐标，建立纠正前后控制点的坐标多项式关系，并利用一定数目控制点的坐标数值解求多项式中的系数，进而对整幅影像进行重新采样，精确地改正影像中的线性和非线性变形（参见图 1.4）①。

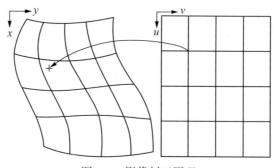

图 1.4　影像纠正原理

1995 年，美国政府对 CORONA 卫星拍摄的影像资料全部解密，并在美国地质调查局网站上公开发布，随后各国考古学家开始大量运用这批影像资料开展遥感考古及景观分析研究②。本书所采用的 CORONA 影像均取自美国地质调查局网站，在获取原始资料后运用 Envi、Arcgis 等软件对影像进行了纠正、配准等技术处理，以使其满足本书研究的需要（参见图1.5）。

（3）谷歌地球（Google Earth）软件发布的现代遥感影像。Google Earth 是谷歌公司 2005 年发布的虚拟地球软件。用户可以从 Google Earth 中免费浏览世界各地的高清卫星影像，当前 Google Earth 影像已经被广泛应用于考

---

① 刘建国：《考古与地理信息系统》，科学出版社，2007 年，第 41 页。
② Ur A J, CORONA Satellite Photography and Ancient Road Networks: A Northern Mesopotamian Case Study, *Antiqutiy*, 2003（77），pp. 102-116；郝园林、森谷一树：《CORONA 影像在城市考古中的应用》，《边疆考古研究》2017 年第 2 期；李旻、王艺：《中国考古学景观与卫片的利用》，《形象史学研究》2014 年第 4 期。

古和其他社会科学研究领域之中①。将 Google Earth 影像与 20 世纪初期、20 世纪 60—70 年代测绘或拍摄的地图、影像资料进行比对即可对大量商文化时期遗址在近百年间的景观变化过程进行动态观察和分析，为本书复原夏商文化时期聚落景观提供了丰富的信息和依据。

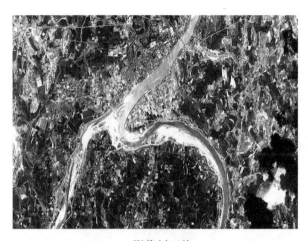

a. 影像纠正前

b. 影像纠正后

图 1.5　CORONA 影像纠正前后对比图

① Adrian Myers 著，吴梦洋译，葛威校：《Google Earth 在考古学中的应用潜力与局限性评述》，《南方文物》2015 年第 4 期。

（4）数字高程模型（DEM）是用来模拟地球表面形状的数字模型，许多用于景观考古的二级派生数据（如地表坡度、坡向）、三级派生数据（如地形曲率、视域、水域、成本面）都间接从数字高程模型计算而来。数字高程模型的获取方式有多种，可以利用等高线插值生成，也可以通过遥感影像的立体像对生成，亦可以从相关网站直接下载。本书中绝大部分数字高程模型数据均来自"中国科学院计算机网络信息中心地理空间数据云平台"（http：//www. gscloud. cn）发布的30米和90米分辨率数字高程模型。

除了以上对遗址本体的景观信息进行搜集和提取之外，本书还对遗址所处空间的相关地理信息予以搜集和整理。其中江汉地区的河道形态、河湖水位数据、近现代道路交通网络对于本书探讨夏商文化时期的河湖水位、交通路线等问题有着十分重要的意义。本书对此方面信息的收集主要来自地方志书以及一些专门的水文类书籍，例如《1954年长江的大洪水》《中国历史大洪水调查资料汇编》《长江中游防洪地图集》等。

在对以上各类图像与文字资料进行搜集以后，需要借助地理信息系统软件 Arcgis 对庞杂且多源的数据进行统一管理和集中呈现，以适应于本书的研究需要。Arcgis 是美国环境系统研究所公司（ESRI）开发的商业软件，该软件因功能强大、界面友好是目前应用最为广泛的地理信息系统软件之一。近年来，Arcgis 软件在我国的考古学研究中发挥着日益显著的作用。

本书开展景观复原研究的基本思路在于，通过各类地图及文献资料将遗址地貌还原至遭受大规模工业文明破坏之前，以此作为我们考察夏商文化时期聚落景观的重要基础和依据。然后，通过对遗址内考古遗存的分布状况、遗址现存的布局形态以及遗址周边的地貌形态的综合分析，尽可能地复原出夏商文化时期的聚落景观。在确定遗址的准确地理坐标之后，我们可运用 Arcgis 软件将上述地形图、遥感影像、数字高程模型置于统一的地理坐标系之中，并对图像进行校正和配准。通过对不同时期地形图和遥感影像的比对，我们可利用丰富的图像资料观察近百年间景观变迁的动态过程。不仅如此，在 Arcgis 软件中对上述栅格图像资料进行校正和配准处理之后，图像上的每一个栅格均被赋予特定的地理坐标，因此可以对图中所示的遗址区域进行空间信息的量算，例如测量河流的宽度、遗址的面积、遗址的海拔高程，等等，这类信息对于聚落景观复原研究具有显而易见的意义，但却在普通的田野考古简报中难以获知。

为更加直观地体现本书在景观分析时采用的基本方法，在此以武汉香炉山遗址为例，对本书提取遗址景观信息的基本方法予以呈现(参见图1.6)。

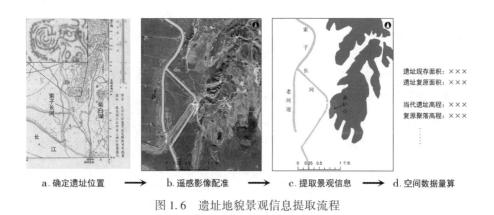

图 1.6 遗址地貌景观信息提取流程

(三)复原夏商文化时期景观

就空间范围而言，本书对于夏商文化时期景观的复原包括两种不同的尺度，既包括对单个聚落景观的复原，也包括对江汉地区夏商文化时期区域景观的复原。本书将在对多个聚落的景观逐一进行复原的基础上，由"点"及"面"，形成对区域景观的整体认识。就景观要素而言，本书所聚焦的要素主要包括河湖水位、聚落形态以及交通路线。在此，将对复原上述三类景观要素的基本方法予以简要介绍。

(1)夏商文化时期江汉地区的河湖水位与当代同期水位是否相异，学界尚未形成清晰的认识。本书的基本方法是，运用高精度数字化测量仪器采集夏商文化时期遗址的海拔高程，并依据考古发掘或勘探资料复原夏商文化时期聚落高程的下限值。将多个聚落高程的下限值予以串联，即可大体获知夏商文化时期河、湖水位的基本状况。在Arcgis软件的辅助下，可以利用江汉地区的数字高程模型模拟不同水位条件下的淹没范围，并与相应时期聚落分布地点进行比对，由此获得接近真实状况的河湖水位信息。

（2）对于聚落形态的复原则主要是通过田野考古材料和对早期遥感影像（CORONA 影像）的解读。通过田野考古工作可以获知埋藏于地表以下的若干聚落形态信息，例如环壕、城垣、建筑基址等。因此，田野考古资料是我们复原夏商文化时期聚落景观的重要基础。而早期遥感影像因为保存了许多当前已不复存在的地貌信息，所以有可能成为我们复原古代聚落景观的重要信息来源。笔者在对多个遗址的早期遥感影像进行观察的过程中均发现了有关聚落形态的重要信息。在开展一定数量的个案研究之后，便可从宏观的角度对一定区域之内的聚落形态特征与选址规律进行比较，总结和归纳聚落营建方式、选址特点、布局形态等方面的异同，并对这些异同所呈现出的文化现象进行分析。

（3）对交通路线的复原相较于前面两项研究内容而言，存在较大的难度。因为，夏商文化时期的交通路线基本无法与某类考古遗迹直接对应，难以真切还原某条道路乃至交通网络。本书所采用的思路与以往学界采用的思路基本一致，即以一定时期聚落分布区域推测和勾勒相应时期的交通路线。与前人不同的是，本书将在系统梳理水系改道过程的基础上对交通路线进行推测和分析。青铜时代交通路线与河流的密切关系毋庸赘述，但前人的研究多以现代水系网络为基础，推测古代交通路线，而河流又是较为活跃的地理因素，改道与泛滥时有发生。因此以往依据现代河道推测古代道路的尝试存在一定的缺陷，本书将综合历史地理研究的现有成果，在对某些关键河流改道过程进行梳理的基础上，结合聚落分布情况复原古代交通路线。

另一方面，交通路线并非一成不变，不同的时期可能出现不同的道路，或者同一时期并存着多条道路。在以往的讨论中，较少从历时性的角度对交通路线进行考察，而依据考古遗存所体现出的年代特征，我们有条件在一定的时空框架下，对夏商文化时期不同阶段的交通路线进行分析，并可比较不同阶段交通路线的异同。交通路线背后实际体现着政治、文化势力的渗透方式以及资源交换、贸易往来等行为的发生路径，而这正是本书探讨交通路线的深层次所在。

（四）相关概念说明

1. 聚落与遗址

本书的核心是对遗址的景观变迁过程进行分析和回溯，从而复原夏商时期聚落景观，在此基础上展开若干社会性问题的讨论。因此，本书在对每个遗址进行个案分析时需要对不同时期的遗址景观进行描述，为使概念相对清晰，表意更为准确，在此对书中"聚落"与"遗址"的概念进行界定和说明。

通常而言，"聚落"是古代人类各种聚居地的总称①，"遗址"则被认为是人类遗物、遗迹或自然遗物在空间上的集合体②。在本书的论述中，我们将"遗址"与"聚落"赋予了时间上的差别，本书中的"遗址"是指古代聚落废弃之后所呈现的状态。而本书中的"聚落"则是指夏商时期人类营建和使用的聚居地。简言之，"遗址"是"聚落"废弃之后的景观。本书的研究正是从遗址景观入手，逐步趋近夏商时期的聚落景观。

2. 坐标系统的选择

本书的研究借助地理信息系统软件 Arcgis 对各类遗存的空间地理坐标及各种地图、影像资料进行综合处理与分析，因此需要确定一个统一的三维坐标系统。本书中所有空间数据平面坐标系统采用 WGS84 坐标系统，高程坐标系统采用"1985 国家高程基准"。

需要说明的是，在后文的论述中需要将遗址高程与当地的河湖水位进行比较，因此选择统一的高程系统才使得这种高程的比较具有科学性。长

---

① 王巍主编：《中国考古学大辞典》，上海辞书出版社，2014 年，第 13 页。
② 罗伯特·沙雷尔、温迪·阿什莫尔著，余西云等译：《考古学：发现我们的过去》，上海人民出版社，2008 年，第 96 页。

江流域水文站记录的河湖水位高程大多采用"吴淞高程系统"①，而目前中国通行的高程系统为"1985 国家高程基准"，通过各种现代测量仪器测得的遗址海拔高程也是基于"1985 国家高程基准"而得出的②。由于"吴淞高程系统"与"1985 国家高程基准"之间存在 1.717 米的差值，因此在比较不同类别的高程数据时，需要对不同高程系统的数据进行转换（"吴淞高程基准"＝"1985 年国家高程基准"＋1.717 米）。本书中采用的数字高程模型来自中国科学院计算机网络信息中心地理空间数据云平台发布的 30 米分辨率数字高程模型（DEM），其所采用的高程系统是"1985 国家高程基准"。鉴于长江流域河流水位数据均采用"吴淞高程系统"，在将聚落高程与现代河湖水位进行比对时，应先将"吴淞高程系统"转换为"1985 国家高程基准"，在统一的高程系统中进行各类高程数值的比较。

三、创新点

本书主要是通过对夏商文化时期江汉地区若干遗址的景观变迁过程进行分析，以夏商时期聚落为切入点，对夏商文化时期江汉地区的地貌环境、河湖水位进行了初步的复原。在此基础之上，对相应时期聚落所体现出的选址理念、人居环境以及交通路线等文化景观进行了分析和研究，基本勾勒出夏商文化时期江汉地区的地理与人文景观，进而从景观考古的视角对夏商文化时期江汉与中原地区的文化关系与政治格局进行了阐释。本书的创新点可归纳如下：

（1）首次对江汉地区以盘龙城遗址为代表的夏商文化时期遗址的景观变迁过程进行了回溯式的观察，将遗址的景观从时间上划分为聚落使用和

---

① 徐菊华、姜本海、姚楚光：《长江中下游干流吴淞高程系统概论》，《人民长江》2007 年第 10 期。

② 不同高程系统的差异在于各自采用了不同的海平面作为基准点（零点）。例如"吴淞高程系统"采用上海吴淞口验潮站 1871—1900 年实测的最低潮位所确定的海面作为基准面。"1985 国家高程基准"则采用青岛验潮站 1952—1979 年潮汐观测计算的平均海水面为基准面。

聚落废弃后(变成遗址)两大时期。从遗址当代景观入手，结合考古调查、发掘资料及遗址的空间地理信息，对夏商文化时期的聚落景观进行复原。

(2)通过对夏商文化时期聚落景观的复原，从宏观上勾勒出了夏商时期江汉地区的河湖水位及地貌形态，较之于以往的环境史研究成果，本书对于江汉地区夏商时期的环境获得了更为清晰的认知，为研究这一区域夏商时期文化格局和政治态势提供了新的语境和基础。

(3)从景观分析这一全新的视角考察夏商时期中原王朝对江汉地区的经略方式和文化关联等问题，从聚落的选址特点、分布规律、营建方式等景观特征中提取出了新的社会历史信息，为复原商文化时期江汉地区的社会生活场景提供了丰富的线索和依据。

第三节　研究史回顾

研究史回顾不仅是对以往研究成果的简单梳理与总结，而且应该是在系统整理以往研究成果的基础之上，从中提炼出相关研究领域的空白与不足之处，为后续的研究提供扎实的基础和新的思路。本书主要是从考古材料入手探讨江汉地区商文化时期的地理景观，所涉及的研究领域既包括这一区域夏商时期考古遗存，也涵盖江汉地区的环境史，在研究方法上还大量运用了景观考古学研究手段。因此，以下将从考古遗存的发现与研究、环境史研究和景观考古学发展历程三个方面对以往的研究成果进行归纳和梳理，并对以往研究存在的缺陷与不足之处予以总结，以此作为后续研究的铺垫与序章。

一、江汉地区夏商文化时期遗存发现及研究史

江汉地区夏商文化时期考古遗存的田野发掘工作始于 20 世纪 50 年代，随着考古发现的日益增多，相关的研究成果亦随之丰富起来，不同时期的田野工作思路与研究主题呈现出明显的阶段性变化。总体而言，江汉地区夏商文化时期考古遗存的发现与研究历程基本可以划分为以下三个阶段。

1. 20 世纪 50 年代至 80 年代初期

1954 年，在防汛筑堤工程中被意外发现的武汉黄陂盘龙城遗址当属这一阶段最为重要的考古发现①。20 世纪 60—70 年代，湖北省博物馆、北京大学等单位陆续对该遗址开展了大规模的考古发掘，确定了盘龙城城垣的修筑年代为商代二里冈文化时期，并发现了同时期的大型宫殿建筑基址群和多座高等级贵族墓葬②。盘龙城遗址的一系列重要发现大大扩展了学界对于商文化向南影响所及区域的认识③。同时，考古人员开始尝试对盘龙城遗址出土的陶器遗存进行分期和相对年代的研究④，在此基础上，众多学者针对盘龙城遗址的性质及其与中原商王朝的关系展开讨论⑤。

这一阶段湖北省博物馆、北京大学与孝感地区博物馆等单位对鄂东北地区开展了多次考古调查，在孝感、黄陂、安陆地区发现了一批商文化时期的遗址，并对孝感聂家寨遗址开展了小规模试掘⑥。同时在盘龙城遗址以北约 25 千米处的黄陂鲁台山遗址发现有少量商代前期的陶片，在黄陂矿

---

① 蓝蔚：《湖北黄陂县盘龙城发现古城遗址及石器等》，《文物参考资料》1955 年第 4 期；郭冰廉：《湖北黄陂杨家湾古遗址调查》，《考古通讯》1958 年第 1 期。

② 郭德维、陈贤一：《湖北黄陂盘龙城商代遗址和墓葬》，《考古》1964 年第 8 期；湖北省博物馆：《一九六三年湖北黄陂盘龙城商代遗址的发掘》，《文物》1976 年第 1 期；湖北省博物馆、北京大学考古专业：《盘龙城——长江中游商代城址的新发现》，《光明日报》，1975 年 4 月 9 日；湖北省博物馆、北京大学考古专业：《盘龙城一九七四年度田野考古纪要》，《文物》1976 年第 2 期；湖北省博物馆：《盘龙城商代二里冈期的青铜器》，《文物》1976 年第 2 期。

③ 高至喜：《商文化不过长江辨》，《求索》1981 年第 2 期。

④ 陈贤一：《盘龙城商代二里冈期墓葬陶器初探》，《中国考古学会第四次年会论文集》，文物出版社，1983 年，第 48~56 页；王劲：《对江汉地区商周时期文化的几点认识》，《江汉考古》1983 年第 4 期。

⑤ 江鸿：《盘龙城与商朝的南土》，《文物》1976 年第 2 期；宋焕文：《从盘龙城的考古发现谈商楚关系》，《江汉考古》1983 年第 2 期；高大伦：《论盘龙城遗址的性质与作用》，《江汉考古》1985 年第 1 期。

⑥ 北京大学考古专业商周组、山西省考古研究所、河南省安阳、新乡地区文化局等：《晋豫鄂三省考古调查简报》，《文物》1982 年第 7 期；孝感地区博物馆：《孝感、黄陂两县部分古遗址复查简报》，《江汉考古》1983 年第 4 期；余从新：《安陆晒书台商周遗址试掘》，《江汉考古》1980 年第 1 期。

山水库工地还采集到了商代青铜器①。上述发现丰富了对于盘龙城遗址周边区域早商时期遗存分布情况的认知。与此同时，地处荆江北岸的江陵及沙市地区也发现了商文化时期的遗存，考古部门对江陵张家山遗址和沙市周梁玉桥遗址开展了初次发掘工作②。此外，随州、襄阳、咸宁、大冶等地发现了零星分布的商文化时期青铜器③。

2. 20世纪80年代后期至90年代末

20世纪80—90年代，江汉地区的田野考古工作得以广泛开展，大量的考古发现在这一时期涌现。在此背景之下考古人员在江汉地区多个地点均发现了夏商文化时期的遗存，有关江汉地区夏商时期考古遗存的分期与年代框架的研究日趋细化和完善，以下将对各区域夏商文化时期遗存的考古发现和研究情况予以归纳和总结。

这一阶段盘龙城遗址的田野考古工作得以持续开展。以湖北省博物馆盘龙城考古工作站为主导，在盘龙城宫城区以外的杨家湾、杨家嘴、李家嘴、童家嘴等多处地点开展了考古发掘工作，对城外商文化遗存的分布情况有了相对清晰的认知。考古人员在城外多处地点发现了数十座商代墓葬、多处建筑基址和疑似手工作坊区，同时对盘龙城城壕进行了解剖并在壕沟内发现了木构遗迹④。随着考古资料的日益丰富，陈贤一、蒋刚、李

①　郭冰廉：《湖北黄陂矿山水库工地发现了青铜器》，《考古》1958年第9期；黄陂县文化馆、孝感地区博物馆、湖北省博物馆：《湖北黄陂鲁台山两周遗址与墓葬》，《江汉考古》1982年第2期。

②　陈贤一：《江陵张家山遗址的试掘与探索》，《江汉考古》1980年第2期；龚达发、邱声鸣：《沙市发现商代古文化遗址》，《人民日报》，1983年1月2日。

③　随州市博物馆：《湖北随县发现青铜器》，《文物》1981年第8期；襄樊市文物管理处：《湖北襄樊拣选的商周青铜器》，《文物》1982年第9期；咸宁地区博物馆：《湖北省阳新县出土两件青铜铙》，《文物》1981年第1期；大冶县文教局、文化馆：《湖北大冶罗桥出土商周铜器》，《文物资料丛刊》第5辑，文物出版社，1981年，第203~205页。

④　湖北省文物考古研究所：《盘龙城：一九六三年——一九九四年考古发掘报告》，文物出版社，2001年，第10页；武汉市博物馆、湖北省文物研究所、黄陂县文物管理所：《1997—1998年盘龙城发掘简报》，《江汉考古》1998年第3期。

丽娜等学者对盘龙城遗址夏商时期遗存的分期与年代展开了细致的研究。陈贤一率先对盘龙城遗址作出了较为详细的分期方案，蒋刚则将盘龙城遗址商时期遗存分为四期五段，并从盘龙城遗址出土的陶器遗存中识别出了不同的文化因素①。李丽娜指出盘龙城第一期遗存应属于二里头文化，而二期、三期遗存则属于早商文化②。随着盘龙城遗址及鄂东北地区早商时期遗存的面世，邹衡等学者敏锐地指出鄂东北地区以盘龙城为代表的早商时期遗存当属早商文化的一个地方类型——盘龙城类型，其分布范围"最西已达江陵，最东直到皖、鄂交界的英山"③。王立新结合更为详尽的考古材料对盘龙城类型的分布范围进行了调整，认为该类型主要分布于"鄂东北涢、澴、滠诸水流域，大致包括了整个孝感地区及襄阳地区的东部"④。除此之外，关于盘龙城遗址的性质及其与中原文化关系的讨论成为新的研究热点，概言之，多数学者依据遗址的文化面貌与地理方位推测盘龙城属中原商王朝派驻南方的一处"军事据点"或"直辖邑"⑤。

---

① 陈贤一：《江汉地区的商文化》，《中国考古学会第二次年会论文集》，文物出版社，1980年，第161~171页；陈贤一：《盘龙城商代二里冈器墓葬陶器初探》，《中国考古学年会第四次年会论文集》，文物出版社，1983年，第48~56页；蒋刚：《湖北盘龙城遗址群商代墓葬再探讨》，《四川文物》2005年第3期；蒋刚：《盘龙城遗址群出土商代遗存的几个问题》，《考古与文物》2008年第1期。

② 李丽娜：《试析湖北盘龙城第一至三期文化遗存的年代和性质》，《江汉考古》2008年第1期。

③ 邹衡：《试论夏文化》，《夏商周考古学论文集》，文物出版社，1980年，第126页。

④ 王立新：《早商文化研究》，高等教育出版社，1998年，第190~191页。

⑤ 岳连建：《商代边远地区二里冈文化分析——兼论商代早期的政治疆域》，《考古与文物》1993年第4期；张玉石：《中国南方青铜器及中原商王朝与南方的关系》，《文物》1994年第2期；陈贤一：《盘龙城遗址的分期及城址的性质》，《考古学研究》（五），科学出版社，2003年，第260~277页；王立新：《从早商城址看商王朝早期的都与直辖邑》，《新果集——庆祝林沄先生七十华诞论文集》，科学出版社，2009年，第176~198页；赵世纲：《夏商青铜文化的南向传播》，《中原文物》1993年第3期；张玉石：《中国南方青铜器及中原商王朝与南方的关系》，《文物》1994年第2期；杨权喜：《湖北商文化与商朝南土》，《中国商文化国际学术讨论会论文集》，中国大百科全书出版社，1998年，第282~289页。

　　鄂东长江沿线新发现的商时期遗址主要包括新洲香炉山、黄州下窑嘴、黄梅意生寺和阳新和尚垴、大路铺①。香炉山与下窑嘴均发现了随葬二里冈文化上层时期青铜器的墓葬，考虑到二者与盘龙城在空间位置的邻近关系，推测其很有可能是分布于区域中心聚落（盘龙城）周边的次级聚落，且与盘龙城保持着密切的文化联系。黄梅意生寺遗址开展的考古发掘工作较为充分，该遗址出土的陶器既包括鬲、甗、豆、罐等明显具有中原商文化因素的器类组合，还可见鼎、钵、壶等地域特色明显的陶器类别②。该遗址的发现为研究鄂东地区早商时期文化面貌及政治格局提供了重要资料。与地处平原地带的香炉山、下窑嘴、意生寺遗址不同，地处鄂东丘陵地带的和尚垴和大路铺遗址其文化面貌则呈现出明显的地方特色，大路铺遗址常见的刻槽鬲足、护耳甗等典型陶器与盘龙城遗址出土的具有中原商文化风格的陶器和器物组合均存在明显差异。发掘者推测大路铺商时期遗存的文化源头十分复杂，但主要应是源自安徽潜山薛家岗夏商文化，大路铺商时期遗存的年代应为商代晚期③。这一时期，湖北省文物考古研究所为配合黄（石）黄（梅）公路建设，对公路沿线开展了考古调查，在意生寺、苏壋、四方地等遗址采集到了商时期的陶片④。武穴市博物馆则对市境内的梅川河、大金河沿线开展了考古调查，在涂万山、雨山垴、螺丝山等遗

---

　　① 香炉山考古队：《湖北武汉市阳逻香炉山遗址考古发掘纪要》，《南方文物》1993 年第 1 期；武汉大学历史系考古教研室、武汉市博物馆、新洲县文化馆：《湖北新洲香炉山遗址（南区）发掘简报》，《江汉考古》1993 年第 1 期；吴晓松、董子儒：《湖北省黄州市下窑嘴商墓发掘简报》，《文物》1993 年第 6 期；咸宁地区博物馆、阳新县博物馆：《阳新和尚垴遗址调查简报》，《江汉考古》1984 年第 4 期；湖北省文物考古研究所、阳新县博物馆：《阳新大路铺遗址东区发掘简报》，《江汉考古》1992 年第 3 期。

　　② 湖北省文物考古研究所纪南城工作站：《湖北黄梅意生寺遗址发掘报告》，《江汉考古》2006 年第 4 期。

　　③ 湖北省文物考古研究所、湖北省黄石市博物馆、湖北省阳新县博物馆：《阳新大路铺》（下），文物出版社，2013 年，第 756 页。

　　④ 湖北省黄黄公路考古队：《黄黄公路古文化遗址调查》，《江汉考古》1996 年第 2 期。

址采集到了鬲足、护耳、鸟形器等商时期的陶片标本①。

鄂东北地区的市、县两级文博单位则对孝感、云梦、安陆、汉川等地开展了多次考古调查工作②。在澴水、涢水沿线发现了小王家山、凤凰台、凤凰墩、涨水庙、晒书台、王家坟、好石桥、城隍墩、碧公台等商文化时期遗址。孝感地区博物馆还对孝感聂家寨、徐家坟等遗址开展了小规模考古发掘③。考古调查和发掘表明鄂东北地区商时期遗址出土的陶器、青铜器的形制及器类组合均与中原商文化遗址所见基本一致，就地理位置而言，鄂东北地区位于中原与江汉平原腹地之间，属沟通中原与长江流域的桥梁，因此相关研究者指出包括盘龙城遗址在内的鄂东北地区商文化遗存当属中原商文化向长江流域南扩的产物④。这一时期，武汉大学还对地处涢水上游的随州庙台子遗址进行了考古发掘，发现了较为丰富的商文化时期遗存⑤。与此同时，在襄阳、枣阳、钟祥一带发现了一批二里头文化晚

① 京九铁路考古队：《京九铁路(浠水—黄梅段)文物调查》，《江汉考古》1993年第3期。

② 孝感地区博物馆、孝感市博物馆：《湖北孝感聂家寨遗址发掘简报》，《江汉考古》1994年第2期；孝感地区博物馆：《湖北孝感地区古文化遗址调查》，《考古》1986年第7期；余从新：《湖北安陆发现商代青铜器》，《考古》1994年第1期；孝感市文管所：《孝感市大台子新石器时代遗址调查》，《江汉考古》1990年第2期；湖北省孝感地区博物馆：《孝感市几处古遗址调查简报》，《江汉考古》1987年第3期；孝感地区博物馆：《湖北省汉川县考古调查简报》，《考古》1993年第8期；云梦县博物馆：《湖北云梦商、周遗址调查简报》，《江汉考古》1990年第2期；李端阳、陈明芳：《湖北孝感市古文化遗址调查简报》，《考古》1994年第9期；孝感地区博物馆：《湖北安陆市商周遗址调查》，《考古》1993年第6期；周厚强：《孝感地区的商代文化》，《江汉考古》1990年第2期。

③ 孝感地区博物馆、孝感市博物馆：《湖北孝感聂家寨遗址发掘简报》，《江汉考古》1994年第2期；孝感市博物馆：《湖北孝感市徐家坟遗址试掘》，《考古》2001年第3期。

④ 熊卜发：《浅谈鄂东北地区古代文化》，《鄂东北地区文物考古》，湖北科学技术出版社，1995年，第1~10页；周厚强：《孝感地区的商代文化》，《江汉考古》1990年第2期。

⑤ 武汉大学历史系考古专业、襄樊市博物馆、随州市博物馆：《随州庙台子遗址试掘简报》，《江汉考古》1993年第2期；武汉大学历史系考古教研室、襄樊市博物馆、随州市博物馆：《西花园与庙台子》，武汉大学出版社，1993年。

期的遗存，以王树岗①、墓子坡②及乱葬岗③等遗址为代表。

江汉平原以汉水为界基本可以划分为东、西两大平原区，江汉平原西部发现的商文化时期遗存集中分布于荆州、沙市一线。20 世纪 80 年代起，荆州地区博物馆、北京大学先后对位于荆州古城以西 1.5 千米处的荆南寺遗址开展了十次考古发掘，累计发掘面积 2905 平方米，其中以夏商时期的遗存最为丰富④。值得注意的是，荆南寺遗址出土的商文化时期遗存既有鬲、甗、豆、盆、罐等典型中原商文化风格的器物类型，亦有红陶缸、圜底釜、灯形器、凸肩罐等极具地方文化特色的陶器组合，显示出来自不同区域的多种文化因素共存的现象⑤。荆南寺遗址商时期遗存的面貌与江汉平原东部所见的同时期遗存明显不同。这一时期，沙市市博物馆还对沙市周梁玉桥遗址开展了多次考古发掘，同时对距离周梁玉桥遗址仅 1 千米处的官堤遗址进行了发掘（官堤与周梁玉桥可能为同一处遗址，后文将详论）⑥。20 世纪 90 年代初期，荆州地区博物馆又对荆南寺遗址以西的梅槐桥遗址进行了发掘⑦。总之，通过对荆南寺、周梁玉桥、官堤、梅槐桥等

---

① 襄石复线襄阳考古队：《湖北襄阳法龙王树岗遗址二里头文化灰坑清理简报》，《江汉考古》2002 年第 4 期。

② 叶植：《襄阳市文物普查实录》，今日中国出版社，1995 年，第 131~132 页。

③ 荆州市博物馆、钟祥市博物馆：《钟祥乱葬夏文化遗存清理简报》，《江汉考古》2001 年第 3 期。

④ 荆州地区博物馆、江陵县文物管理处：《湖北江陵荆南寺遗址》，《文物资料丛刊》第 10 辑，文物出版社，1987 年，第 39~43 页；荆州地区博物馆、北京大学考古学系：《湖北江陵荆南寺遗址第一、二次发掘简报》，《考古》1989 年第 8 期。

⑤ 何驽：《荆南寺遗址夏商时期遗存分析》，《考古学研究》（二），北京大学出版社，1994 年，第 78~100 页。

⑥ 沙市市博物馆：《湖北沙市周梁玉桥遗址试掘简报》，《文物资料丛刊》第 10 辑，文物出版社，1987 年，第 22~31 页；彭锦华：《沙市周梁玉桥甲骨的初步研究》，《考古》1986 年第 4 期；彭锦华：《沙市周梁玉桥殷商遗址试析》，《江汉考古》1989 年第 2 期；王宏：《论周梁玉桥文化》，《江汉考古》1996 年第 3 期；荆州市周梁玉桥遗址博物馆：《湖北沙市周梁玉桥遗址 1987 年的发掘》，《考古》2004 年第 9 期；湖北省博物馆：《沙市官堤商代遗址发掘简报》，《江汉考古》1985 年第 4 期。

⑦ 湖北荆州地区博物馆、北京大学考古系：《湖北江陵梅槐桥遗址发掘简报》，《考古》1990 年第 9 期。

遗址的发掘，基本构建起了江汉平原西部早商至晚商时期文化发展序列，填补了该区域夏商时期遗存的空白，研究者也针对鄂西地区商时期文化遗存发展脉络展开了初步研究①。同时，荆州地区博物馆还组织了湖北荆门、钟祥、京山、天门四地的古遗址调查，发现了三王台、神祖台等商时期遗址②，另外在江陵局部地点还曾采集到商时期青铜器③。

3. 21 世纪以来

进入 21 世纪以来，江汉地区商文化时期的考古遗存继续涌现，与此同时考古研究的热点逐步从文化分期与年代框架的建构转向以全面复原古代社会为目的的综合研究。此外，在大遗址保护理念的引导下，诸如盘龙城等大型遗址的田野考古工作得以系统且深入地开展，并由此获得了若干突破性的研究成果。

21 世纪伊始，由湖北省文物考古研究所编著的《盘龙城：一九六三年——一九九四年考古发掘报告》公开出版，该报告对 20 世纪 60—90 年代盘龙城遗址田野考古资料和研究成果进行了全面报道和总结。整体而言，21 世纪以来盘龙城遗址的田野考古工作大致可以划分为两个阶段：（1）2000—2012 年，武汉市文物考古研究所、盘龙城遗址博物院④等单位对盘龙城遗址杨家湾、杨家嘴、江家湾等多处地点开展了考古发掘工作，但大部分资料惜未见公开发表。这一时期最为重要的发现当属在杨家湾南坡发现的大型建筑基址 F4，2013—2014 年，考古人员又在 F4 周边发现了与之同时的高等级墓葬和附属建筑。此外，2012 年，武汉市文物考古研究所牵头组织多家考古单位，首次对盘龙城遗址一般保护区（核心保护区以外的

---

① 杨权喜：《探索鄂西地区商周文化的线索》，《江汉考古》1986 年第 4 期；高应勤：《鄂西夏商时期文化遗存试析》，《文物》1992 年第 3 期。

② 荆州地区博物馆：《湖北荆门、钟祥、京山、天门四县古遗址调查》，《文物资料丛刊》第 10 辑，文物出版社，1987 年，第 51~52 页。

③ 何驽：《湖北江陵江北农场出土商周青铜器》，《文物》1994 年第 9 期；王从礼：《记江陵岑河庙兴八姑台出土商代铜尊》，《文物》1993 年第 8 期。

④ 为行文方便，除文献作者署名保留"盘龙城遗址博物馆"外，其他均表述为"盘龙城遗址博物院"。

区域）进行了全面的考古勘探，勘探面积总计 120 万平方米，基本明确了盘龙城遗址外围各个时期文化遗存的分布情况，为研究盘龙城聚落布局及规划遗址保护方案提供了重要的基础。值得一提的是，21 世纪初期，武汉市文物考古研究所组织了多支科研团队，首次运用地球物理的磁法和电法勘探技术对盘龙城遗址杨家嘴及王家嘴区域进行地磁探测，在杨家嘴区域发现有电磁异常区域，推测该区域分布有古代码头①。同时，研究人员还在盘龙城遗址商文化时期地层中采集了若干植硅石样本，有学者依据土壤中植硅石样品推测商文化时期盘龙城区域已大面积种植水稻②。（2）2013年以来，以武汉大学为主导的考古单位对盘龙城遗址核心区进行了全面的考古勘探，勘探面积累计 65 万平方米，并建立了"盘龙城遗址考古钻探地理信息系统"，明确了遗址核心区商文化时期遗存的详细分布情况。同时，在宫城区西侧的小嘴岗地首次发现了铸铜作坊遗迹及相关遗物，确证了盘龙城遗址商文化时期存在青铜器生产活动；并对盘龙湖、破口湖等水域开展了水下勘探和试掘工作，初步复原了夏商时期盘龙城区域的水环境。

　　21 世纪以来盘龙城遗址考古研究的若干成果可归纳为如下几个方面：

　　（1）对聚落布局提出了新的认识。张昌平、孙卓在对盘龙城遗址历年考古资料和新发现大型建筑基址 F4 进行综合分析的基础上，观察到盘龙城聚落中心自南向北的迁移过程和与之伴生的城市从初始、兴盛至衰退的动态发展过程③。（2）环境变迁研究。张海、王辉等从地貌学、土壤微结构、GIS 空间分析等角度对盘龙城遗址的古今地貌差异进行了综合研究，揭示出商代盘龙城聚落主要分布于网纹红土构成的低丘岗地和河湖相沉积

---

　　①　王传雷：《盘龙城商代城址田野考古物探工作总结》，《江汉考古》1998 年第 3 期；吴文贤、王传雷、喻忠鸿：《地球物理方法在盘龙城（府河工区）考古调查中的应用》，《物探与化探》2007 年第 S1 期。

　　②　顾延生：《武汉地区部分先秦遗址土壤标本中植硅石组合及其意义》，《江汉考古》2000 年第 3 期；顾延生、蔡述明：《武汉部分先秦遗址考古土壤中的植硅石组合及其环境意义》，《武汉大学学报》（人文社会科学版）2001 年第 2 期。

　　③　张昌平、孙卓：《盘龙城聚落布局研究》，《考古学报》2017 年第 4 期。

物构成的临湖滩地两个主要地貌单元之上①。邹秋实、李春海、姚书春、胡庆武等学者则通过水下地形测绘、水下考古勘探和试掘等工作对盘龙湖、府河水位抬升情况进行了初步分析，提出商文化时期盘龙湖及府河水位至少低于当今水位 5.1 米②。(3)手工业生产遗存的新发现。2015—2017 年武汉大学等单位在盘龙城小嘴岗地发现了集中分布的陶范、炼渣、炉壁等青铜器铸造类遗存和布局规整的灰沟遗迹，这一发现对于重新认识早期国家青铜器生产方式和探究盘龙城遗址的性质均具有重要意义③。

除盘龙城遗址以外，湖北省文物考古研究所、武汉大学等单位还对江汉地区发现的多处商文化时期遗址开展了考古工作。2002 年，武汉大学对湖北省云梦县小王家山遗址开展了考古发掘，发掘资料尚未刊布。从零星披露的有关信息中可知，小王家山遗址出土有早商时期的鬲、豆、甗等陶器，还发现了同时期的墓葬遗迹。且整个遗址分布于 80 米×180 米的小型台地之上，台地边缘分布有早商时期的城垣及环壕遗迹。小王家山遗址与盘龙城共同位于府河沿岸，二者直线距离仅 60 千米，足见小王家山遗址与盘龙城遗址的密切关系④。2009 年，湖北省文物考古研究所对大冶蟹子地遗址进行了考古发掘，该遗址出土的商周时期遗存中发现有少量长颈鬲、假腹豆、敛口斝等陶器，发掘者推测此类器物的年代应为商文化时期，但该遗址出土陶器以刻槽足鼎、鬲，护耳甗等“大路铺文化”的典型器物为主，与中原商文化存在明显差异⑤。2015—2016 年，湖北省文物考古研究

① 张海、王辉、邹秋实等：《商代盘龙城聚落地貌演变的初步研究》，《江汉考古》2018 年第 5 期。

② 武汉大学历史学院、湖北省文物考古研究所、盘龙城遗址博物院等：《武汉市盘龙城遗址水下勘探及试掘简报》，《江汉考古》2018 年第 5 期。

③ 武汉大学历史学院、湖北省文物考古研究所、盘龙城遗址博物院：《武汉市盘龙城遗址小嘴 2015—2017 年发掘简报》，《考古》2019 年第 6 期。

④ 小王家山遗址发掘资料尚未公开发表。参见武汉大学考古系：《武汉大学考古系 2002—2003 年田野考古主要收获》，国家文物局 2002—2003 年全国田野考古工作汇报材料。转引自蒋刚：《盘龙城遗址群出土商代遗存的几个问题》，《考古与文物》2008 年第 1 期。

⑤ 湖北省文物考古研究所、黄石市博物馆：《大冶蟹子地遗址 2009 年发掘报告》，《江汉考古》2010 年第 4 期；罗运兵、陈斌、丁伟：《大路铺文化土著因素的形成与传播》，《江汉考古》2014 年第 6 期。

所在此对随州庙台子开展了考古勘探和发掘工作，在遗址所在的两处台地周边发现了环壕遗迹①。2018 年，该单位又对郭元咀(鲁台山)遗址重新开展考古发掘工作，并在郭元咀遗址发现了商文化时期的青铜器生产活动遗存，暗示着该区域可能有较高等级的聚落分布②。庙台子、小王家山、郭元咀等遗址位于涢、㴲水沿岸，沿水系可直抵盘龙城，对上述地点重新开展考古工作必将推动江汉地区商时期政治格局及文化交流路径等问题的研究。

整体而言，进入 21 世纪以来，关于江汉地区商文化时期考古遗存的研究在以往研究成果的基础上呈现出了若干新的趋势。一方面，针对具体遗址，运用多学科技术手段，全面采集和提取遗存信息并由此对复杂的古代社会场景进行深入研究成为这一时期考古研究的新趋势。关于商文化时期江汉地区的古环境变迁、手工业生产状况、人口规模、生计类型等新的研究议题蓬勃兴起，相应的研究成果随之出现。另一方面，考古单位开始对若干 20 世纪八九十年代调查发现的商时期遗址开展考古发掘工作，并以遗址为中心对其周边区域开展大面积的勘探和地面调查工作。田野考古工作的力度和研究者的学术视野呈现出明显提升和拓展的新特点。同时，由于近 60 年考古资料的积累，学者们得以对江汉地区商时期考古遗存的分期与年代，文化面貌与谱系等问题从整体上进行梳理和探究。此类研究所涉资料庞杂，篇幅较大，多以博士学位论文的形式呈现③。

二、江汉地区环境史研究

长江流域环境史研究兴起于 20 世纪 80 年代初，地理学、古生物学、考古学、历史学等领域的学者，分别从历史上长江流域的气候、动植物、

---

① 考古发掘资料尚未公开发表。参见方勤：《曾国历史与文化：从"左右文武"到"左右楚王"》，上海古籍出版社，2018 年，第 40 页。

② 考古发掘资料尚未公开发表。2018 年笔者曾赴郭元咀遗址考古发掘现场调研。

③ 豆海峰：《长江中游地区商代文化研究》，西北大学博士学位论文，2011 年；胡刚：《汉水流域夏商时期考古学文化研究》，西北大学博士学位论文，2013 年；孙卓：《论商时期中原文化势力从南方的消退》，武汉大学博士学位论文，2017 年。

水文等诸环境要素的演变入手，采用跨学科的研究方法，探究历史上长江流域人口运动、资源利用、社会变动等人类活动与生态环境之间的联动关系。系统检索江汉地区环境史研究的现有成果，可将纷繁复杂的研究课题大致归纳为以下三个方面：

1. 水环境演变

江汉地区水环境的研究，大多从历史地理学的角度，考察长江中游水系的水文演变，研究对象主要集中于长江荆江段、汉水下游以及分布于江汉平原腹地的主要湖泊，对于长江其他支流及众多小型湖泊则较少关注。20世纪80—90年代，石泉、蔡述明、周凤琴、张修桂等学者对江汉地区古云梦泽的分布地望与形态演变进行了深入的研究。石泉与蔡述明通过考订历史文献和分析大量野外钻孔资料，证明了历史上从未出现过一个"跨江南北"的云梦泽，并对先秦时期以来云梦泽的地望和形态演变过程进行了细致的分析①。20世纪90年代以来，由于长江荆江段洪灾大规模爆发，使得荆江河道成了新的研究热点。周凤琴、张修桂从历史地理、地貌学的角度对荆江河道的变迁及阶段性特征进行了研究②。李长安从地貌学角度讨论了桐柏—大别山掀斜隆升对长江中游水环境的影响③。林承坤、周魁一等对荆江与沿线湖泊关系进行了讨论④。杨果、陈曦重点考察了宋代以

---

① 石泉、蔡述明：《古云梦泽研究》，湖北教育出版社，1996年；周凤琴：《云梦泽与荆江三角洲的历史变迁》，《湖泊科学》1994年第1期；张修桂：《云梦泽与下荆江河曲的形成》，《复旦学报》（社科版）1980年第2期。

② 周凤琴：《荆江历史变迁的阶段性特征》，《历史地理》第10辑，上海人民出版社，1992年，第273~286页；周凤琴：《湖北沙市地区河道变迁与人类活动中心的转移》，《历史地理》第13辑，上海人民出版社，1996年，第23~30页；张修桂：《荆江百里洲河段河床的历史演变》，《历史地理》第8辑，上海人民出版社，1990年，第198~203页。

③ 李长安：《桐柏—大别山掀斜隆升对长江中游环境的影响》，《地球科学——中国地质大学学报》1998年第6期。

④ 林承坤、许定庆、吴小根：《洞庭湖的调节作用对荆江径流的影响》，《湖泊科学》2000年第2期；周魁一：《洞庭湖的历史演变与防洪功能评价》，《黑龙江水专学报》2001年第3期。

来荆江河道及洲滩的历史演变，认为唐宋至明清以后以修筑堤防为核心的人类活动是影响荆江河道及洪水位的关键因素①。除长江干流以外，亦有学者对汉水中下游河流形态及入江口进行了研究，早在1952年，中国科学院地理研究所就组织工作队针对汉江流域进行了历时两年的野外调查。并于1957年形成了《汉江流域地理调查报告》，报告中对汉江流域的自然地理和经济地理等情况进行了详尽的报道，同时附有各类地理插图58幅，此项研究成果为研究汉水中下游水系变迁的重要资料②。鲁西奇、潘晟对汉水中下游干、支流历史变迁过程进行了全面的梳理，同时详细考证了汉水中下游古代堤防的修筑情况，关于汉水中下游河道变迁与堤防建设的时空特征及其制约因素形成了独到的见解③。张修桂对汉水河口段的历史演变过程进行了分析，并探讨了汉水入江口变化对长江汉口段的影响④。除对单一河段或湖泊进行具体分析以外，亦有相关领域的硕士、博士学位论文对先秦时期以来江汉地区河湖水系演变过程进行全面分析和梳理，在此基础上就历史时期自然环境变迁对人类活动的影响进行了研究⑤。

在对江汉地区水系结构与形态进行研究的同时，亦有学者利用考古学、地球化学、地质学等跨学科技术手段对长江中游历史时期洪水暴发情况进行了大量的研究。朱诚、于世永、卢春成根据长江三峡及江汉平原地区新石器时代文化遗址的分布、古树埋藏和历史文献资料分析了该区域全

---

① 杨果、陈曦：《经济开发与环境变迁研究——宋元明清时期的江汉平原》，武汉大学出版社，2008年。

② 中国科学院地理研究所、水利部长江水利委员会：《汉江流域地理调查报告》，科学出版社，1957年。

③ 鲁西奇、潘晟：《汉水中下游河道变迁与堤防》，武汉大学出版社，2004年。

④ 张修桂：《汉水河口段历史演变及其对长江汉口段的影响》，《复旦学报》（社科版）1984年第3期。

⑤ 贾敬禹：《近2000年来江汉平原河湖水系演变》，北京大学硕士学位论文，2009年；李可可：《荆湖地区水系演变与人类活动历史研究》，武汉大学博士学位论文，2003年。

新世异常洪水暴发频率的变化，并划分出了 4 个长达千年的洪水频发期①。周凤琴将荆江地区新石器时代以来古代遗址、堤防、埋藏古树等遗迹的高程与现代洪水位进行比对，分析认为近 5000 年以来荆江洪水位上升幅度可达 13.6 米，其中宋元时期至今为洪水急剧上升期，上升幅度可达 11.1 米②。吴立等学者运用地球化学方法对江汉平原腹地的钟桥遗址洪水沉积层进行了分析，发现该遗址层在距今 4800—3850 年间，经历了三次古洪水。研究者在此基础上，结合江汉平原其他遗址古洪水沉积证据，指出江汉地区在距今 4900—4600 年和距今 4100—3800 年间经历了两次大范围的古洪水③。王红星通过对两湖平原新石器时代遗址的分布规律和文化中心的转移趋势，比对不同时期人类居址的高程信息推测新石器时代两湖平原存在着四次大的洪水期，分别为彭头山文化晚期（距今 7500—7000 年），大溪文化关庙山类型三期阶段（距今 5800—5500 年），屈家岭文化中期阶段（距今 5000—4800 年），石家河文化晚期后段到肖家屋脊文化早期之际（距今 4100—3800 年）之间④。郭立新则通过对全新世长江中游地区生态环境、气温、水位、湖群演化研究成果的梳理和总结，分析了区域环境变迁与文化发展进程的耦合关系，并指出石家河文化中晚期（大约距今 4400 年）洪水频发导致了长江中游史前文化全面衰落⑤。刘辉则重点对长江中游迄今发现的 17 座史前城址分布的地理环境进行了分析，结合城址的高程提出两湖平原内部 30 米等高线为聚落分布的"敏感线"，新石器时代的洪水

---

① 朱诚、于世永、卢春成：《长江三峡及江汉平原地区全新世环境考古与异常洪涝灾害研究》，《地理学报》1997 年第 3 期。

② 周凤琴：《荆江近 5000 年来洪水位变迁的初步研究》，《历史地理》第 4 辑，上海人民出版社，1986 年，第 46～53 页。

③ 吴立、朱诚、李枫等：《江汉平原钟桥遗址地层揭示的史前洪水事件》，《地理学报》2015 年第 7 期。

④ 王红星：《长江中游地区新石器时代遗址分布规律、文化中心的转移与环境变迁的关系》，《江汉考古》1998 年第 1 期；王红星：《长江中游地区新石器时代的人地关系研究》，长江出版社，2015 年，第 49～60 页。

⑤ 郭立新：《长江中游地区新石器时代自然环境变迁研究》，《中国历史地理论丛》2004 年第 2 辑。

位始终围绕 30 米等高线波动。研究者从全新世气候变迁的角度对史前城址两轮兴废过程进行了解释,认为河湖水位变迁对史前城址的兴起与衰落有着高度的耦合关系①。以上王红星、郭立新与刘辉三位研究者均对长江中游新石器时代聚落分布与水环境的关系进行了较为深入的研究,三者均认为石家河文化晚期爆发的特大洪水对长江中游史前文化的衰落有着重要影响。

2. 气候变迁

气候作为自然环境的一个重要因子,与人类文明发展关系甚密。20 世纪 20 年代,蒙文通、竺可桢、胡厚宣就注意到历史时期的气候变迁②。20 世纪 80 年代,《中国自然地理·历史自然地理》对中国八千年以来气候变迁的总趋势进行了阐述③。20 世纪 90 年代以来,不同学科背景的研究者分别从钻孔沉积物、地质剖面、植硅石、石笋等方面对长江中游地区近万年以来的气候变迁过程进行了分析。朱育新等依据江汉平原沔城 M1 号钻孔的沉积特征对该区域的古环境进行了重建,认为距今 3500—1700 年,气温较大暖期有所下降,其中距今 3500—2500 年温凉偏湿,距今 2500—1700 年较为温湿④。谢远云、李长安等则通过对江陵地区一处地质剖面沉积物的分析,重建了该地区 9000 年以来的气候环境演化。文中指出距今 3440—2500 年江陵地区气候以暖湿为主,处于暖湿与凉干气候的波动阶段,气候频繁波动⑤。谢树成等基于长江中游地区大九湖泥炭沉积和清江

① 刘辉:《长江中游新石器时代城址的空间分布和兴废对环境变化的响应》,《环境考古研究》第 5 辑,科学出版社,2016 年,第 105~121 页。

② 蒙文通:《中国古代北方气候方略》,《史学杂志》1920 年第 3、4 期合刊;竺可桢:《中国历史上之气候变迁》,《东方杂志》1925 年第 22 卷;竺可桢:《中国近五千年以来气候变迁的初步研究》,《考古学报》1972 年第 1 期;胡厚宣:《气候变迁与殷代气候之检讨》,《中国文化研究汇刊》第 4 卷,燕京大学国学研究所,1944 年。

③ 《中国自然地理·历史自然地理》,科学出版社,1982 年,第 20~31 页。

④ 朱育新、薛滨、羊向东等:《江汉平原沔城 M1 孔的沉积特征与古环境重建》,《地质力学学报》1997 年第 4 期。

⑤ 谢远云、李长安、王秋良等:《江汉平原 9.0KaBP 以来的气候演化:来自江陵剖面的沉积物记录》,《地理科学》2006 年第 2 期。

和尚洞石笋研究，综合集成 4 个古水文代用指标，从距今 13000 年以来长江中游地区水文变化过程中识别出了 3 个长时间尺度的湿润期：距今 13000—11700 年、距今 8700—6400 和距今 3000—1700 年①。张玉芬等通过对江汉平原湖区周老镇钻孔磁化率和有机碳同位素分析，将距今 3 万年以来的古气候演化过程划分为三个大的阶段，值得注意的是研究者结合磁化率曲线、有机碳总量、植硅石、孢粉等资料综合分析后，推测距今 3530—1780 年江汉地区的气候特点为冷与暖、湿润与干旱交替出现，并且波动很大②。史威、朱诚等依据长江三峡地区大九湖和玉溪剖面碳十四测年数据建立了距今 9300—2000 年高分辨率多环境代用指标变化曲线。研究结果表明三峡地区距今 4000—2000 年气候波动频繁，距今 4000 年前后出现明显的降温过程，且多发洪水③。纵观上述研究成果，不难发现虽然不同学者基于不同的研究资料对长江中游地区全新世气候演变历程所获认识不尽相同，对气候变迁阶段划分的时间尺度也存在明显差异。但是谢远云、李长安、张玉芬、史威、朱诚等研究者均在其研究成果中认为距今 3500—1700 年江汉地区的气候特征为暖湿与干冷交替，波动频繁，表明这一研究结论具有相当的可信度。

亦有学者通过对具体考古遗址地层中的地球化学元素、植硅石等的分析，研究相应区域的全新世气候特征。顾延生等通过对湖北省武汉市放鹰台、盘龙城、陈子墩三处遗址采集土壤标本中的植硅石的研究，并结合遗址地层的年代，揭示出武汉地区距今 5000—2700 年的气候环境变化信息④。此

① 谢树成、胡超涌、顾延生等：《最近 13Ka 以来长江中游古水文变化》，《地球科学——中国地质大学学报》2015 年第 2 期。

② 张玉芬、李长安、陈国金等：《江汉平原湖区周老镇钻孔磁化率和有机碳稳定同位素特征及其古气候意义》，《地球科学——中国地质大学学报》2005 年第 1 期。

③ 史威、朱诚、李世杰等：《长江三峡地区全新世环境演变及其古文化响应》，《地理学报》2009 年第 11 期。

④ 顾延生、蔡述明：《武汉部分先秦遗址考古土壤中的植硅石组合及其环境意义》，《武汉大学学报》(人文科学版) 2001 年第 2 期；顾延生、刘金华、魏航空等：《武汉地区部分先秦遗址土壤标本中植硅石组合及其意义》，《江汉考古》2000 年第 3 期。

项研究提出的两项研究结论值得注意：（1）研究者在盘龙城遗址采集的样品中发现了较多水稻壳，表明以水稻种植为主的农耕经济居重要地位。（2）距今5000—3500年，武汉地区处于温湿期，距今3500—3100年处于降温期，距今3100年左右处于新的升温期，距今2900年左右达到鼎盛阶段，由于气温升高，降水比较充沛，迫使相应时期的人类居址向高地迁移。毛欣等对湖北天门谭家岭遗址剖面中的地球化学元素进行了分析，认为距今4850—4300年，该区域气候温暖湿润，距今4300—4124年，气候则转变为寒冷干旱。距今4300年左右，气候由暖湿转为干冷的气候背景可能伴随着极端大洪水频繁发生①。

3. 人地关系

就研究对象而言，有关人类活动与各类地理环境要素之关系的探究几乎都可以视为人地关系研究的范畴，因此这一领域的研究成果颇为庞杂。但就研究对象的时间范围而言，则基本可以划分为两个时段，史前时期和历史时期的人地关系研究。对于史前时期，由于无历史文献可供参考，研究者多从考古资料入手，运用地理学空间分析方法，对一定区域以内聚落选址、人口密度、生计类型等信息进行长程的观察，并尝试从地理环境的角度对区域文化的兴衰及文明发展进程进行阐释②。对于历史时期的人地

① 毛欣、李长安、张玉芬等：《湖北天门谭家岭遗址全新世中晚期气候变化及其对人类活动的影响》，《地球科学》2014年第10期。
② 朱诚、钟宜顺、郑朝贵等：《湖北旧石器至战国时期人类遗址分布与环境的关系》，《地理学报》2007年第3期；史威、朱诚、李世杰等：《长江三峡地区全新世环境演变及其古文化响应》，《地理学报》2009年第11期；程功弼：《江汉-洞庭湖区新石器遗址分布与河湖演变的联系性》，《安徽师范大学学报》（自然科学版）2005年第2期；朱诚、张强、张之恒等：《长江三峡地区汉代以来人类文明的兴衰与生态环境变迁》，《第四纪研究》2002年第5期；鲁西奇：《新石器时代汉水流域聚落地理的初步考察》，《中国历史地理论丛》1999年第1辑；邓辉、陈义勇、贾敬禹等：《8500 aBP以来长江中游平原地区古文化遗址分布的演变》，《地理学报》2009年第9期；鲁西奇：《青铜时代汉水流域居住地理的初步考察》，《中国历史地理论丛》2000年第4辑；陈诚、王宏志、沈雅琼等：《基于GIS的旧石器时代遗址时空分布规律的研究——以丹江口水库淹没区为例》，《云南地理环境研究》2008年第1期；罗靖波：《新石器时代两湖地区人类活动与环境研究》，《江汉考古》2017年第5期；吴小平：《试论三峡地区大溪文化的经济活动及其与地理环境的关系》，《江汉考古》1998年第2期。

关系研究而言，研究者则多采用历史文献资料，对一定时空范围内的人口
分布与结构、聚落选址、人类经济活动、疾病分布乃至民间信仰等与地理
环境之关系展开研究，研究对象与内容极为广泛，在此仅选取若干具有代
表性的研究成果予以罗列①。

　　值得注意的是，有学者以超长程的视野对江汉地区人地关系演变的阶
段性作了总结和概况。张建民、鲁西奇指出以往学术界将人地关系演进历
程简单概况为"三阶段论"②带有强烈的主观色彩，并指出人与自然关系的
主旋律就是冲突与对抗，不同历史阶段冲突与对抗的具体形式与内涵不断
演变。因此张建民、鲁西奇将距今1万年以来长江中游地区的人地关系演

---

　　①　龚胜生：《两湖平原城镇发展的空间过程》，《地理学报》1996年第6期；武仙
竹：《长江流域环境变化与人类活动的相互影响》，《东南文化》2000年第1期；张迪
祥：《春秋、战国时期以来长江流域人口活动对植被变迁的影响》，《植物资源与环境
学报》2000年第1期；姚伟钧：《长江流域的地理环境与饮食文化》，《中国文化研究》
2002年第1期；刘礼堂：《唐代长江上中游地区的生态环境文化》，《江汉论坛》2007年
第4期；蓝勇：《历史时期三峡地区经济开发与生态变迁》，《中国历史地理论丛》1992
年第1辑；张建民：《清代江汉—洞庭湖区垸堤农田的发展及其综合考察》，《中国农
史》1987年第2期；陈曦：《宋代长江中游的环境与社会研究》，科学出版社，2015年；
周凤琴：《湖北沙市地区河道变迁与人类活动中心的转移》，《历史地理》第13辑，上
海人民出版社，1996年，第23～30页；王蕾：《明清时期江汉平原水患与城镇发展》，
《中南民族学院学报》(人文社会科学版)2000年第2期；曾艳红、蔡述明：《地理环境
对近代武汉城市经济发展的影响》，《长江流域资源与环境》2002年第4期；方秋梅：
《论晚清汉口堤防建设对城市环境变迁的影响》，《江汉论坛》2009年第8期；任放：
《明清长江中游市镇经济所依托的自然及人文环境》，《历史地理》第19辑，上海人民
出版社，2003年，第199～205页；龚胜生：《2000年来中国瘴病分布变迁的初步研
究》，《地理学报》1993年第4期；龚胜生：《湖北瘟疫灾害的时空分布规律：770BC～
AD1911》，《华中师范大学学报》(自然科学版)2003年第3期；周尚兵：《唐代长江流
域土地利用形式及其自然灾害原因》，《中南民族学院学报》(人文社会科学版)2001年
第5期；朱士光：《历史时期江汉平原农业区的形成与农业环境的变迁》，《农业考古》
1991年第3期；张国雄：《明清时期两湖平原开发与环境变迁初议》，《中国历史地理
论丛》1994年第2辑；鲁西奇、蔡述明：《汉江流域开发史上的环境问题》，《长江流域
资源与环境》1997年第3期；陈曦：《从江陵"金堤"的变迁看宋代以降江汉平原人地关
系的演变》，《江汉论坛》2009年第8期。
　　②　"三阶段论"认为人地关系演进表现为从和谐、平衡走向冲突、失衡，再回复
到和谐、平衡的过程。

变过程划分为三个阶段①，并认为明中叶是长江中游生态环境转变的临界点，从明中叶至民国时期，长江中游人地关系进入全面紧张状态②。杨果、陈曦在其论著中亦赞同此说③。梅莉、张国雄、晏昌贵亦认为元明清时期伴随着人类对两湖平原大开发的不断深入，该区域农业种植与防洪排涝的矛盾变得愈发尖锐④。

三、中外景观考古学发展历程

1. 国外景观考古学发展历程

考古学诞生于 19 世纪中叶，并以地层学和类型学作为基本理论和方法。20 世纪 60 年代以来，西方考古学家不满足于单纯以建构考古学文化时空框架为目标的考古学，提出对古代社会进行全面研究，进而掀起了新考古学思潮。在此背景下，考古学家不断吸收和借鉴来自其他学科的方法，并随之出现了诸如环境考古、遥感考古、植物考古、动物考古、冶金考古、人骨考古等新的分支学科。在新考古学思潮的推动下，考古学的研究得以延伸至古代社会的各个层面。20 世纪七八十年代以来，西方考古学界又开始对新考古学(过程主义考古学)进行全面反思，以伊恩霍德为代表的后过程主义考古学家强调在考古学阐释中要凸显人的主观意识和认知。在此背景下，提倡从文化的角度考察人类活动与环境之间复杂关系的景观考古学迅速得以发展，其研究方法和手段日趋成熟。时至今日，景观考古在西方考古学界已成为一个十分常见的概念，对景观的考察和研究成了考古学家分析和阐释古代社会的重要视角。

---

① 第一阶段，距今 1 万年至东汉末年；第二阶段，从汉三国至明中叶；第三阶段，明中叶以后至民国时期。

② 张建民、鲁西奇：《长江中游地区人地关系的历史演变及其特点》，《光明日报》，2004 年 9 月 21 日。

③ 杨果、陈曦：《经济开发与环境变迁研究——宋元明清时期的江汉平原》，武汉大学出版社，2008 年，第 355 页。

④ 梅莉、张国雄、晏昌贵：《两湖平原开发探源》，江西教育出版社，1995 年，第 279 页。

英语中的"景观"（Landscape）一词源自荷兰语，本意是指一种绘画表现手法①。根据杰克生对这个词在古英语中起源的回溯，它的第一个词素"land"是指一种具有明确边界的地理单元，第二个词素"scape"的意思在本质上与"shape"是相同的②。因此英文中"景观"的含义与荷兰语中以其指代一种绘画表现手法的用法大不相同。19 世纪末，"景观"作为科学名词被引入地理学，包含有地表可见景象的集合与特定区域双重涵义③。20 世纪初，美国地理学家索尔率先提出把对景观的科学研究作为地理学的核心，主张通过文化景观研究区域人文地理④。

景观考古学的兴起正是受到了人文地理学研究方法的影响。19 世纪末至 20 世纪初期，欧洲考古学家在田野调查和发掘中逐渐意识到了古代遗存与地理空间之间的复杂关联⑤。皮特里弗斯在英国 Cranborne Chase 地区的考古调查中就试图将考古调查成果置于复杂的文化生态环境背景中进行考察。在巨石阵考古项目中，研究者注意到巨石阵是作为一处大型仪式纪念性景观的组成部分，并通过对巨石阵周边区域景观的分析观察到生人与祖先（死人）两大伴生区域⑥。20 世纪中期开始，现代地理学的诸多分析方法，诸如地理中心理论、资源域分析、泰森多边形等地理分析模型开始被

①　Olwig K, Sexual Cosmology：Nation and Landscape at the Conceptual Interstices of Nature and Culture；or What does Landscape Really Mean？ *Landscape*：*Politics and Perspectives*, 1993(14), pp. 307-343.

②　Jackson J B, *Discovering the Vernacular Landscape*, Yale University Press, 1984, pp. 6-10. 转引自李峰：《西周的灭亡：中国早期国家的地理和政治危机》（增订本），上海古籍出版社，2016 年。

③　肖笃宁、李秀珍、高峻等：《景观生态学》，科学出版社，2014 年，第 1 页。

④　Sauer C O, The Morphology of Landscapes, *University of California Publication in Geography 2*, 1925, pp. 98-118.

⑤　Pitt Rivers A L F, Excavations in Cranborne Chase near Rushmore, on the Borders of Dorset and Wilts, *Farnham*：*Privately printed*, 1987(1).

⑥　Allen M J, Environment and Land-use：The Economic Development of the Communities Who Built Stonehenge, *Economy to Support the Stones*, 1997, 10(4).

考古学家用于考察古代聚落的分布形态乃至社会结构等复杂问题①。考古学家对遗存与地理环境之间关系的重视程度日益增强。至 20 世纪 70 年代，景观考古的概念才被正式提出并在欧洲大陆得以广泛传播，1974 年由 Aston 和 Rowley 撰写的《景观考古学》(*Landscape Archaeology*)正式出版，该书的著者主要通过景观考古调查对后罗马时期的历史景观进行恢复和重建②。自此景观考古学概念日益频繁地出现于各类考古学文献之中。

20 世纪 80—90 年代，是景观考古学迅速发展的时期。一方面，20 世纪 80 年代，西方考古学界出现了后过程主义思潮，景观考古学的研究理念与后过程主义考古学相契合。以伊恩霍德为代表的后过程主义考古学家主张在阐释人类行为时要更加关注人的主观能动性，强调人对客观世界的认知③。同样，在看待人类行为与自然环境的关系时，后过程主义考古学更关注人类作为主体对环境的理解和认知，而这正是景观考古学所关注的重要内容，也是景观考古学与环境考古学的显著差异。另一方面，20 世纪 90 年代以来，飞速发展的空间信息技术和计算机技术为景观考古学的成熟提供了技术支持。以地理信息系统(GIS)、遥感(RS)、全球定位系统(GPS)为代表的"3S"技术极大提高了考古学家提取和研究遗存空间信息的能力，地理信息系统中集成的各种空间分析模块使得复杂的数学运算过程变得简便快捷，提高了考古学家进行空间分析的能力，现代计算机强大的分析和数据处理功能，让考古学家模拟和重建古代景观成为可能。

20 世纪 90 年代以后，景观考古学实践在欧洲、美洲、非洲及中亚、西亚地区得以广泛展开。随着大量田野实践和研究的开展，不同的考古学家对"景观"的理解也开始出现明显的差异，在考古学中"景观"的内涵开始

① Bruno D, Julian T, *Handbook of Landscape Archaeology*, Left Coast Press, 2008, pp. 77-84.

② Aston M and Rowley T, *Landscape Archaeology*：*An Introduction to Fieldwork Techniques on Post-Roman Landscapes*, Left Coast Press, 1974, pp. 124-218.

③ Ian H, Scott H, *Reading the Past*, Cambridge University Press, 2003.

变得复杂而多样，仅美洲考古学家就曾提出过七种关于景观的不同理解①。造成上述概念上差别的原因在于，景观考古研究的对象所涉甚广，涵盖了研究区域内的地理、生态、资源、经济、文化、社会等综合特征，在景观考古学语境中，考古学家可以对古代社会的地表形态进行研究，亦可以对人类的社会行为、空间认知、文化记忆、社会变迁等复杂的社会问题进行讨论。

也正因如此，我们很难简单地对景观考古学的内涵乃至理论进行完整概括。但是，作为一种研究方法或者视角，景观考古相较于其他考古学分支有着鲜明的特色。较之于动物考古、植物考古、冶金考古等，景观考古有着完全不同的研究对象，较之于聚落考古、环境考古，景观考古虽在研究对象上与之有所重合，但聚落考古的核心着眼点在于"聚落形态"，透过聚落形态对其背后社会关系予以研究②。而景观考古学所关注的不仅是聚落本身，还包括承载着聚落或者其他人类活动的复杂地表空间，更强调分析人类活动与复杂地理空间之间的关系③。相较于环境考古，景观考古主张从文化的角度理解人类行为与环境的复杂关系，环境考古更多的是从科学的角度对这一问题进行考察，二者之分别近似人文地理与自然地理之别④。具体而言，我们可以将景观考古学独特的研究视角归纳为以下三个方面：

（1）从"遗址内"到"遗址外"的研究。

遗址是古代人类活动的重要场所，因此遗址内包含的遗迹遗物成了考古学研究的重要对象。然而古代人类活动并非都发生于遗址以内，遗址以外的地域空间往往是人类获取生存资源的重要场所，与此同时还有一些重

---

① Patterson T, A Brief History of Landscape Archaeology in the Americas, *Handbook of Landscape Archaeology*, Left Coast Press, 2008, pp. 77-84.

② 张光直：《考古学专题六讲》，文物出版社，1986 年，第 74~93 页。

③ 张海：《景观考古学——理论、方法与实践》，《南方文物》2010 年第 4 期。

④ 陈胜前：《理解后过程考古学：考古学的人文转向》，《东南文化》2013 年第 5 期。

要遗迹通常分布于狭义的"遗址"以外，例如耕地、灌溉系统、道路网络，等等。因此美国考古学家邓内尔在对"遗址"的定义进行深入探讨之后，提出要将研究视野拓展至遗址之外，主张"off-site"（遗址外）的研究①。景观考古学通常采用区域系统调查的方式，对古代聚落内部的空间结构和外部的地表形态进行综合考察，这种研究理念更为全面地考察了人类活动可能涉及的地理空间，直接影响着考古学家对古代聚落或其他类型遗存性质、功能等方面的判断。例如美国哈佛大学教授杰森厄尔对美索不达米亚平原上公元前 26 世纪至前 20 世纪大型遗址以外的广阔空间进行了地面调查和遥感影像判读，成功发现了分布于遗址以外的史前农业灌渠、大片农田以及道路系统②。此外，对遗址周边资源域（catchments）的分析也是这种"遗址外"研究理念的体现③。

（2）对景观变迁过程的长程观察。

在景观考古学研究中，地表空间形态常被视为一个变量。考古学家通常会从当前的景观着手，通过各项研究手段对一定区域内的景观变迁历程作一种"回溯式"的观察，以期对古代景观进行一定程度的复原。这种长程的观察视角好似从漫长的景观变迁历程中提取出多个连续的"剖面"，将各个"剖面"串联即可再现复杂的景观变迁历程。简言之，景观考古学家对聚落形成之前、聚落形成和发展时期乃至聚落废弃（成为遗址）之后这三个时段的景观演变都有着浓厚的兴趣。大量的考古研究表明，古代聚落的形态一直处于不断的变化之中，无论是自然环境变迁还是晚期人类活动都可能对其形态造成显著改变。正如英国考古学家克劳福德所言"景观犹如一张

---

① Dunnell C, The Notion of Site, in Rossignol J and Wandsnider L（eds）*Space, Time, and Archaeological Landscapes*, Plenum Press, 1992, pp. 21-41.

② Ur A J, CORONA Satellite Photography and Ancient Road Networks: A Northern Mesopotamian Case Study, *Antiquity*, 2003（77）.

③ Higgs E S, Vita-Finzi C, Prehistoric Economies: A Territorial Approach, *Papers in Economic Prehistory*, Cambridge University Press, 1972, pp. 27-36.

被反复书写又再三被擦除的纸"①，而景观考古学家则善于对这种复杂而又漫长的变迁过程进行历时性考察，进而复原古代景观。澳洲国立大学的曼迪教授曾在叙利亚北部的哈鲁拉土丘开展过一项考古调查，调查结果显示这处土丘上分布有15个不同文化时期的聚落，不同时期聚落的数量、规模与土丘的地形地貌有着复杂的关联。同时这个项目还对土丘的形成过程以及这一过程对地表遗存分布的影响进行了深入的探究。曼迪教授这项研究揭示出古代人类在哈鲁拉土丘复杂的栖居过程，并呈现出一些过去无人知晓的历史细节②。

（3）对景观的社会和精神意义进行解读。

对景观的社会和精神意义的解读可能是景观考古区别于环境考古的明显特征之一。景观考古学家十分强调从文化的角度去认识和解读景观，因此景观除了具备实用性以外，还包含着社会和精神属性。例如，某些山川、河流不仅作为自然地物而存在，还可能成了人类的精神寄托，研究人类对这些特殊"景观"的理解和认知也是景观考古学的重要内容。景观考古学中十分常见的"视域分析"，通过计算机软件计算人眼在某一地点所能看见的视域范围，比较不同地点的"可视域"实际上是探究人类对景观的理解和认知。英国考古学家对英格兰南部韦塞克斯分布的长形土墩进行研究发现，这些出现于公元前4000年至前3000年的土墩实际上具有明显的象征意义，每座土墩都是某人群长期居住于此所建立的中心领地的象征③。

尽管当前世界范围内景观考古学的研究内容与视角呈现出日趋多元化的趋势，但是世界各地的景观考古研究个案在研究方法上呈现出了一些明

① 张春海：《景观考古：绘制人与自然互动的"连环画"》，《中国社会科学报》，2013年11月8日。

② Mandy M, Continuity Versus Cultural Makers: Results of the Controlled Surface Collection of Tell Halula, North Syria, *PhD thesis of Australian National University*, 2010, pp. 1-345.

③ Brookes S J, Baker J, Landscapes of Violence in Early Medieval Wessex: Towards a Reassessment of Anglo-Saxon Strategic Landscapes, *The Scandinavian Impact on Southern England*, Oxford University Press, 2015, pp. 207-345.

显的共性，通过区域系统调查采集和提取研究区域内的景观信息，并在空间信息技术的支持下展开景观考古研究成了较为通行的一种研究范式。

区域系统调查与传统区域调查相比，其重要差异在于其采集和分析遗物时的"系统性"。传统的考古调查主要关注遗址有与无这类定性的问题，区域系统调查试图回答遗址大小、等级、密度等定量的问题，因为系统性的采集方法，让考古学家得以对人口密度、耕地面积、环境承载力等复杂的社会问题进行研究。与此同时，这一方法还能获得对研究区域内的地形地貌、植被、土壤、水系等地理要素的系统性认识，上述信息均是开展景观考古研究的重要资料。例如在地中海东部展开的塞浦路斯区域考古调查项目中，伯纳德和迈克教授就整合了考古学、冶金学、地貌学、生态学、民族史学和空间信息技术等交叉学科方法，对塞浦路斯北部75平方千米的区域展开了系统的景观考古调查，考察了5000年间人类对景观的改造过程，并将各个时期的人类行为置于区域背景中进行考量[1]。

在大量开展区域系统调查的同时，空间信息技术被广泛应用于景观考古学研究之中，以"3S"为代表的空间技术的迅猛发展对于获取遗存的景观信息[2]、推动景观考古学的发展起到了尤为显著的作用。从获取信息的角度而言，遥感(RS)与全球定位系统(GPS)已经成为现代田野考古工作中十分常见的技术手段，采测考古遗存的三维坐标及遗存所处空间的地表形态是景观考古研究的基本需求。不仅如此，在一些考古实践中，遥感技术还能发现肉眼难以发现和辨识的古代遗迹现象，极大提高田野考古工作的效率和采集信息的能力。例如激光雷达就是最新发展起来的遥感技术，它能穿透茂密的丛林甚至一定深度的水体，从而极大提高三维空间数据的获取效率。佛罗里达大学的艾伦教授就曾运用机载激光雷达对中美洲雨林进行测绘，当其将茂密的地表植被数据滤除后，发现了分布于雨林之下的一座面积约170平方千米的玛雅城市，这项发现使得他们在几个星期以内的收

---

[1] Michael G and Bernard K, *The Sydney Cyprus Survey Project: Social Approaches to Regional Archaeological Survey*, Cotsen Institute of Archaeology at UCLA, 2003, pp. 1-384.

[2] "3S"是遥感(RS)、全球定位系统(GPS)和地理信息系统(GIS)的统称。

获超过了过去二十余年的成果①。从信息处理与分析的角度而言，景观考古研究需要整合各类具有地理空间属性的复杂数据，并对现已消逝的景观进行模拟与重建。而地理信息系统在计算机硬件的支持下，对地理数据具有强大的管理、分析、模拟及可视化等功能，因此 20 世纪 90 年代以来地理信息系统技术被广泛应用于景观考古研究，并显示出极大的发展潜力。

2. 中国景观考古学发展现状及趋势

21 世纪以来，景观考古学研究方法开始被引入中国考古学领域。一方面，中国考古学者开始以撰文和翻译外文文献的方式推介西方的景观考古学理论、方法和研究案例②。另一方面，20 世纪 90 年代以来中国考古机构积极与国外考古机构开展田野考古合作，在一些区域系统调查项目中研究人员开始从景观考古的角度开展考古研究。例如 1997 年至 2002 年中国社会科学院考古研究所与澳大利亚拉楚布大学等机构联合在伊洛河流域开展了多学科国际合作考古项目，该项目通过区域系统调查的方式对伊洛河流域古代农业生态景观进行了研究③。与之类似的研究还有秦岭、张海等学者对长江下游和中原地区史前聚落食物资源域的讨论④。1998—1999 年，北京大学和美国加州大学洛杉矶分校合作在三峡库区与四川盆地开展了"四川盆地及其邻近地区古代盐业的景观考古学研究"项目，探究该区域盐

① Chase Arlen and Chase Diane etc., The Use of LiDAR in Understanding the Ancient Maya Landscape, *Journal of the Society for American Archaeology*, 2014, 2(3).

② 张海：《景观考古学——理论、方法与实践》，《南方文物》2010 年第 4 期；朱利安、托马斯著，战世佳译，陈胜前校：《地方和景观考古》，《南方文物》2015 年第 1 期；科林·伦福儒、保罗·巴林著，陈淳译：《考古学：理论、方法与实践》，上海古籍出版社，2015 年，第 212 页；方辉：《聚落与环境考古学理论与实践》，山东大学出版社，2007 年，第 1~14 页。

③ Qiao Y, Development of Complex Societies in the Yiluo Region: A GIS Based Population and Agricultural Area Analysis, *Indo-Pacific Prehistory Association Bulletin*, 2007 (27).

④ 秦岭、傅稻镰、张海：《早期农业聚落的野生食物资源域研究——以长江下游和中原地区为例》，《第四纪研究》2010 年第 2 期；Zhang H, Bevan A and Fang Y, Archaeobotanical and GIS-based Approaches to Prehistoric Agriculture in the Upper Ying valley, Henan, China, *Journal of Archaeological Science*, 2010(37).

业生产对区域环境和古代社会进程的影响①。1996—2000 年，河南省文物考古研究所和美国密苏里州立大学合作在颍河上游谷地开展了区域考古调查和试掘项目。该项目的重要收获之一就是利用 GIS 方法对龙山文化中晚期至二里头文化时期遗址分布规律、地理环境以及形状和面积进行分析和研究，在此基础上建立起了遗址预测模型，对可能分布有遗址的区域进行了推定②。此外，还有学者运用 GIS 空间分析模型探究史前特殊遗址的视域范围③、青铜时代早期国家的疆域等问题④，以及利用土壤侵蚀模型分析古代冶铁活动对植被的影响⑤。上述研究成果表明，源自西方的景观考古学方法已经被运用于我国的考古实践之中，但从整体发展水平而言，景观考古学在中国尚处于起步阶段，中国考古学者对景观考古的关注还较为有限。不过，从中国考古学近年来的发展趋势可以推知景观考古学在中国考古学研究中有着巨大的发展潜力。

　　首先，从研究视野和理念来看，运用多学科方法对古代社会开展综合研究已经成了中国考古学者的基本共识。因此，对于古代社会与自然环境之间关系的探究自然成了一个重要议题，近年来环境考古已经取得了诸多重要成果，在探究复杂化的早期社会、农业起源等重大问题中都发挥了十分重要的作用。与环境考古从科学的角度分析环境有所不同，景观考古是从文化的角度观察人类活动与环境的关系，这一全新的研究视角对于我们

---

　　① 李水城、罗泰主编：《中国盐业考古（第一集）——长江上游古代盐业与景观考古的初步研究》，科学出版社，2006 年，第 4 页

　　② 河南省文物考古研究所等：《颍河文明——颍河上游考古调查试掘与研究》，大象出版社，2008 年，第 9 页。

　　③ Zhang H, Bevan A and Guo D, The Neolithic Ceremonial Complex at Niuheliang and Wider Honshan Landscape in North-eastern China, *Journal of World Prehistory*, 2013 (26), pp. 1-24.

　　④ 张海：《数学计算模型与二里头早期国家的疆域》，《中国聚落考古的理论与实践：纪念新砦遗址发掘 30 周年学术研讨会论文集》，科学出版社，2010 年，第 79～92 页。

　　⑤ 秦臻：《河南舞钢西平地区战国秦汉冶铁遗址的景观考古学研究》，北京大学硕士学位论文，2010 年。

观察和研究古代社会发展状况，阐释人类行为具有重要意义。

其次，区域系统调查方法在中国日趋成熟。20世纪90年代以来，自西方引入的区域系统调查方法被中国考古学家广泛采纳，在中原地区、山东半岛、赤峰地区，以及长江中游等地域开展了不同规模的区域系统调查。不过，区域系统调查项目多被视为聚落考古研究方法，其关注的主要内容是聚落形态。实际上，区域系统调查也是景观考古学十分常见的研究方法，通过系统性调查可以对聚落形态以及聚落所处的地表空间结构等景观信息获得全面认知，对遗址的景观演变历程以及不同时期人类活动与自然环境的关系形成综合认识。目前，在上文所列举的个案里已有学者在区域系统调查中运用景观的理念开展工作，可以预见在将来的区域系统调查工作中，考古遗存的景观信息必将受到更为广泛的关注。

再次，空间信息技术在中国考古学研究中得到广泛使用。借助地理信息系统技术开展的考古研究成果在考古期刊及高校学位论文中已屡见不鲜。运用地理信息系统采集、管理和分析田野考古资料已经成了常见的田野考古工作中的重要技术手段，尤其是对于面积巨大、田野工作持续多年的大遗址而言，建立考古地理信息系统已经成为基本的工作要求。同时，全站仪、RTK、无人机等空间信息采集设备已经在田野考古实践中日益普及，硬件设施的更新为精确采集考古遗存的空间信息提供了技术保障，也使得景观考古研究的深入发展成为可能。

第二章　江汉地区夏商时期遗存时空框架

第一节　江汉地区夏商时期遗存时空范围的界定

时间与空间是考古学研究的两个基本维度，本节将对本书所研究的时空范围予以界定，既是为后续的讨论搭建清晰的时空框架，也是对本书研究的出发点再次进行阐释。

从地理学角度而言，江汉地区地处长江中游，基本是以长江与汉水交汇形成的江汉平原为核心地带，大致以平原外围 50 米等高线为边界，介于北纬 29°26′~31°10′，东经 111°45′~114°16′之间①。就行政区划而言，江汉地区位于湖北省中南部，西起枝江，东至武穴市田家镇，北达钟祥和安陆，南达湘鄂边界②。大巴山、大洪山、桐柏山、大别山分列于江汉地区西、北、东三面，长江穿越江汉地区南缘，山川河流的阻隔使江汉地区形成了一个相对独立的地理单元。但是，上述众多山地之间分布着多条山间谷地以及穿行其间的南北向河流，这些山谷与河流成了江汉地区连通北部中原腹地的重要通道。与此同时，长江干流自西向东穿越江汉腹地，成了江汉地区西至四川盆地，东达长江三角洲的重要通道。因此，就区位条件而言，江汉地区既相对独立，又具备优越的交通条件。

---

① 中国大百科全书总编辑委员会：《中国大百科全书·中国地理卷》，中国大百科全书出版社，2004 年，第 245 页。

② 邓先瑞、徐东文：《关于江汉平原城市群的若干问题》，《经济地理》1997 年第 4 期。

　　上述地理特征对江汉地区考古学文化面貌及文明发展进程造成了较为明显的影响，一方面，自新石器时代以来江汉地区即开始了自身的文明化进程，并在龙山时代形成了以石家河为中心的史前文化发展趋势。另一方面，江汉地区又长期与中原地区保持着密切的文化关联。尤其是进入青铜时代以后，随着中原文化的异军突起和早期王权国家的形成，江汉地区开始长期成为中原文化南下扩张的要冲之地，同时又是主要的青铜矿料供应地①，江汉地区之于早期王权国家的重要性不言自明。在青铜时代中原文化多次南进浪潮的冲击之下，江汉地区自身的史前文明化进程中断，并最终融入了以中原为中心的中华文明发展洪流之中②。因此，在本书的讨论中，"江汉地区"既是一个地理学意义上的空间范围，同时又表示着一个相对清晰的文化分布区域。

　　本书所关注的公元前1600年至前1100年大体与中国历史上夏王朝晚期和商王朝的出现时间相当。就考古学文化而言，公元前1600年前后，二里头文化向南传播至江汉地区。此后随着二里头文化的终结，二里冈文化南下扩张的势头初现，至公元前1400年前后，二里冈文化对江汉地区的影响尤甚，形成了以盘龙城、荆南寺为代表的典型遗址，江汉地区的考古学文化面貌因其与中原文化高度的相似性被视为商文化的地方类型③。公元前1300年开始，商文化势力在江汉地区的影响范围出现显著变化，中商文化时期，盘龙城遗址被彻底废弃并引发了同时期其他遗址的连锁反应④。约当殷墟文化第一期起，商文化势力开始在江汉地区大幅退缩，至殷墟文化第二期前后，商文化势力彻底退出江汉地区，而以周梁玉桥、大路铺等

---

　　①　张昌平、段姝杉：《江汉地区青铜器的发现与研究》，《江汉汤汤——湖北出土商周文物》，北京时代华文书局，2015年，第8~12页。
　　②　长江中游文明进程研究课题组：《长江中游文明进程研究（总纲）》，《江汉考古》2017年第2期。
　　③　邹衡：《试论夏文化》，《夏商周考古学论文集》，文物出版社，1980年，第107~115页。
　　④　盛伟：《盘龙城遗址废弃的年代下限及相关问题》，《江汉考古》2011年第3期。

遗址为代表的地方性青铜文化随之兴起于江汉地区，并在公元前 1100 年以后催生出了与中原青铜文明相映生辉的多个区域文化中心。

公元前 1600 年至前 1100 年，江汉地区跌宕起伏的文明发展进程体现出了夏、商王朝在不同阶段对南部"边疆"采取的经略方式与目的之差异。不仅如此，在上述历史时期内，江汉地区东部与西部的聚落形态与考古学文化面貌亦呈现出了明显的不同，造成这一共时性差异的原因可能与这一区域的地理空间结构密切相关，文化与地理环境之间的复杂关联由此可见一斑。

综上所述，设定本书时空范围的初衷在于观察夏、商文化势力在江汉地区的进退过程，并揭示文化进退与消涨背后所体现的政治经略与控制方式之差异，这一议题亦是近年来学界讨论颇多的话题①。但本书所选择的景观考古视角则是以往研究鲜少采用的，笔者力求透过上述时空范围内的自然与文化景观，对其背后的社会图景与历史进程予以考察，以期揭示出更为真实与生动的历史信息。

第二节　江汉地区夏商时期遗存综论

一、江汉地区夏商时期遗存概述

20 世纪 50—60 年代，商文化时期考古遗存在江汉地区初见端倪。20 世纪 80 年代以来，随着田野考古工作的有序展开，大量的商文化时期考古遗存在田野发掘及调查工作中被辨识出来，同时也为系统性研究江汉地区商文化时期遗存的文化分期与年代框架积累了丰富的资料，研究者以中原地区商文化分期与年代框架为标尺，对江汉地区商文化时期考古遗存进行了分期和年代学研究，相关研究成果为本书的景观考古分析奠定了坚实的基础。相较而言，夏文化时期遗存在江汉地区的分布数量十分有限，江汉

---

① 孙卓：《论商时期中原文化势力从南方的消退》，武汉大学博士学位论文，2017 年。

地区夏文化时期遗存的分期与年代框架基本是采用了目前比较通行的二里头文化的分期方案，即将二里头文化分为一至四期①。学界普遍认为目前在江汉地区发现的二里头文化遗存其相对年代基本属于二里头文化三期、四期②。鉴于江汉地区商文化时期遗存的分期体系相对复杂，以下主要对江汉地区商文化时期遗存的分期体系进行论述。

伴随着考古遗存的不断丰富，中原地区商文化分期体系经历了一个不断发展完善的过程。20 世纪 60 年代，邹衡以殷墟发掘材料为基础提出将"殷墟文化"分为四期七组③。20 世纪 80 年代，邹衡在对商时期遗存进行全面分析的基础上，提出将商文化遗存分为先商、早商和晚商三大期，并将其进一步细化为七段十四组④。而安金槐则以郑州商城遗址的发掘材料为基础，将商代前期的二里冈文化细分为四期，年代与邹衡所分的先商至早商期基本对应⑤。随后，王立新则对邹衡与安金槐二者的分期方案予以整合，提出将早商时期遗存划分为三期六段⑥。20 世纪 90 年代，中国社科院考古研究所以唐际根为代表的学者提出在以偃师商城和郑州商城为代表的"早商文化"和以安阳殷墟为代表的"晚商文化"之间还存在一定的缺环⑦，并结合郑州小双桥、安阳洹北商城等遗址的发掘成果，辨识出了介于早商与晚商文化之间的"中商文化"遗存⑧。自此，形成了将中原地区商

---

① 中国社会科学院考古研究所：《中国考古学（夏商卷）》，中国社会科学出版社，2003 年，第 69 页。

② 张昌平：《夏商时期中原与长江中游地区的文化联系》，《华夏考古》2006 年第 3 期。

③ 邹衡：《论殷墟文化的分期》，《北京大学学报》（人文科学版）1964 年第 4 期。

④ 邹衡：《试论夏文化》，《夏商周考古学论文集》，文物出版社，1980 年，第 107～115 页。

⑤ 安金槐：《关于郑州商代二里冈期陶器分期问题的再探讨》，《华夏考古》1988 年第 4 期。

⑥ 王立新：《早商文化研究》，高等教育出版社，1998 年。

⑦ 唐际根：《殷墟一期文化与其相关问题》，《考古》1993 年第 10 期。

⑧ 唐际根：《中商文化研究》，《考古学报》1999 年第 4 期；中国社会科学研究院考古研究所：《中国考古学（夏商卷）》，中国社会科学出版社，2003 年，第 170～320 页。

文化划分为以郑州商城、偃师商城遗址为代表的二里冈文化时期→以郑州小双桥、安阳洹北商城为代表的洹北花园庄期→以安阳殷墟为代表的殷墟文化时期，三阶段的分期体系与年代框架①（见表2.1）。这一分期体系目前得到了较为广泛的认可，亦是本书分析江汉地区商文化时期考古遗存时所采用的分期体系。

表2.1 商文化时期遗存分期体系

邹衡			安金槐	社科院	本书分期体系
先商期	第一段	第2组	二里冈下层一期	早商一期	二里冈文化时期
早商期	第二段	第3组	二里冈下层二期	早商二期	
		第4组	二里冈上层一期	早商三期	
	第三段	第5组			
		第6组	二里冈上层二期	中商一期	洹北花园庄期
	第四段	第7组		中商二期	
		第8组（殷墟一期1组）		中商三期	
晚商期	第五段	第9组（殷墟二期2组）		殷墟一期	殷墟文化时期
		第10组（殷墟二期3组）		殷墟二期	
	第六段	第11组（殷墟三期4组）		殷墟三期	
		第12组（殷墟三期5组）			
	第七段	第13组（殷墟四期6组）		殷墟四期	
		第14组（殷墟四期7组）			

① 唐际根等研究者在提出"中商文化"概念后有学者提出了质疑，唐际根等研究者又对这一考古学文化命名方式进行了反思和修正，并将其重新表述为"洹北花园庄期"遗存，在此采用其最新的研究成果，即文中所言的"洹北花园庄期"，后文亦如此。相关论著见于唐际根、岳洪彬、何毓灵等：《洹北商城与殷墟的路网水网》，《考古学报》2016年第3期。

二里冈文化时期，商人大抵沿着此前二里头文化的南进路线进入江汉地区，在大别山以南、汉水以东、长江以北的平原河谷地带出现了较为丰富的商时期遗存，尤以涢、澴、滠水下游沿线分布的遗址数量最多①，其中开展过考古发掘的遗址包括盘龙城、香炉山、聂家寨、小王家山、意生寺，考古调查中发现的遗址包括中分卫湾、鲁台山、晒书台、凤凰台、大台子、好石桥等②。这一时期最为重要的遗址当属盘龙城，该遗址不仅体量巨大，遗址总面积接近 4 平方千米，还发现有二里冈文化时期的城垣和大型宫殿建筑，同时发现了李家嘴 M2、杨家湾 M11、M13、M17 等高等级贵族墓葬③。其中李家嘴 M2 长 3.67、宽 3.24 米，是迄今所见最大的二里冈文化时期墓葬。就出土青铜器的数量而言，盘龙城遗址是目前全国范围内出土二里冈文化时期青铜器最多的地点，所发现的青铜器数量超过了同时期的都城遗址郑州商城和偃师商城④。近年来还在城址西侧发现有同时

---

① 熊卜发：《浅谈鄂东北地区古代文化》，《鄂东北地区文物考古》，湖北科学技术出版社，1995 年，第 1~11 页。

② 相关遗址的发掘及调查简报包括：香炉山考古队：《湖北武汉市阳逻香炉山遗址考古发掘纪要》，《南方文物》1993 年第 1 期；武汉大学历史系考古教研室、武汉市博物馆、新洲县文化馆：《湖北新洲香炉山遗址（南区）发掘简报》，《江汉考古》1993 年第 1 期；北京大学考古专业商周组、山西省考古研究所、河南省安阳、新乡地区文化局等：《晋鄂豫三省考古调查简报》，《文物》1982 年第 7 期；湖北省孝感地区博物馆：《孝感市几处古遗址调查简报》，《江汉考古》1987 年第 3 期。孝感地区博物馆、孝感市博物馆：《湖北孝感聂家寨遗址发掘简报》，《江汉考古》1994 年第 2 期；周厚强：《孝感地区的商代文化》，《江汉考古》1990 年第 2 期。云梦县博物馆：《湖北云梦商、周遗址调查简报》，《江汉考古》1990 年第 2 期；湖北省文物考古研究所纪南城工作站：《湖北黄梅意生寺遗址发掘报告》，《江汉考古》2006 年第 4 期；熊卜发、刘志升、李晓明：《黄陂县出土玉器铜器》，《江汉考古》1981 年第 1 期；黄陂县文化馆、孝感地区博物馆、湖北省博物馆：《湖北黄陂鲁台山两周遗址与墓葬》，《江汉考古》1982 年第 2 期；熊卜发：《湖北孝感地区商周古文化调查》，《考古》1988 年第 4 期；余从新：《安陆县晒书台商周遗址试掘》，《江汉考古》1980 年第 1 期；孝感市文管所：《孝感市大台子新石器时代遗址调查》，《江汉考古》1990 年第 2 期。

③ 湖北省文物考古研究所：《盘龙城：一九六三年——一九九四年考古发掘报告》，文物出版社，2001 年。

④ 张昌平：《盘龙城商代青铜容器的初步考察》，《江汉考古》2003 年第 1 期。

期的铸铜作坊遗迹，表明该地点在二里冈文化时期具备独立的青铜器生产体系①，由以上考古发现可知盘龙城当属二里冈文化时期江汉地区的区域文化中心。就文化面貌而言，盘龙城遗址出土的鬲、罐、盆、簋、豆等陶器的器类及形制均与郑州商城、偃师商城所见的同时期遗存具有明显的相似性，觚、爵、斝、鼎、簋、甗、盉、盘等青铜容器的组合、器型及装饰风格亦与中原地区保持高度一致。此外，盘龙城城垣的修筑方式、大型建筑的朝向与布局、墓葬的葬俗及随葬品组合均与中原地区具有诸多相似之处，因此学界将以盘龙城遗址为代表的鄂东北地区二里冈文化时期遗存视为商文化的一个地方类型——盘龙城类型②。

就聚落的等级与分布态势而言，在盘龙城类型的分布区以内，并非仅有盘龙城一处大型据点，盘龙城以外 30~170 千米的空间内，由近及远分布着香炉山、聂家寨、意生寺等不同等级聚落。实际上，由于目前尚未对盘龙城遗址以北的黄陂、孝感地区开展系统的区域调查工作，尚难以对盘龙城周边二里冈文化时期遗址的分布状况进行量化分析。但从 20 世纪 80 年代孝感地区博物馆对澴水、涢水下游开展的考古调查和 2019 年武汉市文物考古研究所对黄陂、新洲地区开展的考古调查收获来看③，我们推测在盘龙城遗址周边的地区(10~200 千米范围内)很有可能分布着不同层级的聚落点。这些聚落以盘龙城为中心，沿涢、澴、滠、倒水及其支流呈线状展布，在鄂东北地区形成了一个面积庞大、层级分明的聚落体系。

---

① 武汉大学历史学院、湖北省文物考古研究所、盘龙城遗址博物院：《武汉市盘龙城遗址小嘴 2015—2017 年发掘简报》，《考古》2019 年第 6 期。

② 邹衡：《试论夏文化》，《夏商周考古学论文集》，文物出版社，1980 年，第 107~115 页；中国社会科学院考古研究所：《中国考古学(夏商卷)》，中国社会科学出版社，2003 年，第 266 页。

③ 20 世纪 80 年代孝感地区博物馆曾在澴水、滠水及涢水下游发现了 39 处商文化时期遗址。参见熊卜发：《浅谈鄂东北地区古代文化》，《鄂东北地区文物考古》，湖北科学技术出版社，1995 年，第 1~11 页。2019 年武汉市文物考古研究所对武汉市黄陂、新洲两区进行了考古调查，发现了商周时期遗址 31 处，调查资料见于武汉市文物考古研究所资料，尚未公开发表。

这一时期另外一处重要的遗址则是位于江汉地区西部的荆南寺遗址。荆南寺遗址位于湖北省荆州市主城区以西约 1.5 千米处，遗址虽曾遭受严重破坏，考古发掘时残存面积仅为 5000 平方米，但该遗址仍是目前鄂西地区出土二里冈文化时期最为丰富的地点，在该遗址唯一发现的一座商代墓葬中，随葬有斝、戈钺等青铜器，表明该遗址应具有较高的等级①。值得注意的是，与盘龙城遗址相比，荆南寺遗址出土的二里冈文化时期遗存具有更为复杂的文化因素，该遗址既出土有鬲、大口尊、深腹罐、盆、假腹豆等典型二里冈文化陶器，又出土有鼎、釜、大口缸等土著文化因素的陶器，还可见凸肩罐、高柄杯、灯形器等来自四川盆地的蜀文化因素陶器以及印纹硬陶和原始瓷等来自长江下游地区的文化因素。因此荆南寺遗址虽深受二里冈文化的影响，但其与二里冈文化的差异明显大于盘龙城遗址，有学者指出荆南寺遗存是"早商时期中原某支商人南下与江汉平原南部土著人杂居的产物"，故将以荆南寺遗址为代表的商时期遗存命名为荆南寺类型②。

与分布于江汉地区东部的盘龙城类型相比，荆南寺类型目前已发现的遗存数量与分布范围均难以与之匹敌。这一方面是由于考古工作的缺乏，导致了荆州地区商文化时期遗存发现较少所造成的。但也在一定程度上体现出了二里冈文化对江汉地区西部的影响范围和程度似乎弱于江汉地区东部。造成江汉地区东部与西部文化格局差异性的原因显然是复杂而多样的，但其中有两条线索笔者欲在后文中予以讨论。其一，上述差异性一定程度上体现出了中原王朝对江汉地区东部与西部经略方式可能有所不同；其二，鄂东北地区和荆北平原二者与中原腹地有着明显不同的地缘关系，这或许是造成文化格局差异的原因之一。

洹北花园庄期中原文化势力继续在以盘龙城为中心的江汉地区扩张，商文化势力的分布范围与前期大体相当。同时，一些新出现的遗址点暗示

---

① 荆州博物馆：《荆州荆南寺》，文物出版社，2009 年，第 32 页。

② 何驽：《荆南寺夏商时期遗存分析》，《考古学研究》（二），北京大学出版社，1994 年，第 78~100 页。

着商文化势力向着更为广阔的区域渗透。鄂东黄州地区曾在下窑嘴发现了一座商时期墓葬，出土了鬲、瓶、爵、斝、瓿等青铜器共计 16 件[①]。鄂西北随州地区也曾在淅河发现过瓶、爵、斝等 13 件青铜器[②]。淅河铜器出土地点以北约 5 千米处的庙台子遗址亦出土过洹北花园庄期的陶器[③]。此外，最近在盘龙城遗址以北约 22 千米处的郭元咀遗址发现了洹北花园庄期的铸铜作坊遗迹[④]。以上罗列的几处地点均出土有成组的青铜礼器或发现有铸铜作坊遗迹，表明这些遗址应具有较高的等级，所见青铜器及陶器的形制及组合亦与中原地区基本一致，暗示着洹北花园庄期商人对江汉地区的经营较前期有所加强。除上述较为明确的遗址以外，江汉地区还分布有一些零星采集过洹北花园庄期青铜容器的地点，包括武汉市黄陂区境内的徐家洲、钟家岗、光山造、官家寨、矿山水库，安陆市的姚河、程巷，应城吴祠，枝城王家渡等[⑤]。这些地点虽暂未开展考古发掘，难以对遗址的准确年代及性质予以判断，结合这些青铜器出土地点和以上提及的遗址我们可以大致勾勒出洹北花园庄期商文化势力在江汉地区的分布范围。就已发掘的遗址资料而言，二里冈文化时期的聚落基本被沿用至洹北花园庄期乃至稍晚，出土遗物的文化面貌亦与中原地区保持基本一致，同时涢水中上游、鄂东地区还出现了一些新增的遗址点，表明这一时期中原文化继续在前人的基础上对江汉地区加以经略，控制和影响的范围较前期略有增强。

---

① 黄冈地区博物馆、黄州市博物馆：《湖北省黄州市下窑嘴商墓发掘简报》，《文物》1993 年第 1 期。

② 随州市博物馆：《随县发现商代青铜器》，《文物》1981 年第 8 期。

③ 武汉大学历史系考古教研室：《西花园与庙台子》，武汉大学出版社，1993 年，第 156~161 页。

④ 从空间位置上看，郭元咀与鲁台山实际属于同一处遗址，后文将详述。2019 年湖北省文物考古研究所对郭元咀遗址开展了考古发掘，发现了洹北花园庄期的铸铜作坊遗迹。笔者曾多次赴现场调查，发掘资料尚未公开发表。

⑤ 熊卜发、鲍方铎：《黄陂出土商代晚期青铜器》，《江汉考古》1986 年第 2 期；郭冰廉：《湖北黄陂矿山水库工地发现了青铜器》，《考古》1958 年第 9 期；黄锂、况红梅：《近年黄陂出土的几件商周青铜器》，《江汉考古》1988 年第 4 期；黎泽高、赵平：《枝城市博物馆藏青铜器》，《考古》1989 年第 9 期。

　　然而，这一时期的区域文化中心盘龙城内部却呈现出了明显的衰落之势，具体表现为城垣、宫殿建筑的废弃，聚落范围的显著收缩以及高等级墓葬规模的缩小①，最终在洹北花园庄晚期盘龙城被彻底废弃，并引发了鄂东北乃至整个江汉地区的连锁反应。随着盘龙城聚落的废弃，鄂东北地区原本分布于盘龙城周边100千米范围内的聚落基本随之消亡，仅在滠水中上游新出现了庙台子及淅河铜器群等新的地点，这一区域似乎成为盘龙城聚落废弃后，鄂东北地区新的文化中心地带。江汉地区西部亦呈现出基本一致的文化发展进程，荆南寺遗址出土的商时期遗存的年代下限为洹北花园庄晚期至殷墟一期前后②。就整体态势而言，洹北花园庄晚期商文化势力在江汉地区呈现出了明显的收缩之势力，与二里冈文化时期以来的强力扩张态势形成了鲜明的对比。商文化势力在江汉地区退缩之势显然是与这一时期中原王朝内部政治格局的动荡和不稳相吻合的，但是除此根本原因之外，江汉地区此时的地理环境是否发生了显著变化？在商文化的整体北撤的大背景之下，江汉地区东部与西部的文化格局有哪些异同？造成差异的原因何在？这些深刻的历史背景将在后文中予以讨论。

　　自殷墟文化第一期开始，随着盘龙城、荆南寺等遗址被彻底废弃，中原文化势力开始在江汉地区大幅退缩，至殷墟文化第二期前后，中原文化势力彻底退出江汉地区。与此同时，江汉地区西部的周梁玉桥遗址以及鄂东丘陵地带的大路铺遗址中出现了与殷墟文化年代大体相当的遗存，但其所呈现出的文化面貌则与中原地区风格迥异，周梁玉桥遗址出土遗物中以鼎、釜类陶器为大宗，大路铺遗址则大量出土刻槽足鬲、护耳甗等陶器。鉴于上述遗存鲜明的地域风格，有研究者分别将以周梁玉桥和大路铺遗址为代表的商代晚期遗存称为"周梁玉桥文化"和"大路铺文化"，但受考古工作所限，上述两支文化的分布范围与文化谱系均不甚明确，这种文化面貌也反映出在殷墟文化时期，中原文化退出以后，江汉地区的土著青铜文明

---

　　① 张昌平、孙卓：《盘龙城聚落布局研究》，《考古学报》2017年第4期。
　　② 何驽：《荆南寺夏商时期遗存分析》，《考古学研究》(二)，北京大学出版社，1994年，第78~100页。

在多个地点逐步兴起，但又暂未形成区域文化中心的基本态势。

与殷墟文化时期遗址数量锐减，且分布较为零散有所不同的是，这一时期江汉地区诸多地点仍零星出土了若干青铜器，因此青铜器资料亦是我们了解这一时期江汉地区青铜文化格局的一个重要切入点。这一时期江汉地区青铜器的文化风格呈现出了明显的分化现象。一方面，部分青铜器仍和中原文化保持着一致性，例如汉阳纱帽山出土的觚形尊、鄂城陈林寨出土的"父丁"爵、应城群力出土的鸮尊、应城乌龟山出土的铜鼎等。另一方面，江汉地区其他地点开始出现了以体量较大的铙、镈为代表的青铜打击乐器，这类青铜乐器在殷墟文化时期流行于长江流域，并形成了一些特有的文化风格。例如石首九佛岗兽面纹镈、随州毛家冲兽面纹镈、崇阳汪家嘴兽面纹鼓、阳新刘荣山兽面纹铙等。此外，江汉地区在这一时期还出土有一批大型的青铜尊和罍，例如沙市东岳庙、江陵八姑台和枣阳新店等地点均有出土。这些尊和罍较殷墟出土的同类器而言体量更为高大，且器体较薄，装饰与铸造工艺也和中原地区有所不同。就分布地域而言，这类体量高大的尊和罍分布于中原地区以外的江汉地区以及四川广汉三星堆、安徽阜南、淮南等地，暗示着它们可能有着相同的产地①。

整体而言，殷墟文化时期江汉地区的青铜文化格局与二里冈文化至洹北花园庄期呈现出了显著差异，一方面，虽仍有中原文化风格的青铜器出土于江汉地区，但中原文化势力已经彻底退出江汉地区，二里冈文化至洹北花园庄期以盘龙城为中心的文化格局随之消失，江汉地区的聚落数量和密度显著降低。另一方面，周梁玉桥、大路铺等地点涌现出了极具地域特色的土著青铜文化，但至今未能在上述地点发现较高等级的遗存，可能表明殷墟文化时期江汉地区尚未形成较为明确的区域文化中心。令笔者尤为关注的是，殷墟文化时期，中原文化势力迅速退出江汉地区发生于怎样的地理环境背景？江汉地区土著青铜文化与前期中原文化的分布地带有何异

① 张昌平：《论殷墟时期南方尊和罍》，《考古学辑刊》第 15 辑，文物出版社，2004 年。

同？从更长程的视角而言，整个夏商文化时期，江汉地区聚落的分布地域与新石器时代和西周时期相比，又呈现出了哪些异同？政治与文化势力的渗透和交融是怎样在复杂的地理空间中得以实现的？笔者将在后文中对围绕这些问题展开一些初步的讨论。

二、江汉地区夏商时期遗存分期与年代

1. 盘龙城

盘龙城遗址位于湖北省武汉市黄陂区，1954 年因防汛取土工程被发现。盘龙城遗址是以城垣及宫殿区为核心，周边分布有墓葬、手工业作坊以及普通居址等不同遗存的大型聚落①，遗址保护区面积近 4 平方千米。该遗址被视为中原二里头、二里冈文化向南扩张过程中在江汉地区形成的规模最大的中心聚落②。

盘龙城遗址的田野考古工作自 20 世纪 60 年代以来持续至今，积累了颇为丰富的考古材料。据公开发表的资料统计，截至 2017 年，盘龙城遗址累计发掘面积达 18036 平方米，调查勘探面积 265 万平方米。因此该遗址是迄今江汉地区发现的面积最大、遗存最为丰富、考古工作开展最为充分的商文化时期遗址。1998 年，王立新根据盘龙城遗址发掘简报中公布的遗存信息，率先提出将盘龙城遗址商时期遗迹分为三组，推定其年代为二里冈文化时期至白家庄期③。2001 年，《盘龙城》考古报告公开发表以后，报告编写者较为详尽地公布了盘龙城遗址 1963—1994 年间的考古发掘资料，并结合遗迹的层位关系和遗物的形制演变规律，将盘龙城遗存划分为七期，推定其年代为二里头文化二期、三期至二里冈文化上层二期晚段④。

① 中国社会科学院考古研究所：《中国考古学（夏商卷）》，中国社会科学出版社，2003 年，第 231~234 页。

② 张昌平、孙卓：《盘龙城聚落布局研究》，《考古学报》2017 年第 4 期。

③ 王立新：《早商文化研究》，高等教育出版社，1998 年，第 66~68 页。

④ 湖北省文物考古研究所：《盘龙城：一九六三年——一九九四年考古发掘报告》，文物出版社，2001 年，第 441~446 页。

该报告中的分期方案成为我们研究盘龙城遗址考古遗存相对年代的重要基础。

随后，多位学者以《盘龙城》考古报告分期方案为基础，重新对这批遗存进行分析，并对分期方案作出了调整。蒋刚将原报告中的第一期、二期，第五期、六期遗存予以合并，提出了"四期五组"的分期方案，豆海峰在其论述中基本采纳了蒋刚所作的分期方案①。李丽娜则专门对盘龙城第一期至三期遗存的年代和文化性质进行详细分析，认为盘龙城第一期遗存当属二里头文化，第二期、三期遗存属早商文化。且盘龙城第一期、二期遗存之间存在缺环，第二期、三期遗存则是连续发展的②。孙卓则将盘龙城第四期至七期的遗存划分为前后相继的三组，且第一组和第二组之间陶器整体的演变、发展较为缓慢，因此合并为一期，第二组、三组之间陶器的文化面貌存在明显差异，呈现出了较晚的时代风格，因此将第三组遗存划分为盘龙城偏晚阶段第二期③。表2.2中罗列了《盘龙城》考古报告和不同的学者所作出的分期方案，可以看出，各位学者均对原报告的分期进行了不同程度的合并。其原因在于，《盘龙城》考古报告中发表的遗迹遗物资料虽较为丰富，但细审报告则不难发现，该遗址中大量的陶器标本出自地层，因此不可避免地会出现不同时期遗物共存于一个单位的现象。又因遗址自身保存状况不佳，遗迹之间的叠压打破关系较少，灰坑或墓葬直接打破生土的现象较为普遍，且大量灰坑中出土的陶器类别并不全面。上述特点就给准确判断遗迹的期别和制定相对精细的分期方案带来了较大的难度。因此，以遗迹的叠压打破关系为基础，从大的趋势上把握陶器的演变

---

① 蒋刚：《盘龙城遗址群出土商代遗存的几个问题》，《考古与文物》2008年第1期；豆海峰：《长江中游地区商代文化研究》，吉林大学博士学位论文，2011年，第85页。

② 李丽娜：《试析湖北盘龙城遗址第一至三期文化遗存的年代和性质》，《江汉考古》2008年第1期；盛伟：《盘龙城遗址废弃的年代下限及相关问题》，《江汉考古》2011年第3期。

③ 孙卓：《论商时期中原文化势力从南方的消退》，武汉大学博士学位论文，2017年，第112页。

规律和器类组合差异，进而对遗存进行分期研究成了较为可行的处理方式。

表2.2　　　　　　　　盘龙城夏商时期遗存的各种分期方案

《盘龙城》考古报告	蒋刚	豆海峰	李丽娜	孙卓
第一期	第一组	第一组	第一期	
第二期			第二期	
第三期	第二组	第二组		
第四期	第三组	第三组		第一组
第五期	第四组	第四组		第二组
第六期				
第七期	第五组	第五组		第三组

　　实际上，表2.2中罗列的多位学者所作出的分期方案并无本质上的差别，只是出于不同的研究目的对《盘龙城》考古报告中所分的七期加以整合形成了新的分期方案。以上分期方案均是以遗迹层位关系为基础，基于陶器形制演变规律而形成的分期结果。近年来又有学者分别从盘龙城聚落布局和陶器组合的整体演变规律入手，将盘龙城遗址的相关遗存划分为三期。即将《盘龙城》考古报告中的第一期、二期、三期，第四期、五期和第六期、七期分别合并，重新表述为"第一、二、三阶段"或"早、中、晚三期"①，而这三阶段或三期的年代则分别对应于二里冈文化下层、二里冈文化上层和洹北花园庄期前后。这种三阶段的分期方案既是以遗迹间的层位关系和器物形制演变为基础，具有充分的事实依据，又从整体上揭示出了盘龙城聚落布局的形态变迁，因此本书对此种分期方案予以采纳，将盘龙城遗址商文化时期遗存划分为三组。

————————

　　①　张昌平、孙卓：《盘龙城聚落布局研究》，《考古学报》2017年第4期；孙卓：《盘龙城遗址出土陶器演变初探》，《江汉考古》2017年第3期。

第一组遗存以王家嘴第⑦~⑧层，李家嘴 H5、H7，杨家湾 M6 等单位为代表，出土有鬲、甗、斝、爵、豆、盆、大口尊、罐、缸等陶器，其中鬲分为平裆、弧裆和联裆三种，鬲口多为卷沿，三锥足细长，腹部饰绳纹。大口尊包括短颈无肩大口尊和长颈有肩大口尊。斝为侈口，联裆，颈部较粗，粗足外撇。爵多为扁圆腹，足尖较高。这一期遗存基本对应于《盘龙城》考古报告中的第一期至三期，其年代上限为二里头文化晚期前后。

第二组遗存以李家嘴 M1~M4，杨家湾 M10，杨家嘴第⑤~⑥层等单位为代表，出土的陶器类别除包含第一期常见的器类以外，新出现了陶簋、假腹豆、罍等器类。陶鬲以折沿为主，沿面饰一周凹槽，部分陶鬲颈部还饰有一周圆圈纹。大口尊颈部较长，陶斝多为敛口，足细长增高。陶爵颈部加高，腹变浅。簋为直口，深腹，下接圈足。这一期遗存可与《盘龙城》考古报告中的第四期、五期遗存对应，其年代为二里冈文化时期。

第三组遗存以杨家湾 H6、M11、M17、F4 等单位为代表，该期遗迹出土陶鬲整体呈方形，方唇折沿束颈，沿面饰二道凹槽，腹裆部作弧腹状，三锥足变矮，器表绳纹明显增粗。陶簋呈侈口，颈略内收，弧腹，矮圈足。陶豆为浅腹，圈足作假腹状。同时，第三期遗迹中陶缸及印纹硬陶的比例明显增高，陶鬲、陶缸等器类的纹饰和形制变得复杂多样。这一期遗存可与《盘龙城》考古报告中的第六期、七期遗存对应，其年代为洹北花园庄期前后。

2. 香炉山

香炉山遗址位于湖北省武汉市新洲区界埠村，1989—1990 年，为配合阳逻电厂的修建，武汉市文物考古研究所和武汉大学对该遗址进行了考古发掘。遗址原本分布在一座高出地表 5~25 米的长条形山丘之上，该山丘形似香炉而得名"香炉山"，后因修建电厂使得遗址大部分被电厂占据。2019 年，武汉市文物考古研究所对该遗址进行复查时发现该遗址残存面积约 7500 平方米，文化层厚度 1~4 米，采集有新石器时代、商代及西周时期的陶片①。

1989—1990 年香炉山遗址发掘面积达 2575 平方米，发现有灰坑、灰沟、房址、墓葬等遗迹以及大批遗物，遗存的年代从新石器时代延续至商周时期。其中商文化时期的遗存表现出了浓厚的中原文化色彩，该遗址出土的陶鬲、豆、罐、大口缸等器物与中原地区二里冈文化时期出土陶器具有很高的相似性。然而，迄今为止香炉山遗址发掘资料尚未完全公布，仅有两篇发掘简报面世，惜对遗迹的叠压打破关系未予以介绍。且两篇简报对遗存年代的表述亦存在差异，其中一篇将香炉山商文化时期遗存的年代确为二里冈文化上层时期②，而另外一篇则认为其年代属殷墟文化早期③。

从发掘简报可知，香炉山遗址出土的商文化时期遗存主要出土于 H45、H98、H138 等灰坑中，遗物包括鬲、豆、斝、大口尊、罐、大口缸等陶器。发掘者在简报中指出"遗址南北两区商时期遗存文化面貌殊有差异。南区灰褐陶较多，器壁较厚，绳纹略粗，鬲的实足根较长，裆亦较高。年代与盘龙城相当或稍晚"。而"北区商代遗存则与西周早期遗存相似，年代大体在殷墟阶段"④。虽然，目前该遗址公布的发掘资料极为有限，但从发掘者的上述描述中可以获知香炉山遗址商时期遗存的年代存在明显的早晚差异。从简报中刊布的陶器形制分析，该遗址商时期遗存可以分为两组。

第一组，以 H45 为代表。出土的陶鬲为平折沿，颈部饰圆圈纹，腹部饰绳纹，尖锥足微外撇，裆部较高。就陶鬲形制而言，该组遗存与盘龙城遗址第二组遗存年代基本相当，其年代属二里冈文化时期。

第二组，以 H138、H98 及 T0918②C 为代表。陶鬲的尖锥足较第一组所见变矮且内收，裆部降低，陶鬲整体由纵长方体向正方体演变。假腹豆

①　见于武汉市文物考古研究所 2019 年考古调查资料。由该单位张剑先生提供。

②　香炉山考古队：《湖北武汉市阳逻香炉山遗址考古发掘纪要》，《南方文物》1993 年第 1 期。

③　武汉大学历史系考古教研室、武汉市博物馆、新洲县文化馆：《湖北新洲香炉山遗址（南区）发掘简报》，《江汉考古》1993 年第 1 期。

④　香炉山考古队：《湖北武汉市阳逻香炉山遗址考古发掘纪要》，《南方文物》1993 年第 1 期。

豆盘变浅，且出土有“将军盔”式陶缸。香炉山遗址第二组遗存的形制特征呈现出晚于盘龙城第三组遗存的特点，推测这一组遗存的年代应为殷墟文化一期前后。

3. 意生寺

意生寺遗址位于湖北省黄冈市黄梅县濯港镇胡六桥村，1996 年湖北省文物考古研究所对该遗址进行了考古发掘，揭露出一批早商时期的文化遗存，出土器物既有显著的中原商文化特征又包含有明显的地方风格。发掘者认为意生寺遗址出土遗存年代上限可自石家河文化时期，下限则为二里冈文化时期①。在鄂东地区发现的夏商时期遗址中，意生寺遗址是为数不多的开展过系统性考古发掘的遗址，具有相对清晰的层位关系和器物演变规律，这批遗存是讨论该区域夏商时期遗存分期与年代的重要资料。

意生寺遗址遗迹的层位关系较为清晰，除地层堆积外，该遗址发掘的遗迹包括 8 座灰坑和一座建筑基址。商文化时期的遗存主要出土于第 4 层、5 层文化层和灰坑 H1～H7。

就上述遗迹单位中出土的遗物形态而言，地处鄂东地区的意生寺遗址出土的商文化时期遗存与盘龙城遗址同时期遗存具有较为明显的相似性。例如该遗址出土的平折沿、分裆陶鬲、敛口斝、甗等陶器风格与盘龙城遗址所见同类器较为相似。但就器类而言，该遗址似乎缺乏盘龙城等遗址常见的大口尊、红陶缸、豆、簋等陶器类别。因此有学者将意生寺遗存视为盘龙城类型之下的一个地方类型，以此来体现其与盘龙城遗址的关系②。意生寺遗址商文化时期的遗存集中出土于第 4 层、5 层和 7 座灰坑。发掘者依据层位关系将意生寺遗址出土遗存划分为四期，其中第二期至四期属商文化时期遗存，第二期遗存以 H1～H7 为代表，第三期遗存以第 5 层文化层为代表，第四期遗存以第 4 层文化层为代表，其分期结果基本无误。

---

① 湖北省文物考古研究所纪南城工作站：《湖北黄梅意生寺遗址发掘报告》，《江汉考古》2006 年第 4 期。

② 豆海峰：《长江中游地区商代文化研究》，吉林大学博士学位论文，2011 年，第 56 页。

但就遗物的形制特征而言，第 5 层与灰坑 H1～H7 中出土的遗物并无明显的区别，而第 4 层出土的遗物则明显呈现出较晚的年代特征，因此我们拟将第 5 层与灰坑 H1～H7 合并划分为第一组，将第 4 层遗存划分为第二组。

第一组遗存以 H1 和 T1、T2、T3、T5、T6 的第 5 层为代表。出土的陶鬲为平折沿、沿面凹槽不明显，束颈，弧裆，三尖锥足较高，与盘龙城第一组所见陶鬲形制相似。陶甗口沿形制与陶鬲基本一致。陶斝为敛口，束颈，分裆袋足，其敛口的作风与盘龙城遗址第一组、二组遗存中出土陶斝基本一致。由此可见，意生寺遗址第一组遗存的年代基本为二里冈文化时期。

第二组遗存则以第 4 层为代表。出土陶鬲整体形态较前期而言更为粗胖，器腹变浅，裆部变低，三锥足变短。陶斝敛口特征更为显著。由上述器形特征可知意生寺第二组遗存的年代应为洹北花园庄期前后。

4. 聂家寨

聂家寨遗址位于湖北省孝感市花园镇，西距澴水约 2 千米，遗址原为一处高出地表 2～5 米的土墩。1979—1981 年，北京大学及孝感市博物馆曾对聂家寨遗址进行过考古调查，清理了一处断崖，发现了呈叠压关系的四层文化堆积，调查者称最下层发现有带按窝的鬲足、小口罐等与盘龙城遗址王家嘴下层二组遗存相似的文化因素，年代或可早至二里头文化晚期[①]。但目前聂家寨遗址下层出土遗物资料尚未正式刊布，相关遗存年代的判断不能完全确认。1981 年与 1987 年，北京大学及孝感市博物馆先后对该遗址进行了小规模发掘，出土有商至西周时期的文化遗物[②]。

依据发掘简报，聂家寨遗址商文化时期遗存均出自地层堆积，未发现

---

① 北京大学考古专业商周组、山西省考古研究所、河南省安阳、新乡地区文化局等：《晋鄂豫三省考古调查简报》，《文物》1982 年第 7 期；湖北省孝感地区博物馆：《孝感市几处古遗址调查简报》，《江汉考古》1987 年第 3 期。

② 孝感地区博物馆、孝感市博物馆：《湖北孝感聂家寨遗址发掘简报》，《江汉考古》1994 年第 2 期。

灰坑等其他类别的遗迹。发掘区的地层关系如下：

T2②A→T2②B→T2③A→T2③B→T2③C→T2③D。

发掘者在简报中将该遗址商时期遗存划分为四期，并将第一期遗存的年代判定为"二里冈下层早段及二里头四期"。对于该遗址的分期方案和年代判定，豆海峰、孙卓等学者都提出了不同意见①。第一，简报中划分的聂家寨遗址第一期早期遗存出土陶鬲口沿基本为方唇、下缘带勾的特征，这一形制特征与前述盘龙城遗址第二组遗存中所见的陶鬲口沿基本一致。此外，聂家寨第一期遗存 T2③D、T3④ 中还出土有"将军盔"式大口缸，此类器形亦为二里冈文化上层至殷墟文化时期所常见。由此可知，简报中所称的第一期遗存的年代应为二里冈文化上层时期前后。第二，简报所划分的第二期和第三期遗存以 T2③C、T2③B、T1③、T3④ 为代表，但就器物的形制特征而言，第二期、三期遗存并无明显差异。例如简报中的 BII 式和 BIII 式鬲均为方唇内凹，颈部特征亦较为接近，其年代应与盘龙城第三组遗存的年代相当。第三，简报中第四期遗存所见的 AV 式陶鬲器身整体近方形，口沿方顿，三锥足明显变矮，裆部变低，器表绳纹变粗，明显晚于盘龙城第三组遗存。由此，我们可将聂家寨遗址商文化时期的遗存划分为三组：第一组以聂家寨 T2③D、T1④、T3⑤层为代表，第二组以 T2③C、T2③B、T1③、T3④ 为代表，第三组以 T2③A、T3③ 为代表。聂家寨第一组、二组遗存的年代分别与盘龙城第二组、三组遗存的年代相当，其年代应相当于二里冈文化至洹北花园庄期。聂家寨第三组遗存的年代则应晚于盘龙城遗址第三组遗存，或可至殷墟文化时期。

5. 晒书台

晒书台遗址位于湖北省孝感市安陆市巡店镇肖堰村的一处方形土台之上，土台形制规整，高出周围地面 4 米左右。1976 年当地考古部门曾对其开展过考古发掘，发现了经过夯筑的台基，出土有卜甲、陶片等遗物，发

---

① 豆海峰：《长江中游地区商代文化研究》，吉林大学博士学位论文，2011 年，第 43 页；孙卓：《论商时期中原文化势力从南方的消退》，武汉大学博士学位论文，2017 年，第 142 页。

掘者称遗址的年代应为商代晚期至西周时期，但简报中未见相关遗物的详细资料①。1976—1981年，考古部门又对该遗址开展过多次调查和试掘，调查者将晒书台遗址堆积分为三层，其年代分别为早商时期、西周早期和西周中期②。从调查简报中零星刊布的陶器线图资料可知，晒书台遗址出土的陶鬲具有折沿、方唇，素面尖锥足等特征，同时也出土有长颈深腹大口尊、"将军盔"陶缸等遗物，推测该遗址商时期遗存的年代应该从二里冈文化上层延续至殷墟文化时期。

6. 鲁台山与郭元咀

鲁台山遗址位于湖北省武汉市黄陂区，鲁台山为滠水下游东岸的一处椭圆形台地，1977—1978年，为配合滠水改道工程，黄陂县文化馆在鲁台山西南清理了两周时期墓葬35座。在墓地周围及墓葬填土中，发现了商代二里冈期的红陶、灰陶鬲足③。在鲁台山两周墓地东北部，有一处名为郭元咀的小型台地，1982年，孝感地区博物馆对郭元咀遗址进行调查时发现了商代二里冈文化时期的堆积和鬲、大口缸等遗物④。20世纪90年代，考古人员还在鲁台山及郭元咀西侧的滠水河床中分别采集到了一件青铜爵和一件青铜罍。其中青铜爵为长流、短尾、平底，三足外撇，其形制与盘龙城遗址出土青铜爵基本一致。青铜罍则为束颈、方唇、折肩，腹部饰简化的兽面纹，推测其年代应为殷墟文化时期⑤。2019年6月，笔者赴鲁台山和郭元咀进行考古调查，发现郭元咀台地与鲁台山墓葬分布区直线距离约500米。笔者开展调查时，恰逢湖北省文物考古研究所对郭元咀遗址

---

① 余从新：《安陆县晒书台商周遗址试掘》，《江汉考古》1980年第1期。

② 北京大学考古专业商周组、山西省考古研究所、河南省安阳、新乡地区文化局等：《晋豫鄂三省考古调查》，《文物》1982年第7期。

③ 黄陂县文化馆、孝感地区博物馆、湖北省博物馆：《湖北黄陂鲁台山两周遗址与墓葬》，《江汉考古》1982年第2期。

④ 孝感地区博物馆：《孝感、黄陂两县部分古遗址复查简报》，《江汉考古》1983年第4期。

⑤ 黄锂、况红梅：《近年黄陂出土的几件商周青铜器》，《江汉考古》1998年第4期。

开展考古发掘，并在考古发掘之前对鲁台山及周边区域进行了考古勘探和相关调查。据湖北省文物考古研究所人员介绍，郭元咀与鲁台山之间南北长约 900 米，东西宽约 450 米的区域原分布有密集的商周时期遗存，从郭元咀与鲁台山已发掘的考古遗存来看，郭元咀可能为居址分布区，而南侧的鲁台山应为墓葬分布区。由此推测，郭元咀与鲁台山可能同属于一处遗址。

从 2019 年笔者现场观摩的郭元咀遗址出土陶器形制观察，郭元咀商文化时期遗存的年代整体晚于盘龙城遗址的主体年代，出土陶器应为洹北花园庄期至殷墟文化时期，基本未见二里冈文化时期的陶器。由于该遗址的考古发掘及整理工作尚在进行之中，其具体年代有待于考古发掘资料的刊布。

7. 小王家山

小王家山位于湖北省孝感市云梦县城关镇和平村，遗址主体分布于一座南北长约 180 米，东西宽约 80 米的角锥形台地之上。当地文物部门曾在此采集到石家河文化时期和二里冈文化时期的陶片①。2002 年，武汉大学考古系曾对该遗址进行过考古发掘，发现了环绕台地分布的城垣建筑，城垣修筑时间为二里冈文化时期，还发现了多座二里冈文化时期的墓葬②，该遗址的发掘材料尚未公开发表。据笔者调查所见的器物图片资料可知，小王家山遗址出土的商文化时期陶鬲基本为方唇，折沿，分裆鬲，器表绳纹较粗③。墓葬中出土的青铜戈为长援直内，援中脊隆起，其特征与盘龙城第五期、六期青铜戈相似，综合上述特征判断小王家山商时期遗存的年代应为二里冈文化上层时期。

① 周厚强：《孝感地区的商代文化》，《江汉考古》1990 年第 2 期；云梦县博物馆：《湖北云梦商、周遗址调查简报》，《江汉考古》1990 年第 2 期。

② 武汉大学考古系：《武汉大学考古系 2002—2003 年田野考古主要收获》，国家文物局 2002—2003 年田野考古汇报材料。转引自蒋刚：《盘龙城遗址群出土商代遗存的几个问题》，《考古与文物》2008 年第 1 期。

③ 武汉大学考古系资料。

8. 庙台子

庙台子遗址位于湖北省随州市淅河镇金屯村的一处方形台地之上，1983 年考古部门曾对该遗址开展过考古发掘，发现了一批新石器时代、商及西周时期的文化遗存。其中商文化时期的遗存包括房基、灰坑和墓葬，出土的陶鬲为方唇、小口束颈，分裆较矮，尖锥足内收。陶缸下腹急收成柱状，形似"将军盔"。上述器物特征显示庙台子商时期遗存的年代已至殷墟文化时期，发掘者在简报中指出这批遗存的年代应为殷墟一期至二期前后①，基本无误。

9. 下窑嘴

下窑嘴位于湖北省黄冈市团风县团风镇蓼叶嘴村，1992 年当地文物部门曾在此清理了一座墓葬，出土有瓿、爵、斝、鬲、瓶等青铜容器各 1 件，另外还出土有青铜兵器及工具、陶器、石器等②。该墓出土青铜容器形制与盘龙城遗址较晚阶段出土的青铜器十分相似，推测其年代应为二里冈文化上层或稍晚时期。同时，简报中还称 1976 年该地点曾破坏了一座商代墓葬，惜未见相关遗物资料报道。目前已知考古资料表明，二里冈文化时期的墓葬通常与同时期居址相距不远，因此我们推测下窑嘴商墓附近还应分布有与之同时期的居址。考虑到下窑嘴墓葬出土有成组的青铜礼器，墓葬等级较高，推测下窑嘴应当是二里冈文化时期一处等级较高的聚落。

10. 中分卫湾

中分卫湾遗址位于湖北省武汉市黄陂区祁家湾镇王鹏村，1979 年村民在修渠时发现了商代玉戈、玉璧、玉牙璋各 1 件，铜戈 2 件③。随后孝感地区博物馆对该遗址进行了初步的调查，调查简报称中分卫湾出土铜戈 2

---

① 武汉大学历史系考古专业、襄樊市博物馆、随州市博物馆：《随州庙台子遗址试掘简报》，《江汉考古》1993 年第 2 期。

② 黄冈地区博物馆、黄州市博物馆：《湖北省黄州市下窑嘴商墓发掘简报》，《文物》1993 年第 1 期。

③ 熊卜发、刘志升、李晓明：《黄陂县出土玉器铜器》，《江汉考古》1981 年第 1 期。

件，出自同一墓葬。玉戈 2 件，亦出自同一墓葬，另外还发现牙璋、玉环各 1 件①。调查简报刊布的器物图片显示，其中一件铜戈援作长条形，有中脊和上下栏，中胡，直内，与盘龙城第四期至六期铜戈风格特征类似，应为二里冈上层的风格特征。另外一件铜戈体作三角形，直锋，方内，援脊有一圆孔，栏侧二长方形穿，其风格特征与殷墟一期前后的铜戈接近。综合以上信息推测，中分卫湾遗址商文化时期遗存的年代应为二里冈文化时期至殷墟文化一期前后。

11. 钟家岗

钟家岗遗址位于湖北省武汉市黄陂区夏店村，遗址为一处高出地面3~4 米的小型台地，一条无名河流经台地南侧，汇入滠水支流龙须河。1979 年，当地村民在农业生产活动中曾在钟家岗发现青铜爵和瓿各一件，青铜爵为双柱、圜底、三足外撇②。此外据全国第二次文物普查资料显示，钟家岗遗址文化堆积厚约 2 米，采集陶片以夹砂灰褐陶为主，器形包括鬲、罐等。推测钟家岗遗址商文化时期遗存的年代应为二里冈文化时期至殷墟文化一期。

12. 徐家洲

徐家洲遗址位于湖北省武汉市黄陂区罗汉寺镇徐家洲村，遗址为一处高出四周地面 2~3 米的小型台地，滠水支流龙须河流经遗址北部。20 世纪 80 年代，当地农民在此地平整土地时曾采集到商代青铜器，具体器形不详。同时还发现有尖锥形鬲足，鬲口沿、鼎足等陶片③。考虑到徐家洲遗址与钟家岗仅相距 800 米，中分卫湾遗址亦距其不远，推测徐家洲商时期遗存的年代应该与钟家岗、中分卫湾的年代大致相当，据此我们推测该遗址遗存的年代可能为二里冈文化时期至殷墟文化一期。

13. 光山造

光山造遗址位于湖北省武汉市黄陂区王家河镇王家大湾，遗址为一处

---

①　熊卜发：《湖北孝感地区商周古文化调查》，《考古》1988 年第 4 期。

②　熊卜发：《湖北孝感地区商周古文化调查》，《考古》1988 年第 4 期。

③　孝感地区博物馆：《湖北孝感地区古文化遗址调查》，《考古》1986 年第 7 期。

紧邻滠水的台地，台地高出河床约 6 米。20 世纪 80 年代，当地进行农田水利建设时曾在此地采集到尖锥形鬲足等商文化时期的陶片，推测该遗址遗存的年代为二里冈文化时期至殷墟一期①。但考古人员在 20 世纪 80 年代赴遗址调查时，遗址已遭严重破坏，此后的多次考古调查中，黄陂地区考古人员均未能在该遗址采集到遗物。推测该遗址已被破坏殆尽。

14. 寨上

寨上遗址位于湖北省黄冈市黄州区陈策楼镇豹子垴村，自 2018 年起武汉大学历史学院考古系开始持续对该遗址开展考古发掘，在该遗址发现了商周时期及宋代的文化遗存。据发掘者称，其中商文化时期遗存的年代应为洹北花园庄期至殷墟文化时期②。

15. 墓子坡

墓子坡遗址位于湖北省襄阳市枣阳市新市镇赵庄村，考古人员曾在该遗址发现二里头文化时期的遗存，但未开展过正式的考古发掘③。据《中国文物地图集·湖北分册》记载，该遗址位于枣阳市新市镇赵庄村东北 450 米处，结合这条线索，我们可以在谷歌卫星影像中基本确定墓子坡遗址的位置。

16. 王树岗

王树岗遗址位于湖北省襄阳市法龙乡王树岗村，1997 年襄阳市考古部门曾在配合铁路工程的考古工作中于该地点发现了一座保存较好的二里头文化时期灰坑，灰坑中出土侧扁足鼎、捏口罐、大口尊、豆等陶器器类与中原二里头文化典型器物相近。发掘者根据器物的形制推断这批遗存的年代为二里头文化四期前后，应基本无误④。

---

① 孝感地区博物馆：《湖北孝感地区古文化遗址调查》，《考古》1986 年第 7 期。

② 田野考古工作正在进行中，考古发掘资料尚未公开发表。

③ 叶植：《襄樊市文物史迹普查实录图集》，今日中国出版社，1995 年，第 131~132 页。

④ 襄石复线襄阳考古队：《湖北襄阳法龙王树岗遗址二里头文化灰坑清理简报》，《江汉考古》2002 年第 4 期。

17. 乱葬岗

乱葬岗遗址位于湖北省钟祥市双河镇的一处砖瓦厂取土场内，1991 年当地考古部门在该遗址清理了两座二里头文化时期灰坑。灰坑中出土的陶器包括带按窝的侧扁足鼎、大口尊、盆、罐、豆等较为典型的二里头文化时期陶器，从器物形制来看乱葬岗出土的这批遗存的年代应为二里头文化三期、四期①。

18. 荆南寺

荆南寺遗址位于湖北省荆州市古城以西约 1.5 千米处，遗址原为一处土丘，后遭取土工程严重破坏。1984—1992 年，考古单位先后对该遗址进行了十次发掘，累计发掘面积 2905 平方米。考古人员在该遗址发现了从新石器时代延续至西汉时期的遗存，其中以夏商时期的遗存最为丰富。考古发掘报告认为荆南寺遗址夏商时期的遗存年代从二里头文化二期延续至殷墟一期或稍晚②，亦有学者指出荆南寺遗址夏商时期遗存年代上限应为二里头文化四期，其下限为殷墟一期③，笔者较为认同后者的年代判断。荆南寺遗址遗存的层位关系清晰，年代序列完整，因此荆南寺遗址是探讨江汉地区西部夏商时期文化分期与年代的重要资料。

荆南寺遗址夏商文化时期遗存的年代与盘龙城遗址基本相当，但文化面貌与盘龙城遗址存在明显差异。该遗址既可见分裆鬲、大口尊、深腹罐、假腹豆等中原二里冈文化因素，又有鼎、釜、大口缸等土著文化因素，还出土有巴蜀地区和长江下游地区的文化因素，来自多个区域的文化因素在此交融共生。多位学者曾对该遗址夏商时期遗存开展过分期与年代研究。考古发掘报告将该遗址夏商时期遗存分为八期，年代从二里头文化二期延续至殷墟文化晚期，但其中第八期基本未见遗迹单位，仅在地层中

① 荆州市博物馆、钟祥市博物馆：《钟祥乱葬岗夏文化遗存清理简报》，《江汉考古》2001 年第 3 期。

② 荆州博物馆：《荆州荆南寺》，文物出版社，2009 年，第 146 页。

③ 何驽：《荆南寺遗址夏商时期遗存分析》，《考古学研究》（二），北京大学出版社，1994 年，第 78~100 页。

发现有少量的 E 型鼎、釜等陶器，缺乏完整的层位关系，且所发现的鼎、釜均较为残破，据此单独划分出一期，略显证据不足。此外，原报告将第一期遗存中出土的侧装三角足鼎和花边口沿夹砂罐的年代推定为二里头文化二期，亦有失偏颇，此类遗物与中原地区二里头文化四期常见的器物风格相似，其年代也应基本相当①。考古报告出版之前，何驽已提出将荆南寺夏商时期遗存分为六期，其分期方案与考古报告的主要差别即在于对这批遗存上限与下限的年代判断上，何驽判断其所分的第一期年代分别为二里头文化四期或二里冈文化下层偏早阶段，而其所分第六期年代为殷墟一期，这一分期结果更具说服力②。豆海峰则将荆南寺遗址商文化时期遗存分为七组③，其前六组与何驽所分的一期至六期基本一致，主要差别在于，豆海峰指出荆南寺遗址以 T5④为代表的遗迹文化面貌与前期发生了明显的变化，应属于年代稍晚的周梁玉桥文化，故划分为第七组遗存。但此类遗存数量极少，亦缺乏明确的层位关系，因此笔者对其文化属性和相对年代的判定尚存疑虑。孙卓在其论著中选择了荆南寺遗址二里冈文化下层二期至殷墟一期的遗存作为研究对象，并将这批遗存分为四组，其所划分的一组至四组基本与何驽所分的第三期至六期对应④。

在各种分期方案中，笔者对何驽所作的分期方案基本认同。但是对于本书的研究而言，将上述遗存划分为六期则略显细碎，因此笔者参照前文盘龙城遗址的分期，对何驽的分期方案予以一定的调整。何驽所分的第一期、二期遗存出土陶鬲基本为短颈、胖体、足根细长。而第三期、四期、五期遗存所出土陶器的形态特征较为接近，例如常见的陶鬲形态为平折

① 中国社会科学院考古研究所二里头工作队：《偃师二里头遗址 1980—1981 年 III 区发掘简报》，《考古》1984 年第 7 期。

② 何驽：《荆南寺遗址夏商时期遗存分析》，《考古学研究》(二)，北京大学出版社，1994 年，第 78~100 页。

③ 豆海峰：《长江中游地区商代文化研究》，吉林大学博士学位论文，2011 年，第 64 页。

④ 孙卓：《论商时期中原文化势力从南方的消退》，武汉大学博士学位论文，2017 年，第 131 页。

沿、沿面带宽浅凹槽或方唇外翻，下缘起钩，此种形态的陶鬲与中原地区二里冈文化上层时期所见陶鬲十分相似。第六期遗存出土的陶鬲则与前期发生明显的变化，陶鬲整体近方形，唇下缘无钩，裆、足均较矮，呈现出明显较晚的年代特征。因此，可以在何驽所做分期方案的基础上，将其所分的第一期至二期，三期至五期和第六期重新整合为三组。

第一组遗存以 H17、H36、H70③~⑤为代表，所见陶鬲形态基本为短颈、胖体，口径略大于肩径，鬲足根外饰细绳纹。大口尊多为敞口，长颈，凸肩。

第二组遗存以 H14、H62、H15、H17①~②、T21④A 为代表，所见陶鬲基本整体呈长方体，口沿平折，沿面带凹槽，腹部饰绳纹，足根素面，三锥足较高。

第三组遗存以 H10、H12 为代表，所见陶鬲整体近正方体，方唇，裆、足均较矮。大口尊皆为大敞口，无肩。

就上述三组遗存中出土的陶鬲、大口尊等器物的形制而言，上述一组至三组遗存的相对年代应与盘龙城遗址第一组至三组遗存的年代相对应，其主体年代应为二里冈文化时期至洹北花园庄期，第一组遗存年代上限或可早至二里头文化晚期。

19. 李家台

李家台遗址位于湖北省荆州市沙市区同心村，南距周梁玉桥遗址 2.5 千米，1987 年考古部门对该遗址进行了发掘，发掘简报将出土遗物分为早晚两期，其中早期遗存包括深腹罐、大口尊、鬲、豆等，推测其年代为二里头文化晚期至二里冈文化时期①。但是由于李家台遗址出土的陶器数量较少，且器体比较残破，就考古简报刊布的材料而言，李家台遗址年代应属于二里冈文化时期，是否有早至二里头时期的遗存尚待进一步考古工作的开展。

---

① 彭锦华：《湖北沙市李家台遗址发掘简报》，《考古》1995 年第 3 期。

20. 周梁玉桥

周梁玉桥位于湖北省荆州市沙市区玉桥开发区，1981—1987 年考古部门对该遗址进行了三次考古发掘①，发现了一批晚商至西周早期的遗存。周梁玉桥出土的陶器遗存以鼎、釜、瓮、豆为代表，周梁玉桥遗址虽与荆南寺遗址仅相距 12 千米，但该遗址出土的陶器组合与荆南寺遗址所见的以鬲、罐、豆、盆为代表的器物类型呈现出了明显的差异。因此有学者将周梁玉桥遗址以及其周边的官堤、梅槐桥遗址出土的同类遗存统一命名为"周梁玉桥文化"②。从已刊布的发掘简报中，我们可以获知如下层位关系：

（1）1981—1982 年发掘区：T3③→T3④A→T3④B→H1、T3⑤→生土；T5②→H2→T5③；T4②→H3→T4③。

（2）1987 年发掘区：②→H1、H2→③、④。

周梁玉桥遗址的层位关系较为简单，出土器物以鼎、釜类器形为主，以兹分期与断代研究的材料极为有限。因此在 1981 年发掘简报中，发掘者将周梁玉桥遗址出土遗存初步划分"上、下两个文化层"③。上层包括第 3 层文化层和 H2、H3。下层包括第 4~6 层文化层以及 H1。王宏则结合官堤、梅槐桥遗址出土材料，将周梁玉桥相关遗存划分为三期，其年代分别对应于殷墟一期、殷墟二期和殷墟晚期至西周时期④。而在 1987 年的发掘简报中，发掘者未对遗存予以分期，仅将遗存的年代区间判定为"二里冈文化上层至商代后期"⑤。

实际上，周梁玉桥遗址出土的鼎、釜类遗存极具地方特色，目前也难

---

① 沙市市博物馆：《湖北沙市周梁玉桥遗址试掘简报》，《文物资料丛刊》第 10 辑，文物出版社，1987 年，第 22~30 页；荆州市周梁玉桥遗址博物馆：《湖北沙市周梁玉桥遗址 1987 年的发掘》，《考古》2004 年第 9 期。

② 王宏：《论周梁玉桥文化》，《江汉考古》1996 年第 3 期。

③ 沙市市博物馆：《湖北沙市周梁玉桥遗址试掘简报》，《文物资料丛刊》第 10 辑，文物出版社，1987 年，第 22~30 页。

④ 王宏：《论周梁玉桥文化》，《江汉考古》1996 年第 3 期。

⑤ 荆州市周梁玉桥遗址博物馆：《湖北沙市周梁玉桥遗址 1987 年的发掘》，《考古》2004 年第 9 期。

以与周邻地区同时期相似遗存进行横向比对,以获知其准确的相对年代,因此,对周梁玉桥相关遗存暂难以开展细致的分期研究。而周梁玉桥(甲区)T3④B层和(丙区)T4H6出土的两件陶鬲较能说明周梁玉桥早期遗存的相对年代,这两件陶鬲整体近正方体、厚方唇、矮实足根的形制体现出了殷墟一期陶鬲的基本特点,由此可知周梁玉桥遗存的年代上限应与荆南寺遗存的年代下限呈早、晚接续关系。而周梁玉桥晚期遗存,即以甲区第3层、第4A层,H2、H3和丙区H4、H5为代表,其年代或可晚至殷墟晚期。因此在此我们将周梁玉桥遗存划分为两组:

第一组以甲区第4B层,第5~6层丙区H6为代表,遗存的年代应与殷墟文化一期基本相当。

第二组以甲区第3层,第4A层,丙区H4、H5为代表,遗存的形制具有较强的地域风格,大致推测其年代可能与殷墟文化三期、四期相对应。

21. 铜岭

铜岭遗址位于江西省瑞昌市夏畈镇铜岭村,邻近幕阜山北侧。20世纪90年代,因该遗址发现了铜矿开采、冶炼等生产活动迹象而备受关注①。近年来,为配合大遗址保护,铜岭遗址开展了新的考古工作,在焦炭厂地点发现了商时期遗存。从公布的资料来看,该遗址出土的斝、鬲、假腹豆等反映出了中原文化的强烈影响②,年代大体可以推断在二里冈文化时期至殷墟一期。

22. 檀树咀

檀树咀遗址,位于江西省瑞昌市夏畈镇檀树咀村。该遗址在20世纪90年代经过了两次发掘。第一次发掘即发现商代遗存,年代被认为属于晚商殷墟文化时期③。第二次发掘出土的遗物更为丰富,考古简报将商代遗

① 江西省文物考古研究所:《江西瑞昌铜岭商周矿冶遗址第一期发掘简报》,《江西文物》1990年第3期。

② 崔涛、刘薇:《江西瑞昌铜岭铜矿遗址新发现初步研究》,《南方文物》2017年第4期。

③ 朱垂珂、何国良:《江西瑞昌檀树嘴遗址试掘》,《南方文物》1994年第4期。

存的年代定为二里冈文化上层，基本可信。檀树咀遗址与铜岭遗址相距仅2千米，文化面貌也较为接近。

23. 神墩

神墩遗址位于江西省九江市新合镇，该遗址在20世纪80年代曾进行过一次试掘，发掘者将堆积分为上、下两层。其中上层被归入商晚期至春秋早期。整体而言，该遗址商时期遗存，如陶鬲、斝、假腹豆，都显现出了二里冈文化晚期至殷墟一期的特征。

24. 龙王岭

龙王岭遗址位于江西省九江市马回岭镇仓房村。值得注意的是，该区域曾报道集中分布着数个遗址点，包括龙王岭、磨盘山、八哥山、王花兰以及荞麦岭①。这些遗址大体属于同一时期，相距不过2千米。就考古发掘而言，龙王岭遗址开展的田野工作较为充分。考古报告将该地点的遗存分为三期。第一期遗存出土的陶器接近于二里冈文化下层时期，第二期、三期年代大约相当于二里冈文化上层时期②。磨盘山、八哥山、王花兰仅开展过考古调查，从采集的陶片来看，这些地点分布有二里冈文化上层时期的遗物。荞麦岭遗址考古发掘资料尚未发表，发掘者认为荞麦岭属于"盘龙城类型商文化在赣北的延续"③，说明该遗址也出土有二里冈文化时期的遗存。

25. 铜鼓山

铜鼓山遗址位于湖南省岳阳市云溪区陆城镇新设村。考古简报将该遗址出土遗存分为三期，分别属于二里冈文化下层、二里冈文化上下层之间

---

① 江西省文物考古研究所、九江市文化名胜管理处、九江县文物管理所：《江西九江县马回岭遗址调查》，《东南文化》1991年第6期。

② 江西省文物考古研究所、九江市文化名胜管理处、九江县文物管理所：《九江县龙王岭遗址试掘》，《东南文化》1991年第6期。

③ 饶华松、徐长青：《从荞麦岭遗址看盘龙城类型商文化对赣北地区的影响》，《盘龙城与长江文明国际学术研讨会》，科学出版社，2016年。

和二里冈上层偏晚三个时期①。后又有研究者将铜鼓山遗存分为两期四组，年代对应二里冈文化下层时期至殷墟一期。此外，铜鼓山还曾采集到青铜鼎、瓿各1件，其年代大约为殷墟一期前后。

26. 辽瓦店子

辽瓦店子遗址位于湖北省十堰市郧阳区柳陂镇辽瓦村，因南水北调工程，考古部门对该遗址开展了大规模考古发掘②。该遗址出土有丰富的商时期遗存。从目前公布的少量考古资料可知，该遗址商时期遗存处于二里冈文化时期至殷墟一期，具有浓厚的中原文化特征。

27. 店子河

店子河遗址位于湖北省十堰市郧阳区郧青曲镇店子河村，距辽瓦店子遗址仅6千米。因南水北调工程，考古部门对该遗址进行了考古发掘，发现的商时期遗存仅有两座灰坑③。从公布的资料来看，店子河商时期遗存同样显示出了浓厚的中原文化影响，与辽瓦店子商时期遗存接近，其年代约为二里冈文化时期。

28. 皂市

皂市遗址位于湖南省常德市石门县皂市镇石坪村。该遗址于20世纪50年代调查时被发现，后经过多次考古发掘④。该遗址的文化面貌体现出了多种文化面貌交错的特征。一方面，陶器组合以鼎、釜、壶等器物为主导，既体现出了土著文化特征又体现出了来自峡江地区的影响；另一方面，鬲、假腹豆、大口尊等中原文化因素多见，反映出了二里冈文化对该区域的影响。

---

① 湖南省文物考古研究所、岳阳市文物工作队：《岳阳市郊铜鼓山商代遗址与东周墓发掘报告》，《湖南考古辑刊》第5集，《求索》杂志社，1989年。

② 武汉大学考古与博物馆学系：《郧县辽瓦店子遗址》，《湖北省南水北调工程重要考古发现》，文物出版社，2007年。

③ 武汉大学考古系、湖北省文物局南水北调办公室、郧县博物馆：《湖北郧县店子河遗址发掘简报》，《考古》2011年第5期。

④ 湖南省文物考古研究所：《湖南石门皂市商代遗存》，《考古学报》1992年第2期。

29. 宝塔

宝塔遗址位于湖南省常德市石门县二都乡宝塔村，距皂市遗址约 16 千米。20 世纪 80 年代，考古部门对该遗址进行了小规模试掘，发现了商和东周时期的遗存①。近年来，为配合基础建设，考古部门又对该遗址开展了一次考古发掘，发现了一批商时期遗存②。宝塔遗址出土的商时期文化遗存的面貌与附近的皂市遗址类似，可见假腹豆、大口尊、鬲等中原商文化因素。

三、江汉地区夏商时期聚落分布的两大地理单元

江汉地区夏商时期聚落基本沿长江干、支流等天然水系分布，这种聚落分布态势，从整体上透露出了夏商时期中原文化在江汉地区传播的基本路径。具体而言，可将江汉及其周邻地带夏商时期聚落的分布区域划分为两大地理单元：一是长江干流沿线；一是长江各支流沿线。参见图 2.1。

（一）长江干流沿线

长江干流自西向东流经江汉平原腹地，成为沟通这一区域与长江上、下游乃至洞庭湖平原、赣鄱地区等多个地理单元的文化交流廊道。长江干流沿线可见荆南寺、李家台、周梁玉桥、官堤、铜鼓山、盘龙城、香炉山、下窑嘴、意生寺、铜岭、檀树嘴等一系列夏商时期遗址分布。

二里头文化因素主要见于长江沿线的荆南寺、盘龙城两处遗址中。盘龙城遗址出土的扁足鼎、花边口沿罐，体现出了明显的中原地区二里头文化因素。在荆南寺遗址中，亦出土有深腹罐、大口尊等体现二里头文化因素的陶器。

---

① 王文建、龙西斌：《石门县商时期遗存调查——宝塔遗址与桅岗墓葬》，《湖南考古辑刊》第 4 集，岳麓书社，1987 年。

② 盛伟：《湖南澧水流域商代考古的新发现——石门宝塔遗址发掘收获》（一），中国考古网，2017 年 12 月 11 日。

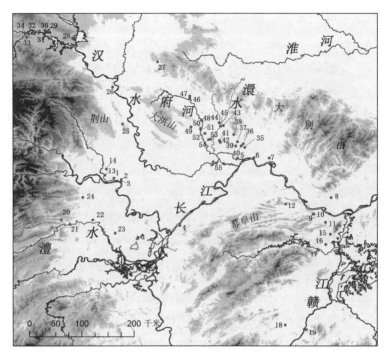

长江干流：

　　1. 荆南寺　2. 李家台　3. 周梁玉桥　4. 铜鼓山　5. 盘龙城　6. 香炉山　7. 下窑嘴　8. 意生寺　9. 铜岭　10. 檀树嘴　11. 神墩　12. 大路铺　13. 梅槐桥　14. 阴湘城

长江支流：

赣江沿线：15. 龙王岭　16. 陈家墩　17. 石灰山　18. 吴城　19. 牛头城

澧水沿线：20. 皂市　21. 宝塔　22. 斑竹　23. 子龙庵　24. 汪家嘴

汉水沿线：25. 乱葬岗　26. 王树岗　27. 墓子坡　28. 熊家庄　29. 李营　30. 尖滩坪　31. 方滩　32. 店子河　33. 龚家村　34. 辽瓦店子

府、㵐河下游：35. 郭元咀　36. 光山造　37. 钟家岗　38. 袁李湾　39. 中分卫湾　40. 徐家洲　41. 城隍墩　42. 凤凰墩　43. 凤凰台　44. 涨水庙　45. 聂家寨　46. 淅河　47. 庙台子　48. 花园　49. 女儿台　50. 晒书台　51. 下坝电站　52. 好石桥　53. 凤凰台　54. 小王家山　55. 甑山

图 2.1　江汉地区夏商时期遗址分布示意图

二里冈文化时期，盘龙城迅速崛起并发展成为江汉地区规模最大的区域中心城邑，并对周边区域形成了强烈的文化辐射。在荆南寺、李家台、铜鼓山、香炉山、下窑嘴、意生寺、铜岭、檀树嘴等遗址中均可见二里冈文化因素，但是各区域出土遗存又呈现出了明显的差异。简言之，长江沿线的盘龙城、香炉山、下窑嘴、意生寺等遗址出土陶器、青铜器的类别与形制均与中原地区二里冈文化遗存具有较大的相似性，因此学界通常将此类遗存视为二里冈文化的地方类型——"盘龙城类型"①。但是，位于江汉地区西部的荆南寺、李家台等遗址，出土的二里冈文化时期遗存，其文化面貌则与盘龙城类型存在明显的差异，以釜、鼎、大口缸等陶器为代表的土著文化因素在该遗址总体文化因素中却占据了 50% 以上②。长江南岸的铜鼓山及铜岭、檀树嘴等遗址分别位于长江干流进入洞庭湖与鄱阳湖平原的前沿地带，因此这几处遗址出土的二里冈文化时期遗存既可见较明显的二里冈文化因素，但同时又显现出了鲜明的地方文化风格。江汉地区长江干流沿线二里冈文化时期部分遗存参见图 2.2。

洹北花园庄期至殷墟一期，江汉地区长江干流沿线区域的聚落分布态势呈现出了明显的变化。这一阶段盘龙城聚落规模大幅缩减，至洹北花园庄晚期前后被彻底废弃。盘龙城的废弃，引发了长江沿线聚落的连锁反应，荆南寺、铜鼓山、下窑嘴、意生寺等聚落随之消亡。与此同时，周梁玉桥、官堤、梅槐桥、阴湘城等聚落开始在江汉地区西部兴起，其文化面貌与中原地区形成了巨大的差异，以鼎、釜为核心的陶器组合被视为"周梁玉桥文化"③。而赣鄱地区的铜岭、檀树嘴等聚落继续存在，但是其文化面貌日益趋近于吴城文化，而与中原地区相去甚远。

---

① 邹衡：《试论夏文化》，《夏商周考古学论文集》，文物出版社，1980 年。

② 何驽：《荆南寺遗址夏商时期遗存分析》，《考古学研究》（二），北京大学出版社，1994 年。

③ 王宏：《论周梁玉桥文化》，《江汉考古》1996 年第 3 期。

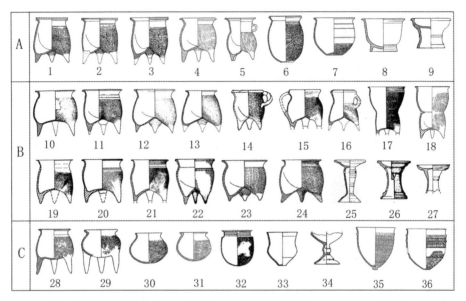

A. 典型的中原文化因素：1. 荆南寺 H14：2　　2. 荆南寺 H14：7　　3. 荆南寺 H14：3
4. 铜鼓山 H70②：1　5. 铜鼓山 T14④：1　6. 荆南寺 H15：18　7. 荆南寺 H15：10　8. 铜
鼓山 H6：4　9. 荆南寺 H93：3

B. 中原文化的地方类型：10. 盘龙城 PLWG2⑤：14　　11. 盘龙城 PYWT17③：2
12. 盘龙城 PYWT23④：1　13. 盘龙城 PYZT9⑤：3　14. 神墩 J11：1　15. 意生寺 H1：10
16. 意生寺 H1：7　17. 意生寺 H1：7　18. 盘龙城 PLZH8：7　19. 意生寺 H1：2　20. 意生
寺 T6⑤：1　21. 意生寺 H1：4　22. 神墩 G1：2　23. 神墩 85J2：1　24. 神墩 T15⑨D：2
25. 盘龙城 PWZT21⑦：3　26. 神墩 G1：5　27. 意生寺 H1：8

C. 土著文化因素：28. 荆南寺 H70②：1　29. 荆南寺 T45④C：18　30. 荆南寺
H70②：3　31. 铜鼓山 H6：17　32. 神墩 P1：2　33. 荆南寺 H13：6　34. 荆南寺 H36①：37
35. 盘龙城（铜鼓山）T14⑤：45　36. 荆南寺 H13：18

图 2.2　长江干流沿线二里冈文化时期部分遗存

(二)长江各支流沿线

江汉平原腹地地势低平，发源于周邻山地的长江各支流大体呈南北向汇注长江，具体而言包括长江北侧的汉水水系，府、澴河下游水系及长江南侧的澧水、赣江水系。二里头文化晚期，在位于府、澴河沿线的李家湾、聂家寨、光山造以及前述的盘龙城遗址中，均可见二里头文化因素。大体呈现出了一条自豫南地区，穿越大别山，顺澴水、滠水南下的文化传播通道。同时在汉水沿线下王岗、李营、龚家村、熊家庄、东龙山，以及襄阳至钟祥一线的王树岗、乱葬岗、墓子坡等遗址中均可见较为典型的二里头文化遗存，陶器以扁足鼎、花边口沿罐、大口尊为主，体现出了伊洛地区的二里头文化越过伏牛山，经南阳盆地，沿汉水中游南下的传播态势。

二里冈文化时期，随着府河下游盘龙城聚落的迅速崛起，在盘龙城周边出现的府河、澴水及滠水沿线均出现了聂家寨、晒书台、小王家山、袁李湾、中分卫湾、凤凰台、好石桥、大台子、涨水庙、徐家洲、花园、下坝电站、甑山等一系列同时期遗址，其文化面貌均与二里冈文化趋同，同属于前文所述的二里冈文化地方类型——"盘龙城类型"。在汉水中游的辽瓦店子、店子河、方滩、门伙、龚家村等遗址之中，遗存的文化面貌体现出了二里冈文化的强烈影响，主体年代为二里冈文化时期至洹北花园庄期，不晚于殷墟一期。这一区域二里冈文化时期遗存的分布，体现出了二里冈文化大体沿着二里头文化南传的路径，在汉水沿线传播。沿汉水中游南下即可进入沮漳河下游地区，荆南寺遗址中所见的较为典型的二里冈文化因素，或是经由此路径南传而至。

二里冈文化时期澧水沿线遗存以皂市、宝塔以及其北侧的汪家嘴、博宇山等遗址为代表，皂市与宝塔遗址商文化时期遗存的文化面貌较为复杂，主要包括三类文化因素，即以弧腹鬲、爵、斝、假腹豆、大口尊、缸为代表的二里冈文化因素和以壶、圈足壶、圈足碗、甑、折沿圈足湾为代表的本地文化因素，以及以鼓腹鬲、折肩壶、折盘簋、双耳簋、弧盘簋为代表的本地创新型文化因素①。

二里冈文化时期赣江沿线的遗存见于石灰山、陈家墩、龙王岭、神墩等遗址。在龙王岭附近的八哥山、门口山、磨盘山、王花兰等岗地上亦曾采集到商时期陶片，推测这些地点亦分布有与龙王岭同时期的遗存。神墩遗址出土的陶器以鬲、斝、假腹豆等中原式的陶器组合为主流，可见中原文化的强烈影响，不过在每一类器物形制上均可见一些明显的地方特征②。龙王岭、陈家墩、石灰山遗址中所见的二里冈文化时期遗存，一方面有鬲、甗、斝、大口缸等中原地区常见器类，另一方面，该遗址还发现细柄浅盘豆、圜底印纹罐等基本不见于中原地区的器类，凸显了赣江沿线的地方文化特征。

江汉地区长江各支流沿线二里冈文化时期部分遗存参见图2.3。

洹北花园庄晚期至殷墟一期前后，随着盘龙城被废弃，滠水、澴水沿线依然可见聂家寨、郭元嘴、中分卫湾、徐家洲等聚落分布。而在府河沿线分布的小王家山、晒书台、下坝电站、好石桥及庙台子等一系列聚落，似乎表明洹北花园庄晚期至殷墟一期前后，府河沿线成了一条较为繁荣的交通路线。殷墟一期之后，这一区域聚落均趋近消亡，使得这一区域成了文化分布的"空白"地带。这一阶段汉水沿线地带的聚落趋近消亡，中原文化经由汉水对江汉地区施加的文化影响暂告终结。而在长江南侧的澧水和赣江沿线，依然可见较为密集的聚落分布。但是其文化面貌则呈现出浓厚的土著文化风格。例如，澧水沿线的斑竹、宝宁桥、文家山、黄泥岗等遗址出土的鼎、釜、甑、盆、罐、豆、钵等陶器类别均不见于中原地区。赣江沿线所见遗存则受到了吴城文化的显著影响。

---

① 豆海峰：《长江中游地区商代文化研究》，吉林大学博士学位论文，2011年。
② 孙卓：《南土经略的转折——商时期中原文化势力从南方的消退》，科学出版社，2019年。需要说明的是，上文图2.1、图2.2中将神墩归入长江干流沿线遗址，是因其在地理空间上临近长江干流。而在此论及文化面貌时，神墩遗址文化面貌与赣江流域其他同时期遗址具有相似性，故将其放在在赣江沿线遗址部分一并论述。

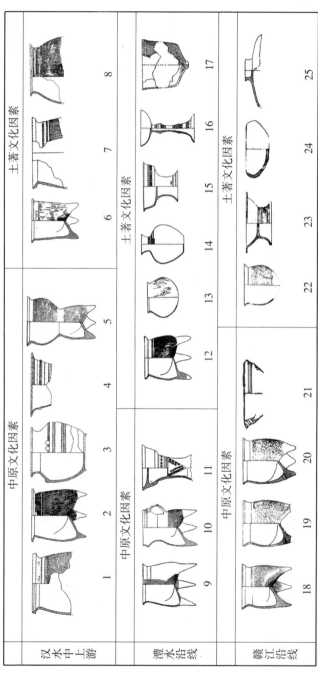

图 2.3 长江各支流沿线二里冈文化时期部分遗存

1、2、6~9、12、18~20. 鬲（H58: 16、T0504⑥: 1、H13: 2、T0504⑥: 6、T0504⑥: 5、H23: 36、TB8②: 64、J1④: 1、采：T10③C: 3、）3. 罍（H13: 1）4. 大口尊（H58: 7）5. 甗（H58: 4）10. 斝（M2: 1）11、15、16、21、23. 豆（H13: 32、H8: 1、T41③: 138、采：2、J1: 1）13、22. 釜（T17③: 11、J1: 4）17. 缸（T10③: 70）24. 钵（T6②A: 13）25. 器盖（T9④A: 4）14. 罐（T16③: 17）2、3、6、7、8 出自店子河 9~17 出自方滩 18 出自皂市 19、20、22、23、25 出自石灰山 21、24 出自荞麦岭（1、4、5 出自龙王岭）

84

第三章 区域中心聚落景观复原

第一节 当代盘龙城遗址景观

一、地貌形态

盘龙城遗址位于湖北省武汉市黄陂区叶店村，遗址主体分布于长江支流府河北岸的二级阶地之上。就自然地理单元而言，盘龙城遗址地处大别山南麓与江汉平原之间的过渡地带，遗址所在区域北接大别山余脉，南抵江汉平原，总体地势北高南低。该区域以垄岗状平原为主，整体上地形平坦开阔，海拔大多在50米以下，最低处仅20米左右，但平原之上又零星分布有海拔50~200米的低岗、小丘以及星罗棋布的小型湖泊，因此地表呈现出"大平小不平"的特点①。

盘龙城遗址以北30~40千米为低山区，分布有双峰山、木兰山等小型山峰，其中双峰山海拔874米，为武汉市最高点②。盘龙城遗址以北包括大别山在内的山地均属淮阳山地余脉，淮阳山地主要由桐柏山、大别山等西北—东南向的山脉组成。它横亘于中原腹地与江汉平原之间，属中国中央山系昆仑—秦岭—大别山脉的东段，淮阳山地既是长江水系与淮河水系

---

① 杨果、陈曦：《经济开发与环境变迁研究——宋元明清时期的江汉平原》，武汉大学出版社，2008年，第2页。

② 武汉市地方志编纂委员会：《武汉市志（总类志）》，武汉大学出版社，1998年，第29页。

的分水岭，也是我国南北气候带的分界，因此有着重要的地理和环境意义①。淮阳山地南侧至长江之间地势自北向南逐渐降低，地貌形态由低山丘陵区过渡为河湖冲积平原区。

淮阳山地与长江、汉水冲积形成的江汉平原相接，江汉平原是一个自白垩纪以来持续沉降的拗折—断陷盆地，主要由三处河间洼地组成②。平原内部湖泊星罗、水网交织、堤垸纵横，海拔多在 35 米以下，地势自西北向东南倾斜，武汉市为江汉平原的东端，汉口城区海拔为 18～26 米。江汉平原边缘分布有海拔 50 米左右的低缓岗地，平原地势腹地向四周低岗呈阶梯状上升，整体地势北高南低，西高东低。盘龙城遗址则地处江汉平原东北部边缘的平原湖区之中，北与淮阳山地余脉相接，南与长江干流相邻。

具体而言，盘龙城遗址分布于府河以北、盘龙湖沿岸的多条临湖岗地之上。遗址北以大邓湾至童家嘴岗地中脊线为界，南抵府河北岸，西至甲宝山东麓，东达长峰港一线，总面积约 3.95 平方千米。遗址区地势北高南低，海拔居于 19.5～35 米之间。遗址周围基本被湖泊、河道及小型山丘环绕。遗址西侧 3 千米范围内由近及远分布有甲宝山、横山、露甲山、丰荷山等小型山丘，其中地势最高的丰荷山海拔 98.5 米，成为盘龙城一带的制高点③。遗址南部隔府河与武汉市东西湖区相望，东西湖区原本为低洼的湖泊沼泽地点，新中国成立后经过大规模围垦造陆，现已被密集的城市楼宇完全覆盖。遗址以东 8 千米即可达长江干流，该区域地势低平，府河及滠水尾闾流经此区域，汇入长江。遗址北部 2 千米处则分布有一大型湖泊——后湖。后湖原本与长江相通，面积达 30 平方千米以上，经过大规模

①　李长安：《桐柏—大别山掀斜隆升对长江中游环境的影响》，《地球科学》1998年第 6 期。

②　江汉平原内部的河间洼地自北向南依次为天门河与汉水之间的汈汊湖洼地，汉水与东荆河之间的排湖洼地及东荆河与长江之间的四湖洼地。

③　武汉盘龙城经济开发区志编纂委员会：《武汉盘龙城经济开发区志》，长江出版社，2011 年，第 60 页。

围垦面积缩减至 16 平方千米左右。

　　盘龙城一带的居民将沿湖分布的半岛型岗地俗称为"××嘴"，诸如杨家嘴、李家嘴、王家嘴、小嘴、艾家嘴、小王家嘴、童家嘴，同时将分布于岗地中上的现代村落称为"××湾"，例如杨家湾、楼子湾、江家湾、大邓湾等。这一命名方式历来被考古人员沿用，成为盘龙城遗址群内各遗址点的称谓(参见图 3.1)。考古调查表明，盘龙城遗址夏商时期遗存的分布

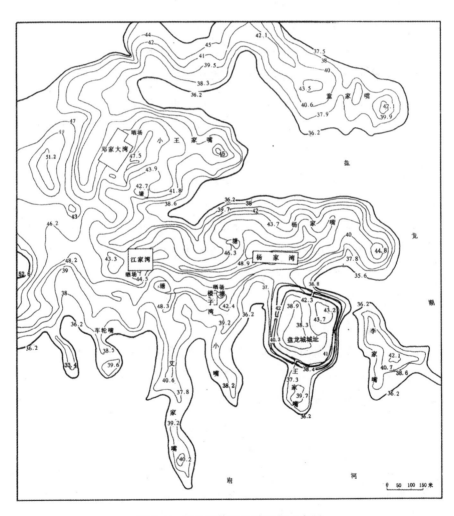

图 3.1　盘龙城遗址地貌概况示意图

范围从岗地顶部延伸到岗地边缘，乃至府河河床。各岗地之间的洼地积水成湖，形成了盘龙湖、破口湖等形状不甚规则的小型湖泊。由于湖水的阻隔，岗地之间既通过陆地相连又相对独立，高低错落的滨湖岗地与岸线曲折的湖泊交错分布，共同构成了盘龙城遗址区域的当代地貌景观。受湖水季节性涨落的影响，盘龙城遗址群的整体形态随之呈现出雨、旱两季的明显差异，每年丰水期(4月至10月)湖水上涨至22米左右，岗地边缘22米以下的区域被湖水淹没，陆地面积缩减，水域面积扩张。其中地势相对较低的李家嘴、王家嘴、小嘴、艾家嘴等地点地貌改变最为明显。王家嘴南部彻底被府河水淹没，李家嘴东侧河滩几乎消失不见。小嘴、艾家嘴岗地仅存狭长的岗地顶部区域显露地表。而每年的枯水期(11月至来年3月)，湖水回落至20米以下，湖泊面积缩减，陆地面积扩张。王家嘴南区重新显露地表，李家嘴、小嘴、艾家嘴等岗地边缘呈现出宽30~35米的滩地。由于这些区域长时间受湖水浸泡，地表裸露基本无植被覆盖。因此，每年枯水期地表裸露的岗地边缘则与植被茂密的岗地顶部形成了鲜明对比(见图3.2)。

现代盘龙城遗址保护区范围内分布有8处自然村落，常住人口1600余人[1]。当地村民以兴建堤坝、开垦农田和开挖鱼塘为代表的生产建设活动对当地的自然地貌造成了明显的改变，因此人工地貌亦成为该区域地貌形态的重要组成部分，以下分而述之。

(1)修筑府河大堤及其他小型堤坝。府河大堤(原名"西湖堤")位于府河下游北岸，东起岱家山西至黄花涝，全长15.72千米。民国时期以来，府河北岸居民为抵御府河洪水即自发筹款分段筑堤。新中国成立后，府河大堤全面贯通，堤顶加高，坝面加宽，极大地提高了大堤的防洪能力。1974年府河大堤(盘龙城段)修筑完成，大堤穿越盘龙城遗址南境而过，并使得艾家嘴、王家嘴、李家嘴南部沦为府河河床。分布于上述岗地之上的

---

[1]　当地村落及人口数据统计于2002年前后。自2005年开始，武汉市政府为更好地保护盘龙城遗址，先将遗址区内的4处自然村整体搬迁至遗址保护区以外，并着手建设盘龙城国家考古遗址公园。目前盘龙城遗址核心区内已经无现代村落分布。

商代遗存亦随之被河水淹没。与此同时，破口湖与盘龙湖受大堤拦截，湖水难以自然倾泻至府河乃至长江，因此府河大堤建成后，盘龙湖与破口湖面积明显增大，水位抬升。除府河大堤外，1985年当地村民在李家嘴与城垣东北角之间修筑了一道长约80米的小型堤坝，以拦截府河洪水进入盘龙湖。这道堤坝使得原本独立的李家嘴岗地与城垣连为一体。

a. 丰水期

b. 枯水期

图 3.2 河湖丰水期与枯水期盘龙城遗址景观对比图

（2）开垦农田。查阅清代编纂的《张氏宗谱》可知，直至清同治年间，盘龙城遗址一带人口数量十分有限，地表以荒芜的自然岗地为主，部分地带成为当地居民的家族墓地。然而近百年以来，随着当地人口数量的增加，尤其是新中国成立初期开展的"平整土地""改田"活动，使得盘龙城遗址中各岗地基本全部被开垦成为梯田。据2005年卫星遥感影像显示，盘龙城遗址地表被大片斑块状的农田覆盖，农田之间错落分布有若干小型村庄。

（3）开挖鱼塘。20世纪60年代以来，当地村民在遗址区内开挖了大量的小型池塘，用于水产养殖。人工鱼塘主要分布在两类地点，第一类直接开挖于岗地之上，即在平整的陆地上直接开挖边长50~100米的小型池塘，深度1~2米。第二类是选择岗地边缘的天然湖汊，通过堆筑围堤将湖汊区域从盘龙湖、破口湖中分离出来，形成独立的小型水域，再将围堤分离出来的湖汊区域进行下挖1~2米，便形成了新的人工鱼塘。上述开挖鱼塘的活动对埋藏于地表以下的古代遗存造成了明显的破坏。20世纪80年代，杨家嘴、杨家湾等地开挖鱼塘的活动中均发现了大量商文化时期的遗存。

除上述可见于遗址区内部的人工地貌以外，近30年以来，盘龙城遗址周边区域的地表景观发生了极为显著的改变。由于盘龙城遗址地处武汉市北郊，20世纪90年代以来，随着武汉市城市范围的迅速扩张，盘龙城遗址周边区域由原本河湖交错，低岗起伏的自然景观转变为楼宇林立，路网交织的现代城市景象。与之形成鲜明对比的是，盘龙城遗址保护区随着当地村民的整体搬迁，成为现代城市楼宇中一块罕见的绿地。

二、河湖水系

（一）湖泊

盘龙城遗址周边湖泊星罗，河道纵横，低缓起伏的岗地与河湖交错分布，构成了典型的平原湖区景观。遗址内部分布有盘龙湖和破口湖两处小型湖泊，当湖泊水位处于平均水位21米时，盘龙湖面积约1平方千米，平均水深 2.3 米，破口湖面积约 0.35 平方千米，平均水深 1 米。实际上，除盘龙湖与破口湖以外，盘龙城遗址东西两侧沿府河大堤北岸还依次分布有任恺湖、麦家湖、新教湖、汤仁海、滩湖、长湖、张斗湖、金潭湖、西汉湖等小型湖泊。上述湖泊与盘龙湖、破口湖均沿府河大堤北岸呈带状分布，共同具有：湖岸不规则、湖底平坦、淤泥厚达 2 米以上、湖泊面积均不足 1 平方千米、湖水深度 1~3 米等特征。且在 20 世纪 70 年代中期以前，由于上述湖区堤垸系统尚未完善，上述湖泊直接与府河连通，每至汛期，湖水上涨至 22 米以上时，上述湖泊则连成一片，枯水期，湖水回落，又各自独立成湖。从湖泊的形成原因而言，府河北岸的这些湖泊均位于低岗之间的洼地，属岗间洼地积水成湖。从 1907 年前后测绘的地形图上可见，20 世纪初期上述湖泊面积均不足当今湖泊面积的三分之一。1974 年，府河大堤全面建成后，大堤将上述湖泊与府河之间的出水通道斩断，湖水被拦截在大堤北岸的洼地之间，湖水难以外泄，加之现代堤垸系统经过多次修建不断完善，各湖岸都已加高加固，在抵御水患的同时将这些湖泊用于水产养殖。因此上述湖泊当今的水域面积相较于 20 世纪初期已有明显扩张。位于盘龙城遗址内部的盘龙湖、破口湖亦经历了同样的形成过程。

除上述湖泊以外，盘龙城遗址周边 5 千米范围内还分布有几处面积较大的湖泊。盘龙城遗址以北 2 千米处分布有后湖。后湖位于府、滠河的尾闾，属于府河水系，后湖水自北向南注入府河。20 世纪 50 年代，当湖水水位处于 18.63 米时，后湖面积达 34.2 平方千米。经过 20 世纪 70 年代以来的大规模围垦，至 21 世纪，当湖水水位处于 18.63 米时，后湖面积仅为 16.04 平方千米①。盘龙城遗址西南部约 5 千米处，还分布有金银湖，金银湖位于府河以南的武汉市东西湖区，属大型城中浅水湖泊，水深 2 米左右，水位 20.25 米时，湖泊面积为 3.29 平方千米②。金银湖主要接受径河来

---

① 司念堂、李俊辉：《湖北省湖泊志》中册，湖北科学技术出版社，2015 年，第 16 页。

② 司念堂、李俊辉：《湖北省湖泊志》中册，湖北科学技术出版社，2015 年，第 70 页。

水，流入府河。从1918年绘制的地形图上可见，金银湖原名"东湖"①，面积比当今金银湖更为广大。1957年，经过大规模围垦后，原"东湖"面积大幅缩减形成了当今所见的"金银湖"。此外，在盘龙城遗址东南方4千米处，还分布有一处大赛湖，从1918年绘制的地形图上还可以清晰地看到大赛湖的分布范围，但是与金银湖类似，经过20世纪50年代以来的围垦，目前大赛湖已彻底消失，湖泊被围垦后，原本的湖区已被武汉市现代城市建筑完全覆盖。

(二)河流

盘龙城遗址周边的河网密布，以长江、汉水及其不同层级的支流共同构成了盘龙城遗址所在区域的河网系统。发源于鄂北山地的府河、滠河、滠水、倒水等多条长江支流呈梳状分布，流经盘龙城遗址东西两侧后注入长江。

1. 府滠河

发源于随州大洪山的府河与发源于孝感北部山地的滠河流经遗址西侧，二者在孝感卧龙潭合流后向东流经盘龙城遗址南缘，并称"府河"或"府滠河"。实际上，1959年以前，府河与滠河各分其流，府河原属汉江水系，下游水系紊乱，分流众多，其中府河干流于武汉新沟镇注入汉江。滠河则属长江支流，下游干流绕经孝感市城关后，注入捷径河，流经盘龙城遗址南缘后向东于谌家矶注入长江②。1959年，为整治府、滠河下游紊乱的水系，实施了府滠河改道工程。将各自独立的府河、滠水沟通，自孝感卧龙潭以下合二为一，统一由武汉谌家矶注入长江。自此，府河由汉江支

---

① 武汉市东西湖区原本分布有两大湖泊"东湖"和"西湖"，东湖和西湖均与府河连通，流入府河。后经过20世纪50年代的大规模围垦，西湖被彻底围垦成为农田，东湖面积大幅度缩减，形成了现在的"金银湖"。

② 在1917年由中华民国政府陆地测量局测绘的军用地形图上，盘龙城遗址南缘的河流即被标示为"捷径河"。可知当今流经盘龙城遗址南缘的河道曾名为"捷径河"，府滠河改道后才被命名为"府河"。

流转变为长江支流，澴河则由长江支流转为府河最大支流①。

2. 滠水

滠水发源于大悟县光雾山，自北向南流经盘龙城遗址东侧，最终汇入长江。河流全长 105 千米，流域面积 1316.5 平方千米，包括大小支流河港 7 条：李集河、彭城河、梅店河、泊沫港、柳树林、长堰河、龙须河。考古调查表明，滠水及其支流沿岸均分布有商文化时期的遗址，暗示着滠水水系与盘龙城遗址的密切关系。

3. 界河

界河发源于孝感市滑石冲，自北向南流经盘龙城遗址西侧，于童家湖注入府河（1959 年以前此处为澴河河道），河流全长 34 千米，流域面积 475 平方千米。在界河及其支流沿岸发现有商文化时期的遗存。

在以水运为主要交通方式的古代社会，上述水道亦成为沟通中原腹地与江汉地区的天然通道。除上述长江一级支流外，还有众多二级支流分布于盘龙城遗址所在区域，例如府河支流界河、滠水支流龙须河等，这些二级支流基本呈南北向分布，属于府澴河或滠水水系。不同层级的干支流系统共同构成了一个盘龙城遗址区域的水系网络。通过上述水系沿线分布的遗址可知，上述水系网络对于夏商时期的盘龙城聚落而言，不仅为其提供了丰富的水资源，而且是其与周边区域往来交通乃至文化传播的重要途径。

三、土壤与植被

近年来在盘龙城遗址开展的地质考古勘探表明，该区域分布的自然沉积物包括分布于岗地中上部区域的网纹红土、黄红土和分布于岗地边缘地带乃至湖底的青灰色湖相沉积三种不同的自然沉积物。

（1）网纹红土，是遗址中分布最为广泛的自然沉积物。具有南方地区

---

① 湖北省地方志编纂委员会：《湖北省志·地理》上，湖北人民出版社，1997年，第 552 页。

典型网纹红土的特征，颜色以红色或红棕色为主，间以白色或浅黄色树枝状条带结构①。

（2）黄红土，分布于网纹红土之上的一层堆积，多为土质较为纯净的黄色或黄红色粉砂质黏土。由于该层黄红土中不见任何人类活动的遗存，推测该层堆积应属于自然沉积层。有研究者推测这层黄红土广义上属于李四光等所定义的广泛分布于长江中下游地区丘陵、岗地边缘的"下蜀黄土"②。

（3）河湖相沉积，分布于岗地边缘地带。地质考古人员在盘龙城遗址杨家嘴东南部发现了一套青灰色淤泥层，并指出这套青灰色淤泥应为常年高水位状态下的自然沉积物。同时，考古人员通过对盘龙湖的水下考古勘探，在盘龙湖湖底近现代淤泥层以下发现了一层"青灰色硬黏土层"。杨家嘴发现的青灰色淤泥层与盘龙湖湖底分布的青灰色硬黏土层可能属于同一套湖相沉积③。

2005 年以前，盘龙城遗址内地表以耕地为主，主要种植水稻、大豆、棉花等农业物。2005 年后，遗址核心区村民整体迁出，同时由于武汉市城市范围的扩张，盘龙城遗址周边区域迅速由农耕区转变为现代城市组成部分，因此十余年以来盘龙城遗址及周边区域农业耕地基本被现代城市建筑占据，遗址保护区内的耕地则处于闲置状态，野生林木迅猛生长，目前遗址地表已被茂密的野生林木和灌丛覆盖。林木种类包括枫杨、泡桐、苦楝、香椿、合欢、桂花等。上述林木生长于地势相对较高的岗地中上部区域。而岗地边缘地带由于长期受湖水涨落侵蚀，地表大面积分布网纹红土，长期的饱水的环境和贫瘠的土壤均不适宜植被生长，因此岗地边缘地

---

① 张海、王辉、邹秋实等：《商代盘龙城聚落地貌演变的初步研究》，《江汉考古》2018 年第 5 期。

② 张海、王辉、邹秋实等：《商代盘龙城聚落地貌演变的初步研究》，《江汉考古》2018 年第 5 期。

③ 张海、王辉、邹秋实等：《商代盘龙城聚落地貌演变的初步研究》，《江汉考古》2018 年第 5 期。

带通常地表裸露无植被覆盖。此外，府河季节性河床及王家嘴岗地南区，因府河水涨落影响，亦季节性显露地表，但由于府河水冲积带来了肥沃的淤泥，因此枯水期河床显露地表时，地表被茂密的草本植物覆盖，生长出芦苇等植物，在府河主河道南北两岸形成了湿地草滩景观。

四、遗址分布范围与保存状况

（一）遗址分布范围

盘龙城遗址于 1954 年被发现，20 世纪 60 年代以来，该遗址的考古工作一直延续至今。随着田野考古工作的推进，学界对于遗址分布范围的认知亦随之更新，至 21 世纪初期，盘龙城遗址的边界已基本明确。本书采用《盘龙城遗址保护总体规划》划定的遗址边界作为该遗址的分布范围。盘龙城遗址的四至边界为：东至长峰港濒湖一线，西至甲宝山东麓一线，南达府河河道，北抵小王家嘴至童家嘴岗地中脊一线，遗址总面积 3.95 平方千米。其中，商文化时期遗存最为密集的区域被划定为遗址核心区，其范围东西长 1 千米，南北宽 1.1 千米，四至边界为：东至杨家嘴、李家嘴一线，南至府河之畔，西至艾家嘴、江家湾一线，北以杨家湾北坡边缘为界①。

盘龙城遗址自 20 世纪 80 年代以来即被确立为全国重点文物保护单位，地方政府及时对遗址采取了有效的保护措施，遗址本体在武汉市迅猛的城市扩张过程中得以保存，基本未受现代城市建设的破坏。与之形成鲜明对比的是，盘龙城遗址保护区以外的地域，在近 30 年的时间里，由阡陌交错、湖汊纵横的自然田园风光迅速转变为楼宇林立、车水马龙的现代城市景象。盘龙城遗址区则如一块天然绿地镶嵌在现代城市版图之中。

（二）遗址保存状况

自 2002 年以来，考古人员对盘龙城遗址开展了多次考古调查工作，调

①　中国建筑设计研究院建筑历史研究所：《盘龙城遗址保护总体规划》，2007 年，第 3 页。

查范围已覆盖遗址全境，因此对遗址的保存状况形成了较为清晰的认知。简言之，盘龙城遗址的遗存埋藏环境有以下几个特点：(1)埋藏深度较浅。考古发掘表明盘龙城遗址商代遗存多开口于现代耕土层以下，部分遗迹甚至直接显露地表。(2)遗存多濒湖分布。盘龙城遗址主体分布于盘龙湖沿岸的多个半岛型岗地之上，岗地边缘的湖水侵蚀区仍属商代遗存分布地带。(3)遗址区内现代人类活动较为频繁。据统计，盘龙城遗址区内分布有8处自然村落，人口总计1647人，上述人口主要从事农业生产活动，村落周边耕地面积499.81公顷，此外还零星分布有少量鱼塘。

基于以上埋藏环境，通过实地调查可知，盘龙城遗址商代遗存虽整体上未遭受根本性破坏，但遗址局部仍遭受了不同程度的明显破坏。对遗址造成破坏的因素主要为以下几个方面：

(1)修筑防洪堤坝等大型取土活动对遗址造成破坏。1954年为加固武汉市防洪堤坝，工程人员自盘龙城遗址城垣区域取土，造成了东、南、北三面城垣遭受严重破坏，西城垣保存相对较好。1985年，为加固李家嘴北端的防洪堤，于李家嘴岗地取土，亦对李家嘴岗地造成了显著破坏。

(2)湖水涨落对地下遗存的侵蚀。现代盘龙湖与破口湖湖水处于19.5~22.6米之间涨落，湖水涨落对濒湖地带造成了严重的侵蚀作用。每年枯水期，位于盘龙湖、破口湖沿岸的杨家嘴、王家嘴、李家嘴、小嘴、艾家嘴等岗地濒湖地带均可发现商代遗迹遗物显露地表，甚至在上述区域发现多座商代墓葬分布，墓葬填土均遭受湖水侵蚀破坏，随葬品部分显露地表。

(3)现代人类农业生产和建设房屋活动对地下遗存造成破坏。如前所述，盘龙城遗址商代遗存埋藏深度较浅，因此现代人类在兴建房屋及农业灌渠、平整土地、开挖鱼塘过程中均可能对地下遗存造成破坏。盘龙城遗址中发现的商代墓葬表明，墓葬填土均遭受了不同程度的破坏，例如杨家湾M17~M22，杨家湾M13，多座墓葬仅残存墓底。大型建筑基址的柱坑亦遭受破坏，柱础石直接显露地表，例如杨家湾F4。凡此种种，都表明现代人类活动对埋藏于地表以下的商代遗存造成了明显的破坏。

五、遗址景观变迁的考古学证据

分布于旷野之中的古代遗址，在复杂多样的自然环境因素和错综复杂的人类活动影响之下，遗址的整体面貌处于不断的变化之中。如果将古代聚落视为一张白纸，那么现代考古学家所面对的遗址则犹如一张经过了反复涂写和修改后的纸张。实际上，遗址的景观一直处于动态变化之中，尤其是湖泊盈缩、河流改道、地表侵蚀等与人类生存密切相关的景观变迁过程，在改变遗址"原貌"的同时，也直接影响着当代考古学家对于古代人类行为的理解和认知。上述景观变迁过程通常会对考古遗存的保存状况产生直接的影响，对若干考古遗迹现象的综合分析和解读成为考古学家复原古代聚落景观的重要线索和依据。

就盘龙城遗址而言，有两类遗迹现象暗示着遗址古今景观的显著差异。一方面，遗址区内岗地滨湖地带分布着大量商文化时期遗存，包括直接散布地表的陶片以及墓葬、灰坑等遗迹。由于盘龙湖、破口湖水位的季节性涨落，每年枯水时节湖水回落后，李家嘴、杨家嘴、小嘴、王家嘴等原本被湖水淹没的岗地边缘地带即显露地表。分布于岗地边缘的商代遗迹随之显露，考古人员曾在杨家嘴、王家嘴、小嘴、童家嘴等岗地的滨湖区域清理过商时期墓葬或灰坑遗迹。这些遗迹仅在冬季湖水处于最低水位时显露地表，其余时节则被湖水淹没(见表3.1、图3.3)。上述景象表明，商文化时期盘龙湖与府河水位应明显低于当代水位。而对于盘龙城遗址而言，河湖水位的涨落对遗址景观的改变极为明显。遗址整体分布于地势低平的临湖岗丘之上，当前由于湖水阻隔，各岗地之间均隔湖相望，遗址的选址特点呈现出一种"近水性"的倾向。同时，盘龙城城垣外三面被湖水环绕，仅通过城垣西北角与杨家湾岗地连接，宫城区呈现出一幅"水中孤岛"的景象。但若湖水下降数米，则遗址内各岗地之间的水域面积会急剧缩减，陆地空间随之显著增加，各遗址点之间将不再受湖水阻隔，而可以通过陆地直接连接。宫城区四周亦不再被高涨的湖水围困。因此，探究商文化时期盘龙城遗址区域河湖水位的高程对于复原遗址景观具有非常重要的意义。

表 3.1　　　　　　　　盘龙城遗址遗迹高程与河湖水位统计表

遗迹编号	遗迹类型	遗迹位置	遗迹高程（米）	河湖水位（米）	
				枯水期	丰水期
杨家嘴 M26	墓葬	盘龙湖西岸	20.5	19.5~20	22.1~22.6
杨家嘴 M10	墓葬	盘龙湖西岸	20.7	19.5~20	22.1~22.6
杨家嘴 H14	灰坑	盘龙湖西岸	20.5	19.5~20	22.1~22.6
王家嘴 M1	墓葬	府河北岸	20.1	17.5~20	27.5~30
王家嘴 M2	墓葬	府河北岸	19.5	17.5~20	27.5~30
王家嘴 M3	墓葬	府河北岸	20.9	17.5~20	27.5~30
小嘴 M2	墓葬	破口湖西岸	21.1	19.5~20.3	22.5~23
小嘴 H59	灰坑	破口湖西岸	20.8	19.5~20.3	22.5~23

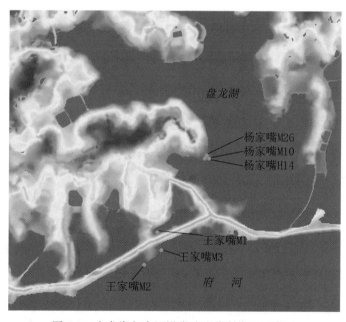

图 3.3　盘龙湖与府河沿岸遗迹分布位置示意图

　　另一方面，大量考古发掘表明盘龙城遗址商代墓葬填土普遍遭受了不同程度的破坏，部分墓葬仅存墓底，墓室内的随葬品甚至直接暴露于现代地表，这一现象表明商代原始地面遭受了一定程度的侵蚀①。据笔者统计，盘龙城遗址目前已发掘商代墓葬达 87 座，其中墓室深度最深的为 1.41 米，最浅的仅为 0.05 米。据已公开发表的资料统计，盘龙城遗址中 52% 的商代墓葬墓室残存深度不超过 0.2 米②。此外，考古人员还发现杨家湾 F4 等商代大型建筑基址因柱坑遭受破坏，导致柱础石直接暴露于地表③。墓葬和建筑基址的保存状况均表明盘龙城遗址地貌曾遭受了一定程度的破坏。通过对墓室和柱坑原始深度的复原则可大致知晓遗址地表遭受侵蚀的厚度，进而复原商时期的地貌形态。

第二节　历史时期盘龙城遗址景观

前文的分析表明盘龙城遗址当代景观与夏商时期的景观存在显著的差异，尤其是以河湖水位涨落为核心的地理环境演变成影响这一区域景观变迁的重要因素。环境史研究表明，近五千年以来长江中游河湖水位呈现出了明显的抬升趋势。近一千年以来，随着全国经济重心南移，江汉平原人口数量陡增，以修筑堤防为核心的人类活动从根本上影响着江汉地区地貌变迁，堤防体系的日益完善直接改变了水系格局，导致了这一区域水位上升。由此可见，盘龙城遗址区域的景观变迁并非一蹴而就，而正是上述历史环境演变大势的一个具体体现。换言之，探究盘龙城遗址区域景观变迁历程不仅是研究盘龙城聚落景观和选址特点的重要基础，更是研究江汉地区环境演变的生动个案。

就研究方法而言，通过全面搜集和分析这一区域不同时期的考古遗存和

---

① 亦有学者将考古学意义上承载人们行为的地面称为"活动面"。参见赵辉：《遗址中的"地面"及其清理》，《文物世界》1998 年第 2 期。

② 统计数据来源于湖北省文物考古研究所：《盘龙城：一九六三年——一九九四年考古发掘报告》，文物出版社，2001 年，第 505~510 页。

③ 武汉大学历史学院、盘龙城遗址博物院、武汉市文物考古研究所：《武汉市盘龙城遗址杨家湾商代建筑基址发掘简报》，《考古》2017 年第 3 期。

地理空间信息，依次建立起多个历史时期的景观，进而复原出景观的历史演变过程是景观考古研究的主要内容之一①。无独有偶，在区域历史地理研究中，亦有学者采用类似的研究理念，提出建立起"连续的地理剖面"，并将逐次的剖面连接起来，勾勒出历史时期地理面貌的演化过程及规律②。

本节所讨论的盘龙城遗址位于当今武汉市黄陂区南隅，总面积约 3.95 平方千米。对于如此"微观"的地理空间，地方志等历史文献鲜见有关于这一区域地理环境、人文风貌等内容的详细记载③。相较于传世文献，地下出土的考古遗存提供了相当丰富的历史信息。2002 年以来，在盘龙城大遗址保护工作的引导下，考古单位多次对盘龙城遗址及其周边区域开展考古勘探、调查及发掘工作。时至今日已完成对盘龙城遗址保护区全境的考古调查和勘探工作。对遗址所在区域各类考古遗存的分布范围和保存状况进行了详细的采集，同时借助 RTK 等高精度测量仪器获取了考古遗存精准的空间位置信息进，并已构建起了"盘龙城遗址考古地理信息系统"。上述工作背景为探究盘龙城遗址区域景观变迁历程奠定了坚实的基础。

除考古材料以外，历史地图、遥感影像等图像资料亦成为我们分析景观变迁历程的重要资料。例如清代中晚期绘制的各类舆地、民国时期国防部陆地测量局出版的军用地形图以及 20 世纪 60—70 年代美国卫星科罗娜（CORONA）拍摄的高分辨率（最高地面分辨率可达 2 米）卫星影像中均有涉及盘龙城区域的图幅。这批图像资料记录着现已消逝的景观信息，尤其是近百年以来，随着日益迅猛的工业化和城市化进程，大量延续千年的农业文明景观被现代工业文明景观彻底取代，地貌形态随之巨变。上述图像资料中留存的地理景观信息即成为我们分析和复原历史时期景观的重要依据。

考古调查资料表明，盘龙城遗址区域的考古遗存基本可以归纳为四个时期：夏商时期、两周时期、宋元明清时期、民国时期至今。夏商时期盘

---

① 张海：《景观考古学——理论、方法与实践》，《南方文物》2010 年第 4 期。

② 鲁西奇：《区域历史地理研究：对象与方法——汉水流域的个案考察》，广西人民出版社，2000 年，第 38 页。

③ 历史文献中关于盘龙城遗址区域的少量记载后文将详述。

龙城聚落景观后文将专门予以详述，因此本节将分别对两周时期、宋元明清时期、民国时期至今盘龙城区域的景观特征进行探讨，并结合前文研究成果，对区域景观变迁历程进行回溯式观察。

一、两周时期

考古研究表明，二里冈文化时期兴起的江汉地区中心城邑——盘龙城，大约在洹北花园庄晚期前后被废弃①。殷墟文化时期，这片面积约4平方千米的区域基本未见人类活动迹象，直至两周时期盘龙城及其附近区域才重新出现了一些小型聚落。通过这些两周时期的遗存，我们大致可以窥见两周时期盘龙城区域的社会图景。

具体而言，盘龙城遗址区域内分布的两周时期遗存主要包括郑家嘴、罗元山、小窑堡、吕家湾遗址(参见图3.4)。此外在盘龙城遗址区西北约1千米处，还分布有一座西周时期的小型城址——磨元城。磨元城虽未分布于盘龙城遗址区内，但因其与盘龙城遗址极为邻近，且属一座保存相对完好的城址，这处城址对于我们复原两周时期盘龙城区域的聚落景观亦具有重要意义，故将其在此一并论述。

1. 郑家嘴遗址

郑家嘴是盘龙湖东南岸的一条天然岗地，府河大堤穿郑家嘴岗地而过，将这条南北向岗地分隔为南、北两个区域。郑家嘴岗地南部分布有一处东周时期的遗址，而郑家嘴北部分布有明清时期的遗存，因此以郑家嘴(南)和郑家嘴(北)来分别指代这两处不同的遗址。府河大堤修筑以后，郑家嘴岗地南部沦为府河河床，丰水期被府河水完全淹没，枯水期则显露地表。1997年，当地政府在对府河大堤进行加固过程中，于郑家嘴岗地南侧取土，在此发现了一座东周时期的水井遗迹。水井位于郑家嘴岗地南部边缘，紧邻府河主河道。这口水井为圆形土壁竖洞式井，井口直径0.9米，

----

① 盛伟：《盘龙城遗址废弃的年代下限及相关问题》，《江汉考古》2011年第3期。

残存深度 5.7 米(参见图 3.5)。依据井内出土的鬲、罐、豆等陶片形制判断，水井的修筑和使用时间应为东周时期①。2012 年，武汉市文物考古研究所对郑家嘴遗址进行了考古调查，在郑家嘴岗地采集到了鬲、罐等陶片，同时利用地表现有断坎铲刮了 3 处剖面，在剖面发现了厚约 1.4 米的东周时期文化层(参见图 3.6)。由于郑家嘴岗地南区常年被府河水淹没，地表被淤泥覆盖，地下水位较高，给勘探工作造成了很大的困难。又因 1997 年取土筑堤活动，致使该区域地形极为破碎，此次调查未能确定郑家嘴遗址的分布范围②。

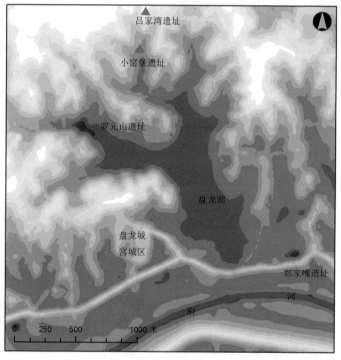

图 3.4　盘龙城遗址区域两周时期遗存分布示意图

① 黄陂盘龙城工作站：《黄陂郑家嘴发现东周古井》，《江汉考古》1999 年第 2 期。

② 武汉市文物考古研究所：《盘龙城遗址 2012 年度一般保护区及建设控制地带考古勘探工作报告》，盘龙城遗址博物院资料，2013 年，第 12 页。

■井圈
▨过滤层
▨生土壁

图 3.5 郑家嘴遗址东周古井遗迹

图 3.6 郑家嘴遗址剖面

郑家嘴(南)遗址位于府河季节性河床以内,地表高程为 19.8~21.2 米。在当代府河河床内发现有东周时期的水井遗迹,水井周边还分布有同时期的文化层。这一现象表明,东周时期郑家嘴岗地南部应属于适宜人居的陆地,换言之,东周时期府河水位至少应该低于 19.8 米。

2. 罗元山遗址

罗元山遗址位于童家嘴岗地中段,勘探表明该遗址分布于南北长约 250 米,东西宽约 50 米的长条形区域内,地表发现有东周时期的罐、鬲、盆等陶器残片。该区域地层堆积可分为 4 层,第 1 层为表土层,第 2 层为明清时期文化层,第 3 层、4 层为东周时期文化层①。

3. 小窑堡遗址

小窑堡遗址位于童家嘴岗地以北约 400 米处的一处岗地之上。2012 年湖北省文物考古研究所在对盘龙城遗址外围一般保护区进行勘探过程中发现了该遗址。勘探表明,该遗址分布于南北长 30 米,东西宽 20 米的范围内,地

① 武汉市文物考古研究所:《盘龙城遗址 2012 年度一般保护区及建设控制地带考古勘探工作报告》,盘龙城遗址博物院资料,2013 年,第 11 页。

层堆积较为简单，表土层下分布有厚 0.5~1 米的东周时期文化层①。

4. 吕家湾遗址

吕家湾遗址位于童家嘴岗地以北约 800 米处的一片岗地之上，遗址紧邻巨龙大道。2012 年湖北省文物考古研究所在对盘龙城遗址外围一般保护区进行勘探过程中发现了该遗址。遗址主体被盘龙城经济开发区的巨龙大道侵占，遗址保存状况较差。勘探工作探明遗址分布于南北长约 50 米，东西宽约 30 米的范围内，表土层以下分布有厚 0.6~1.25 米的东周时期文化层②。

5. 磨元城遗址

磨元城位于盘龙城遗址西北方约 1 千米处，城址近似圆角方形，南北长约 110 米，东西宽 100 米，残高 1~3 米。由北、东、南、西四面城垣组成，城垣的四个拐角均成弧形，城垣宽 6~15 米，土筑而成。考古人员在该城址内采集到了鬲、甗、罐、缸等陶器残片，从陶片的形制推断城址的兴建和使用年代应为西周时期③。

磨元城分布于府河下游低岗与湖泊交错地带，其地貌特征与盘龙城遗址基本一致。与盘龙城城垣不同的是，磨元城并非分布于岗地之上，而是位于两条天然岗地之间的低平地带。城址东侧为横山，西侧为海家田岗地，北侧为磨元冲岗地，南部濒临小型湖泊——汤仁海(参见图 3.7)。磨元城的地表高程为 22.3~22.6 米，与盘龙城遗址中地势最低的王家嘴岗地的高程基本相当。从图 3.8 中不难看出，现代村落均分布于岗地之上，而磨元城所在的地带因地势低洼，不宜人居，被开垦成为水田，不见现代房屋分布。磨元城在相对低平的地域选址筑城，暗示着西周时期盘龙城一带河湖水位维持在较低水平，与商文化时期相比未发生显著的抬升。

---

① 武汉市文物考古研究所：《盘龙城遗址 2012 年度一般保护区及建设控制地带考古勘探工作报告》，盘龙城遗址博物院资料，2013 年，第 10 页。
② 武汉市文物考古研究所：《盘龙城遗址 2012 年度一般保护区及建设控制地带考古勘探工作报告》，盘龙城遗址博物院资料，2013 年，第 9 页。
③ 武汉市黄陂区文物管理所、武汉市盘龙城遗址博物馆筹建处：《湖北武汉磨元城周代遗址调查简报》，《文物》2011 年第 11 期。

图 3.7 磨元城与盘龙城相对位置示意图

图 3.8 磨元城周边地貌形态

　　磨元城城址的功能与性质目前尚不明朗，但根据城址的特点可对其出现的背景及性质予以初步判断。磨元城虽有土筑城垣，但城垣边长仅100米左右，城内面积狭小，也未能在城内发现建筑基址等大型公共设施。而位于磨元城以北25千米的鲁台山遗址曾发现有西周时期高等级贵族墓葬[1]，由此推测西周时期鄂东北地区的高等级聚落可能分布在以鲁台山为中心的滠水沿岸。而磨元城或为大型聚落外围的小型据点或其他功能性聚落。

　　以上通过对考古遗存的梳理，我们可以对两周时期盘龙城遗址区域的景观特征形成如下两方面的认识：一方面，目前考古部门已经对盘龙城遗址保护区进行了全面的考古勘探和调查工作，该区域内发现的周文化时期遗存仅为4处规模较小的遗址点，这4处遗址现存的面积均不超过2000平方米，遗址出土的基本为普通日用陶器。这些信息表明，两周时期盘龙城区域人口数量较为有限，从聚落的规模来看，该区域可能分布有一些普通低等级聚落，缺乏大型高等级聚落分布。盘龙城遗址西北侧1千米处，虽分布有一座西周时期的城址，但城垣的边长不足百米，城内面积极为狭窄，该城址临府河而居，推测该城址可能是具有某种特殊功能的小型城邑。

　　另一方面，我们注意到，郑家嘴遗址和磨元城城址都分布于府河北岸，与盘龙城的选址特点比较相似。值得注意的是，郑家嘴遗址的地表高程为19.8~21.2米，磨元城海拔高程为22.3~22.6米，而现代府河汛期水位通常为27~29米。换言之，现代府河汛期水位远高于两周时期府河的水位。就现代地貌而言，郑家嘴遗址已经位于府河河床之中，该地点还曾发现了东周时期的水井，残存井深5.7米。根据这些遗迹的海拔高程，我们可以推知，两周时期府河水位应该不会高于19.8米，否则就不会在此海拔高度的地带出现人类居址，甚至水井遗迹。进而，我们可以获知，两周时

---

　　①　黄陂县文化馆、孝感地区博物馆、湖北省博物馆：《湖北黄陂鲁台山两周遗址与墓葬》，《江汉考古》1982年第2期。

期府河水位与商文化时期相比没有发生大幅度的抬升，府河水位依然维持在一个较低的水位。这一认识，对于我们分析盘龙城遗址周边河湖水位的抬升过程有着十分重要的意义。

二、宋元明清时期

盘龙城遗址区域内分布有较为丰富的宋元时期的遗存，表明这一时期盘龙城区域内人口数量有明显增加。实际上，盘龙城区域内人口数量的增加正是北宋时期以来，全国经济中心南移至长江流域这一大势的具体体现。宋元时期江汉地区的经济有了较快发展，人口增加，农田垦辟，市镇崛起①，有研究者对湖北地区宋代墓葬数量进行统计后指出，从北宋初年至崇宁年间，今湖北地区的人口数量增加了3~4倍②。在此背景之下，盘龙城区域的人口数量随之明显增加。

明清时期，盘龙城一带的人口数量继续增加。明成化年间，汉水改由龟山以北汇入长江，自此汉口与汉阳形成夹江对立的地理格局，亦使得汉口成为天然良港，汉口从此由人烟稀少的洼地快速发展成为长江中游地区的贸易重镇③。随着江汉地区经济发展和汉口市镇崛起，位于汉口以北5千米处的盘龙城区域人口数量随之增加。

宋元明清时期，江汉地区的人口数量和经济发展水平均有明显提升，地处江汉地区东北部的盘龙城区域的人口密度随之增加。近年来，考古人员在盘龙城遗址区域发现了多处宋元明清时期的墓葬和居址。我们结合已刊发的考古发掘资料和2012—2017年盘龙城遗址保护区勘探资料，对盘龙城遗址保护区内宋元明清时期遗存的分布情况进行了梳理（见表3.2、图3.9）。

---

① 杨果、陈曦：《经济开发与环境变迁研究——宋元明清时期的江汉平原》，武汉大学出版社，2008年，第354页。

② 黄义军：《湖北宋墓分布的地域差异及其产生原因》，《江汉考古》2008年第3期。

③ 袁纯富、刘玉堂：《武汉古地理变迁及其对经济的影响》，《古代长江中游的经济开发》，武汉出版社，1988年，第4页。

表3.2　　　　　　　　盘龙城遗址区域宋元明清时期遗存统计表

编号	遗址名称	遗存性质	遗存年代
1	杨家湾	居址	宋代、明清
2	宫城区东北	居址	宋代
3	小嘴	居址及墓地	宋代
4	大邓湾	居址	宋代、明清
5	小王家嘴	墓地	宋代、明清
6	盘龙大道中段	墓地	宋代
7	盘龙大道北段	窑址	宋代
8	破院梅湾	墓地	宋代、明清
9	小张湾	墓地	宋代、明清
10	徐家铺	窑址	清
11	童家嘴	墓地	明清
12	丰家嘴	墓地	宋代、明清
13	郑家嘴	居址	明清

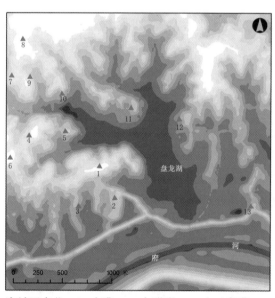

1. 杨家湾　2. 宫城区东北　3. 小嘴　4. 大邓湾　5. 小王家嘴　6. 盘龙大道中段
7. 盘龙大道北段　8. 破院梅湾　9. 小张湾　10. 徐家铺　11. 童家嘴
12. 丰家嘴　13. 郑家嘴

图3.9　盘龙城遗址区域宋元明清时期遗存分布示意图

　　除考古遗存外，我们还在明清时期的历史文献中查阅到了盘龙城区域人居环境记载。编纂于清代同治九年(1870)的《张氏宗谱》就记载了张氏先祖在宋元年间迁至盘龙城一带居住的相关信息："张族自宋元间由江右迁盘龙城小居茔葬数百余年"[1]，同时该书绘制了一张盘龙城区域的示意图，图中标绘了盘龙城城垣及东、西、南、北四座城门，同时标明了盘龙湖、杨家湾、李家嘴、小嘴、艾家嘴的相对位置。此图应为目前发现的最早的关于盘龙城遗址区域的图像资料。由于书中原图较为模糊，笔者将图中重要的图像及文字重新描绘，如图3.10所示。从图3.10我们可以看出，至迟到清代同治年间，盘龙城杨家湾、李家嘴一带即分布有小型村落，村落

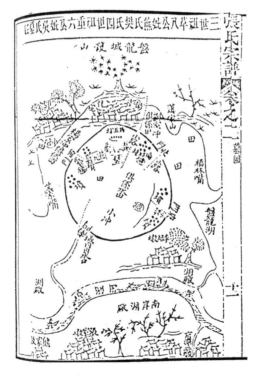

图3.10　《张氏宗谱》中所见盘龙城区域手绘图

① 张海瀛、武新立、林万清：《中华族谱集成》（张氏谱卷），巴蜀书社，1995年，第18~40页。

周边被开垦成为水田。2006 年考古人员曾在盘龙城遗址杨家湾岗地发现了明代民居石构件以及明清时期的墓碑①。2016 年，考古人员还曾在盘龙城遗址大邓湾发掘了 6 座明代砖室墓。这些考古遗存的出土与《张氏宗谱》的相关记载基本相合。

通过上述考古材料和历史文献可知，宋元明清时期盘龙城遗址区域分布的聚落数量较两周时期明显增多。宋元明清时期的遗存以墓葬为主，墓葬中出土的遗物以普通民众的日用器为主，墓葬的形制也多为小型土坑或砖室墓。由此我们分析，宋元明清时期，盘龙城遗址区域应该分布着一定数量的自然村落，该区域人类密度较此前有明显增加，但从墓葬中出土的遗物来看，该区域应该尚未出现较大规模或较高等级的聚落。

值得注意的是，盘龙城遗址区域内宋元明清时期遗存的分布地点基本与该区域现代自然村落重合，即分布于盘龙湖沿岸的一些临湖岗地之上。因此，我们推测宋元明清时期，盘龙城遗址区域内已经出现了一定数量的自然村落，这种村落分布的地理位置与空间格局应当与现代盘龙城遗址区内的自然村落基本一致。换言之，现代遗址区内所见的自然村落格局，可能自宋代以来就开始形成了，近千年以来该区域的聚落分布格局与规模并没有显著的改变。

同时，我们注意到宋元明清时期遗存均分布在临湖岗地的中上部区域，即海拔 26 米以上的地带。如前所述，该区域两周时期的遗存，尚可见分布于海拔 19.8~21 米的区域。两相对比可见，宋元时期盘龙城区域聚落的数量明显增加，此时聚落和墓地似乎更倾向于分布在地势较高的地带。盘龙城遗址区域作为一片滨湖低岗，河湖水位对于当地的人居环境有着十分直接的影响，因此聚落的高程也成为我们反观河湖水位的一个重要指标。宋元明清时期聚落的选址地点，尤其是海拔高程与现代村落趋同，且明显高于商文化至两周时期的聚落，这一现象似乎表明，宋元明清时期，府河及盘龙湖的水位较商文化至两周时期有明显的抬升。因此才使得宋元

---

① 武汉市盘龙城遗址博物馆筹建处：《盘龙城杨家湾遗址在发掘前清理地面建筑过程中采集的文物》，《武汉文博》2011 年第 2 期。

明清时期的聚落选择地势相对较高的地带。

府河与盘龙湖的水位变迁对于我们研究夏商时期盘龙城区域的聚落布局与地理环境具有重要意义，显然我们难以从历史文献和水文观测记录中获知如此长程的历史时期内河湖水位的变迁。而不同时期考古遗存的分布高程，为我们"观测"和"复原"不同时期水位提供了契机，若上述推论成立，则对于我们复原商文化时期以来，府河与盘龙湖的水位变迁过程具有重要意义。

三、民国时期至今

与前文所述的两周时期、宋元明清时期相比，民国时期至今仅有百年，但是在这一百年左右的时间内，盘龙城区域的景观格局发生了十分显著的变化。就地理景观变化的显著程度而言，民国时期至今这段时间不亚于前述两周或宋元明清时期，因此我们将民国时期至今，盘龙城区域的景观变迁过程单独予以讨论。

具体而言，民国时期以来，人类对于自然地貌的改造能力显著增强。随着府河南、北沿岸大堤的修筑，府河沿线的水系格局发生了显著变化，因此盘龙城遗址区域的地理景观随之发生了明显改变。民国时期以来，中国地图测绘技术明显提升，因此我们可以借助不同时期的地图，对近百年间盘龙城遗址区域的地理景观变迁过程进行更为直观的考察。在此我们将四幅地图资料集中呈现，包括两幅实测地图和两幅卫星遥感影像，图像资料的测绘或拍摄时间分别为 1918 年、1952 年、1970 年和 2005 年（见图 3.11）。通过对这批地图和遥感影像的观察，我们可以直观地看出近百年以来府河与盘龙湖水系格局的显著变化。

当前府河南北两岸分别修筑有东西湖大堤和府河大堤，受大堤的困束，府河与其沿岸的湖泊均不连通，府河由武汉谌家矶注入长江。因此，每年汛期府河主河道内洪水只能通过唯一的入江口泄洪，导致洪水高涨，水位直逼两岸大堤顶部。与此同时，位于府河以北的盘龙湖受府河大堤的拦截，湖水常年维持在较高的水位，导致盘龙城遗址临湖地带受到湖水的严重侵蚀（参见图 3.11d）。

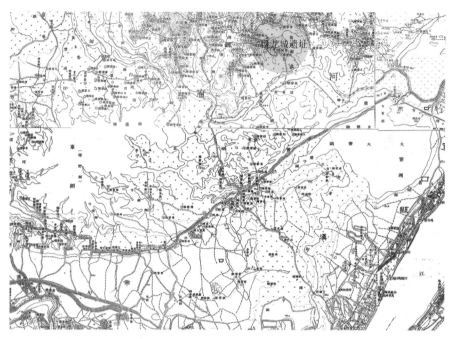

a. 湖北省陆地测量局测绘地图(1918 年)

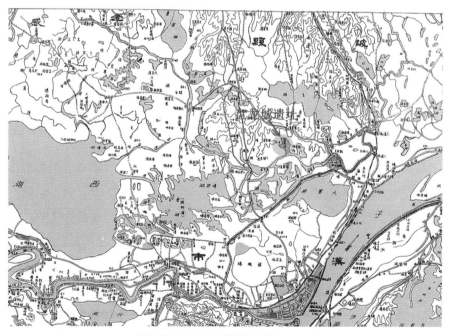

b. 武汉市城市建设局测绘地图（1952 年）

c. CORONA 卫星影像(1970 年)

d. Google Earth 卫星影像(2005 年)

图 3.11　不同时期盘龙城遗址周边地貌形态

但是，从 1918 年、1952 年以及 1970 年的地图和遥感影像资料中，我们可以看到，直至 1952 年以前，府河沿岸均未修筑大堤。查阅地方志资料可知，府河南岸的东西湖大堤修筑于 1956 年，府河北岸的府河大堤，实际上民国时期就开始断断续续出现村民自建的民垸，新中国成立后逐渐将这些民垸、支堤连成一线，加高加固，至 1974 年府河大堤全面贯通，盘龙湖与府河自然连通的状态自此终结。由此造成了盘龙湖湖水常年居高不下，盘龙城遗址临湖地带深受湖水侵蚀的局面。与此同时，1956 年东西湖大堤的修筑，使得府河与其南部的诸多小型河汊、湖泊连通的局面被打破。府河水被拦截在大堤以北，大堤以南的自然河汊、湿地逐渐被人工开垦成为武汉市城区的组成部分。自此，府河下游的多个泄洪通道闭塞，府河只能经由唯一入江口泄洪。因此出现了汛期府河洪水陡增，盘龙城遗址王家嘴岗地南部被高涨的府河洪水淹没，枯水期再显露地表的独特景观。

综上所述，当今盘龙城遗址所处的"高水位"（府河与盘龙湖水位均可淹没遗址局部地带）局面，与近百年以来当地人工堤防的建设活动密切相关。日益完备的堤防系统使得府河水被困束在堤防之内，很大程度减轻了府河洪水对两岸居民的威胁，但是也造成了河、湖不能连通，行洪不畅的局面。人工堤防加剧了盘龙湖与府河水位的抬升，直接导致了盘龙城遗址更大面积的区域沦为府河河床或盘龙湖湖滩。这一地理景观变迁过程是我们分析盘龙城遗址景观时需要明确的基本前提。

以上我们对盘龙城废弃以后该区域的景观变迁历程进行了一个长程的观察，从该区域分布的不同时期考古遗存可以发现，盘龙城被废弃之后，两周时期该遗址区域虽分布有若干人类聚落，但聚落的规模与人口的密度均处于较低的水平，不能与商文化时期作为区域中心聚落的盘龙城相提并论。两周时期以后，盘龙城遗址区域一度陷入沉寂，直至宋元明清时期，随着全国经济重心的南移，江汉地区人口数量增加，市镇兴起，盘龙城区域的人口数量随之增多。不过从墓葬和居址中出土的遗物可知，这一时期盘龙城遗址区域主要分布的仍为一些自然村落，并无大规模高等级聚落出现。直至现代，随着武汉市城市规模的扩张，地处汉口北郊的盘龙城发展为武汉市重要的经济开发区，成了武汉市城市的组成部分。由此可见，商文化时期以后，宋元明清时期盘龙城区域的人类活动迹象才开始显著增多，尤其是近30年以来，作为武汉市经济开发区的盘龙城自然地貌在城市化进程中经历了翻天覆地的变化，上述区域历史地理背景是探究盘龙城遗址景观变迁过程的重要基础。

另一方面，从不同时期聚落分布的海拔高程，大致可以看出，商文化至西周时期盘龙城区域的聚落分布高程似乎没有发生显著变化，而宋元明清时期以来的居址和墓葬则明显分布于地势较高的岗地中上部区域，宋元明清时期的聚落海拔高程范围与盘龙城区域现代村落的高程基本相当。由此可以推测，府河与盘龙湖水位可能在宋元时期开始发生了比较大幅度的抬升过程，当前府河与盘龙湖的(丰水期)水位应该是商文化时期以来的最高水平。这一推论对于复原夏商时期盘龙城的聚落景观具有十分重要的意义，本书第五章还将专门就江汉地区河湖水位问题进行详细讨论。

第三节　夏商时期盘龙城聚落景观

对盘龙城夏商时期聚落景观的分析与复原是本章研究的重点内容，前文对该区域当代及历史时期景观的全面梳理亦是为达成这一研究目标而作。具体而言，本节对于夏商时期聚落景观的复原主要从两方面展开，第一，结合新近的田野考古工作收获，对夏商时期盘龙城区域的河湖水位进行分析，由此复原当时遗址区域的水陆格局，从宏观上勾勒出此区域的地理环境；第二，全面梳理盘龙城遗址历年考古发掘、勘探与调查的成果，运用地理信息系统技术对庞杂的遗存予以集中呈现，以求尽可能完整地呈现出盘龙城聚落的准确分布范围。此外，还将进一步分析商文化时期聚落布局变迁的动态过程。

一、水陆格局

在各类自然地理要素之中，水系是一类极为活跃的因子，无论是水位涨落还是河道变迁均对区域环境乃至当地的人类活动有着显著影响。如前所述，盘龙城遗址区域内水域面积可达遗址总面积的 53.04%①。此外，遗址周边河网密布，府、澴、滠水及其支流自北向南流经遗址所在区域，最终汇入长江。因此，河湖水位对遗址区域的地理环境产生着直接的影响，探究夏商时期河湖水位便成了复原相应时期景观的主要内容之一。

2016—2017 年，针对盘龙湖与破口湖（盘龙城遗址内的两处主要水域）的水下考古工作得以展开，并在当代湖面以下发现了商文化时期的遗存。这项工作为我们探究商时期遗址的地理景观提供了良好的契机。从现已刊布的工作简报和论文中，可以提取出以下三组数值：（1）当代盘龙湖水位处于 19.5~22.6 米之间；（2）当代府河水位处于 18.2~29.81 米之间；（3）盘龙湖底分布的商代遗存最低高程为 17.5 米，因此考古简报中推测商时期盘龙湖、破口湖与府河的水位均不高于 17.5 米②。

上述研究成果表明，商文化时期盘龙湖的最高水位（17.5 米）比当代盘龙湖最高水位（22.6 米）要低 5.1 米。如此显著的水位落差，势必对盘龙城遗址区域的水陆格局造成明显的影响。在地理信息系统软件的支持下，我们可以对不同水位条件下的地貌形态进行图像化的呈现。

笔者整合盘龙城遗址 1∶2000 等高线地形图、高程点和盘龙湖测深数据生成了盘龙城遗址数字高程模型。利用 ArcGIS 软件的空间分析功能可以提取出相应水位条件下水域的分布范围并量算出水域的实际面积。图 3.12 与图 3.13 分别为水位 22.6 米和 17.5 米时，盘龙城遗址的地貌形态。需要说明的是，依据盘龙湖水下遗存分布的最低高程值估测得出的 17.5 米高程值并不能直接等同于商时期湖泊水位的上限。因为通常而言，人类活动的空间应该略高于河湖水面，此外，在将来的考古工作中很有可能在低于 17.5 米的地带发现新的考古遗存。换言之，商文化时期盘龙湖实际的水位上限可能比 17.5 米更低。

---

①　中国建筑设计研究院建筑历史研究所：《盘龙城遗址保护总体规划》，2007 年，第 7 页。

②　武汉大学历史学院、湖北省文物考古研究所、盘龙城遗址博物院等：《武汉市盘龙城遗址水下考古勘探及试掘简报》，《江汉考古》2018 年第 5 期；邹秋实：《从水系看盘龙城遗址环境的变迁》，《江汉考古》2018 年第 5 期。

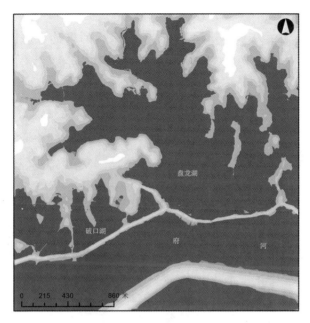

图 3.12　盘龙城遗址当代地貌(水位 22.6 米)

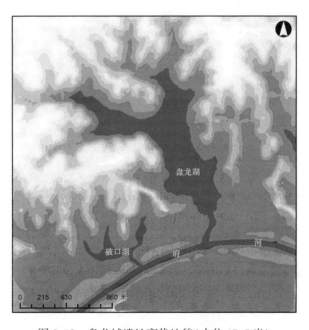

图 3.13　盘龙城遗址商代地貌(水位 17.5 米)

117

当盘龙湖、破口湖、府河的水位处于 17.5 米时，盘龙城遗址区域的景观将与当今所见大为不同。首先，遗址区域内的水陆格局将发生显著转变。盘龙城遗址总面积约 3.5 平方千米，当代盘龙湖丰水期时，遗址中 50% 以上的区域被湖水淹没；而商代盘龙湖处于丰水期时，遗址中水域面积则仅占 15% 左右（参见图 3.14、表 3.3）。就地理环境而言，当代的盘龙城遗址分布于一片河湖交错的低岗之上，陆地面积相对有限。而商代的盘龙城聚落可能占据着更为广阔的陆地空间，从岗地顶部到岗间低地均可能成为古代人类活动的空间。

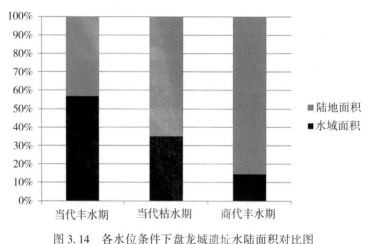

图 3.14 各水位条件下盘龙城遗址水陆面积对比图

表 3.3 各水位条件下盘龙城遗址水陆面积对比

	当代丰水期（22.6 米）	当代枯水期（19.5 米）	商代丰水期（17.5 米）
水域	1.99 平方千米	1.22 平方千米	0.51 平方千米
陆地	1.51 平方千米	2.28 平方千米	2.99 平方千米

在商代的水陆格局之下，盘龙城聚落的整体形态亦与当前的遗址面貌相异。当代盘龙城遗址各地点散布于多个相对独立的临湖岗地之上。各岗地虽直线距离 300~500 米，而因受湖水阻隔，实际的陆地通行距离则可达

1~3 千米。作为一座大型城市而言，各功能区之间应该是紧密联系且频繁互动的，而盘龙城遗址当前的格局则很难将其视为一座大型城市。但是，若河湖水位处于 17.5 米乃至更低水平，盘龙城的形态将大为不同。城垣与城外的陆地空间将基本不受湖水的阻断，而可以通过陆地连通。例如从宫城区与其东侧的李家嘴墓葬区、与其西侧的小嘴铸铜作坊区等功能区之间的陆上通行聚落仅 200~300 米。不难想见，在当代湖面以下，很有可能分布着商代的道路系统，这道路交织成网将盘龙城内部的各区域连接成一个有机整体。此外，考古人员曾在盘龙城南、北城垣外发现了"护城壕"，并推测东、西两侧城垣外亦分布着同样性质的壕沟，但由于现代湖面的淹没难以对这些遗迹开展工作。若河湖水位处于 17.5 米甚至更低，城垣四周将呈现出相对广阔的陆地空间，"护城壕"的出现就具备了充分的合理性。

二、聚落分布范围

作为一处遗址，考古学家依据遗存的分布范围大体确定盘龙城遗址的边界，并在此基础上划出了遗址的重点保护区、一般保护区及建设控制地带等边界明确的空间范围。然而，作为一处夏商时期大型聚落而言，盘龙城分布范围却不易确定。一方面，这需要借助系统性的田野考古工作确定遗存分布的范围，另一方面需要借助环境考古、地理景观等方面的研究，对夏商时期盘龙城的景观予以探究。由此方能对盘龙城这一大型聚落的布局获得相对准确的认知。

2012—2018 年，考古部门先后对盘龙城遗址开展了系统性的考古勘探、发掘和调查工作，工作区域基本覆盖遗址保护区全境，由此获得了一批详实的田野考古资料，也使我们复原盘龙城聚落的分布范围成为可能。本书对聚落分布范围进行复原时遵循两个步骤展开。第一步，通过系统梳理盘龙城遗址各地点历年的考古勘探、发掘和调查资料，在对各项资料进行数字化以后，于地理信息系统中集中呈现，并通过一定的空间分析手段对庞杂的数据进行分析以求从整体上呈现遗存的分布范围。第二步，通过实地调查对遗址遭受晚期破坏的程度和范围信息进行采集，进而复原出更为接近真实的聚落分布范围。

盘龙城遗址位于湖北省武汉市黄陂区叶店村。该遗址 1954 年被发现，自 20 世纪 60 年代以来，湖北省博物馆、北京大学、湖北省文物考古研究所、武汉市文物考古研究所、武汉大学历史学院及盘龙城遗址博物院等多家单位相继在此开展田野考古工作。

盘龙城遗址保护区面积约 3.95 平方千米，由于遗址面积较大且考古工作历时多年，历年考古发掘区散布于不同的地点。长期以来，该遗址各地点考古发掘区域的地理坐标未能得到精准的测量，以致考古人员对该遗址历次考古发掘区的准确位置不甚明确，对墓葬、建筑基址、灰坑、灰沟等重要遗迹的空间位置关系亦缺乏整体性认知。故而，相关研究者难以在统一的地图中准确标绘上述发掘区域及重要遗迹的空间位置。正因如此，有必要在建立遗址三维测绘坐标系统的基础上，借助数字化测量仪器对该遗址历年考古工作区域予以精准定位，同时对各地点地貌形态的古今差异进行比对和分析。以期更为客观准确地呈现各类遗迹之间的空间位置关系，及遗迹分布与自然环境之间的关联。

2014 年，武汉大学历史学院在盘龙城遗址布设了由 16 个测量控制点组成的两级测绘控制网，以此建立起了该遗址三维测绘坐标系统①。在此基础上，武汉大学历史学院借助 RTK、全站仪等数字化测量仪器，对盘龙城遗址各地点各年度考古发掘区域进行了实地踏查和高精度测量，基本实现了将历年（截至 2018 年）考古发掘区域和各类重要遗迹准确标绘于大比例尺地图之上。

同时，2012—2017 年武汉市文物考古研究所、武汉大学历史学院先后主持了盘龙城遗址一般保护区和重点保护区的系统性考古勘探。以 10 米间距的探孔，基本实现了对盘龙城遗址"全覆盖"式考古勘探，勘探面积总计

---

① 盘龙城遗址三维测绘坐标系统是由 16 个测量控制点组成的两级测绘控制网，满足国家文物局颁布的《田野考古工作规程》对考古遗址测绘工作的基本要求。同时，盘龙城遗址考古发掘探方的布设，则沿用了 21 世纪初期由盘龙城遗址博物院所确立的盘龙城遗址分区系统，即按象限法将整个遗址以 100×100 平方米进行整体分区。

273.6万平方米，对遗址保护区地下遗存分布情况形成了整体性认识。武汉大学历史学院还与北京大学考古文博学院合作，开发了"盘龙城遗址田野考古钻探系统"，运用地理信息系统技术，对上述探孔数据进行了数字化管理和集中呈现。以上田野考古工作所获资料成了复原盘龙城聚落分布范围的重要依据。

就宏观地貌而言，盘龙城遗址地处大别山余脉与江汉平原之间的过渡地带。盘龙城遗址所在的武汉市黄陂区，北接大别山南缘，南抵长江北岸的河湖冲积平原，整体地势北高南低。黄陂区南部可见纵列分布的低岗与星罗棋布的河湖交错分布的地理景观，盘龙城遗址正是分布于盘龙湖、破口湖与府河之间的一片低岗之上（参见图3.15）。府河发源于大洪山，自西向东流经盘龙城遗址南缘，随后注入长江。20世纪70年代以来，地方政府组织村民在府河北岸修筑了府河大堤以抵御洪水。这道大堤横贯盘龙城遗址中的艾家嘴、王家嘴、李家嘴岗地，对遗址原始地貌造成了显著改变，尤其是王家嘴和李家嘴岗地南部直接沦为了府河河床，季节性显露地表。

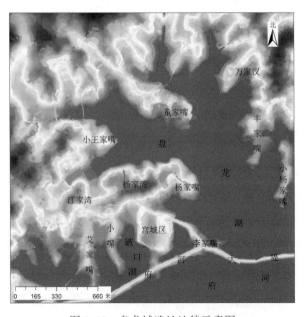

图3.15 盘龙城遗址地貌示意图

121

　　盘龙湖与破口湖岸线曲折，临湖岗地隔湖相望，形成了环湖分布的多条半岛型岗地，整体地形较为破碎。长期以来当地居民将岗地前端的滨湖地带称为"嘴"，而将岗地离湖相对较远且分布有自然村落的地带称为"湾"。盘龙城遗址中的杨家湾、杨家嘴、李家嘴、王家嘴、楼子湾等地点的名称由此得来。以往考古人员在对盘龙城遗址各区域进行命名时沿用了上述地名，为保持遗址点名称的统一性，本书依然沿用上述遗址点的命名方式。在《盘龙城》中则以地名拼音大写首字母来指代各岗地，例如"PLZM2"表示"盘龙城李家嘴 2 号墓"，"PYWM11"表示"盘龙城杨家湾 11 号墓"，诸如此类①。21 世纪初期，盘龙城遗址博物院组织设立的遗址分区系统，采用象限法将盘龙城遗址以 100×100 平方米进行整体分区（参见图 3.16）。此后盘龙城遗址考古发掘探方均在分区体系之下以象限法编号。

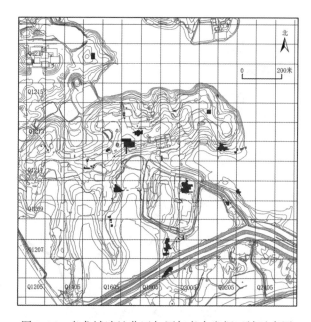

图 3.16　盘龙城遗址分区与历年考古发掘区域示意图

① 湖北省文物考古研究所：《盘龙城：一九六三年——一九九四年考古发掘报告》，文物出版社，2001 年，第 156 页。

故而，21世纪以来发表的盘龙城遗址田野考古工作简报均以"区号+探方号"的方式表示探方所在区域，例如2017年刊布的考古发掘简报中"Q1712T0816"则表示1712区内的0816号探方①，而不再以地点拼音首字母的方式命名各发掘单元。

(一)杨家湾

1. 地貌形态

由于杨家湾与杨家嘴岗地本属自然延伸的同一条岗地，并无明确的地理分界，且两处地点的地貌又存在密切的关联性，因此在此将二者的地貌特征一并论述。杨家湾—杨家嘴岗地东西长约850米，南北宽约330米，海拔高程19.5~34.8米，岗地整体呈缓坡状起伏，地形较破碎，少见有面积超过1000平方米以上的平地。岗地中南部有一处地势相对平坦的高地，海拔31.5~34.8米，为杨家湾岗地的顶部。以岗地顶部为界，杨家湾南坡宽约100米，坡度约8度，盘龙城遗址公园建设以前南坡为杨家湾自然村的所在地。杨家湾北坡宽约230米，当地村民搬迁之前原本分布有"斑块状"梯田，由于平整土地开垦梯田的缘故，北坡整体坡度约4度。然而，由于北坡临湖地带宽15~20米的区域，局部坡度陡增，可达12度左右。北坡直抵盘龙湖南岸，当代湖水水位在19.5~22.6米之间涨落，因此北坡海拔22.6米以下的临湖地带长期受湖水侵蚀，地表因受湖水侵蚀土壤已十分稀薄，基本为裸露的大型石块和细小的沙砾(参见图3.17)。我们在调查中注意到，杨家湾—杨家嘴岗地北坡临湖地带大石块与细小沙砾的分布呈现出一定的规律性，随着北坡地势的曲折延伸，地势向湖泊突出的区域往往为大型石块的分布区，而地势向岗地内凹的区域往往为细小沙粒的分布区，这种自然景观的差异应该与该岗地的自然走势有关(见图3.18)。而值

---

① 武汉大学历史学院、盘龙城遗址博物院、武汉市文物考古研究所：《武汉市盘龙城遗址杨家湾商代建筑基址发掘简报》，《考古》2017年第3期。

a. 石块

b. 沙砾

c. 土壤

图 3.17　杨家湾北坡各类地表覆盖物

图 3.18　杨家湾北坡细沙与石块交错分布态势

得讨论的是这些大型石块与细小沙砾的来源，从目前石块的产状来看，其分布杂乱，石块大小各异，棱角分明，且局部可见大石块嵌入生土之中，推测此类大型石块应属于杨家湾岗地自然形成的岩石，非人工搬运或铺设。而细小的沙砾的来源则不甚明确，调查人员注意到盘龙城区域内所见的生土中时常夹杂有铁锰结核颗粒，曾推测临湖地带的沙粒是否系生土中的铁锰结核，但经过对当地生土的淘洗发现生土内铁锰结核颗粒直径 3～5 毫米，颜色普遍呈深褐色。而临湖地带大量出现的沙粒直径达 2～18 毫米，大小、颜色各异，因此关于临湖地带沙砾的来源还有待进一步研究。

杨家湾—杨家嘴岗地中部隆起一道南北向的山脊（见图 3.19），这道山脊与其东、西两侧山谷高差为 4～6 米。山脊与山谷交错分布造成了杨家湾—杨家嘴北坡湖岸曲折蜿蜒的走势。山脊线东侧与盘龙湖之间地带即为半岛型的岗地——杨家嘴。杨家嘴北、东、南三面被盘龙湖环绕，滨湖地带亦长期受到湖水侵蚀。

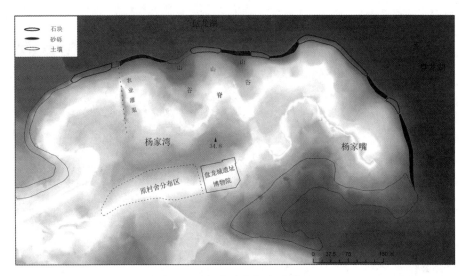

图 3.19　杨家湾与杨家嘴岗地

　　商文化时期以后在盘龙城区域出现的人类活动，对杨家湾—杨家嘴岗地地貌形态有着十分明显的影响。由考古材料和地方族谱可知，杨家湾岗地在商文化时期以后相当长的时期内均无明显的人类活动迹象，直至宋代该区域才出现小规模的人类活动，明清时期该区域的人口逐渐增多直至现代杨家湾村的形成。而杨家嘴一带宋元明清时期均无人类活动迹象，现代杨家嘴一带临近湖水，在府河大堤修筑之前，府河水汛期极易倒灌盘龙湖，淹没杨家嘴，因此该区域无人定居，仅分布有耕地和鱼塘。通过查阅文献和走访当地村民获知，杨家湾岗地大规模的人类活动主要发生在 20 世纪 50 年代，包括平整土地、营建村舍、修建灌渠道和开挖鱼塘等活动。

　　1950—1960 年前后，当地村民将杨家湾—杨家嘴岗地大规模开垦成多级梯田，种植水稻、小麦、大豆等农作物。目前可查的资料表明，1931 年杨家湾南坡即出现了自然村落，近百年间村舍数量由 10 多户增加至 40 户左右，村落的分布区域一直沿南坡呈条带状分布，20 世纪 60—70 年代出于躲避南部府河洪水的缘故，自然村向北迁移了 30 米左右，由海拔高程 25～26 米的地带迁移至 28～30 米的区域。1975 年，湖北省博物馆还在杨家湾村东侧修建了盘龙城考古工作站，该建筑沿用至今①。

1980 年，当地村民在杨家湾岗地中部修建了一条长约 180 米的农业灌渠，修建过程中从渠道两侧取土，对遗址造成了明显的破坏，同时也在杨家湾渠道施工区域发现了多座商代墓葬。随着 2005 年当地村民的整体搬迁，杨家湾村被完全拆除，农田随之荒芜，目前杨家湾岗地已被茂密的野生林木覆盖，由斑块状梯田景观变成了自然林地。

2. 考古遗存

1974—1992 年，湖北省博物馆对杨家湾岗地农田水利施工过程中偶然发现的墓葬进行了清理，共计商文化时期墓葬 11 座，墓葬编号 M1～M12②。1980 年，湖北省博物馆在杨家湾南坡布设了 5 米×5 米探方 38 个，发掘面积 950 平方米，发现了 3 座建筑基址(F1～F3)以及灰烬沟、灰坑、祭祀坑等遗迹。

1997—1998 年，盘龙城考古队在杨家湾南坡西侧开设 2 米×20 米探沟 2 条，仅发现零星文化层，同时发掘了一眼商代水井 J1③。

2001 年，武汉市文物考古研究所对杨家湾南坡水沟边偶然暴露出的青铜器进行了清理，确定其为一座商文化时期墓葬，编号 M13。2006 年，考古部门再次对 M13 进行发掘，最终确定了其完整的形制④。

2006 年，武汉市文物考古研究所、盘龙城遗址博物院在杨家湾自然村整体搬迁后，对原村舍分布区进行了考古发掘，发掘面积 1250 平方米，在杨家湾南坡发现了大型建筑基址 F4，并在随后的 2008 年、2011 年对 F4 进

---

①　考古工作站修建前未能在建筑区内开展考古勘探工作，至今我们对该建筑群所在区域的地下遗存分布情况尚不知晓。

②　湖北省文物考古研究所：《盘龙城：一九六三年—一九九四年考古发掘报告》，文物出版社，2001 年，第 217 页。1974—1992 年盘龙城遗址杨家湾岗地商文化时期墓葬编号为 M1～M12，其中 M8 为空号，因此实际发掘墓葬为 11 座。

③　武汉市博物馆、湖北省文物考古研究所、黄陂县文物管理所：《1997—1998 年盘龙城发掘简报》，《江汉考古》1998 年第 3 期。

④　盘龙城遗址博物院：《武汉市盘龙城遗址杨家湾 M13 发掘简报》，《江汉考古》2018 年第 5 期。

行了大规模发掘①。同时，上述单位还在建筑基址 F4 西侧发现一座墓葬 M14。

2006 年，上述单位还在杨家湾岗地西南部开展考古发掘，发掘面积225 平方米，发现该区域分布有较多保存完好的陶器。考古发掘人员据此推测该区域可能存在"制陶作坊"类遗存。

2013 年，武汉大学历史学院再次对杨家湾建筑基址 F4 进行了清理，并在其周边区域开展考古发掘。此次发掘面积 825 平方米，在 F4 西侧发现了 7 座墓葬(M16~M22)以及一批灰坑、灰沟和窑址等遗迹②。

2014 年，武汉大学历史学院在杨家湾南坡进行考古发掘，发掘面积150 平方米，在 F4 以南约 20 米处发现了小型建筑基址 F5 以及少量灰坑遗迹③。同年，武汉大学历史学院还在杨家湾北坡发现了小型建筑基址 F6④，并于 2014—2017 年在杨家湾岗地顶部清理了一批灰坑遗迹，首次在杨家湾坡顶发现了年代早至夏商之际的遗存⑤。

2018 年，武汉大学历史学院根据考古勘探资料，在杨家湾北坡石块分布最为密集的区域布设了两条探沟 TG7、TG8 进行发掘，TG7、TG8 分别为长 8、宽 2 米和长 18、宽 2 米。两条探沟相交，呈"L"形。而后将 TG8向北继续延长，并增布 TG9、TG10，使得解剖发掘范围向北一直延伸至近湖边地带。此次发掘初步揭露出了杨家湾北坡石头带与商代文化层及生土的层位关系。

---

①　武汉大学历史学院、盘龙城遗址博物院、武汉市文物考古研究所：《武汉市盘龙城遗址杨家湾商代建筑基址发掘简报》，《考古》2017 年第 3 期。

②　武汉大学历史学院、盘龙城遗址博物院、武汉市文物考古研究所：《武汉市盘龙城遗址杨家湾商代建筑基址发掘简报》，《考古》2017 年第 3 期。

③　武汉大学历史学院、湖北省文物考古研究所、盘龙城遗址博物院：《武汉市盘龙城遗址杨家湾 2014 年发掘简报》，《考古》2018 年第 11 期。

④　武汉大学历史学院、湖北省文物考古研究所、盘龙城遗址博物院：《武汉市盘龙城遗址杨家湾北坡发掘简报》，《江汉考古》2018 年第 5 期。

⑤　武汉大学历史学院、湖北省文物考古研究所、盘龙城遗址博物院：《武汉市盘龙城遗址杨家湾坡顶发掘简报》，《江汉考古》2018 年第 5 期。

除上述考古发掘工作之外，考古人员还曾在杨家湾 M11 西侧 150 米处的水稻田中，采集到青铜瓿、青铜勾刀、青铜直内戈各一件①。此外，考古人员还曾在盘龙城考古工作站后院墙处采集到一件长 49 厘米、宽 7.6 厘米的玉戈②。杨家湾岗地出土的这些遗物暗示着该区域可能分布着等级较高的墓葬或其他类别遗迹。

杨家湾岗地是盘龙城遗址中田野考古工作开展最为频繁，遗存分布最为密集的区域之一。截至 2018 年，该区域已发掘商文化时期墓葬 22 座，灰坑 43 座，建筑基址 6 座，发掘面积总计 4005 平方米。历年考古发掘及勘探资料显示，除局部地带遭到晚期人类活动破坏以外，杨家湾岗地几乎遍布商文化时期遗存。考古遗存的年代特征表明，杨家湾岗地分布的商文化时期堆积以盘龙城第五期至七期的遗存为主，集中分布于杨家湾南坡的大型建筑基址 F4，及高等级墓葬 M11、M13、M17 等的年代亦属这一时期。因此，杨家湾岗地南坡有可能为盘龙城聚落最晚阶段的聚落中心地带③。

杨家湾岗地是盘龙城遗址中开展考古发掘次数最多，发掘面积最大的区域，即便如此，已开展考古发掘的区域相对于杨家湾岗地整体而言也仅仅是冰山一角(参见图 3.20)，因此要全面了解杨家湾岗地的遗存分布情况还仰赖于考古勘探与地面调查等技术手段。如前所述，杨家湾岗地目前已被茂密的林木和荆棘覆盖，地表能见度极低，因此在调查工作中我们以考古勘探为主要的工作方式，同时对于岗地临湖地带宽 15～20 米的区域，则采取地面调查的方式对遗存分布情况进行记录和分析。为进一步探寻杨家湾以北盘龙湖区域内的遗存分布情况，我们还借助相关设备对盘龙湖区域开展了地形测绘和水下考古勘探。

---

① 盘龙城遗址博物馆：《盘龙城遗址博物馆征集的几件商代青铜器》，《武汉文博》2004 年第 3 期。

② 湖北省文物考古研究所、湖北省博物馆、武汉大学历史学院等：《武汉市盘龙城遗址出土玉戈》，《江汉考古》2018 年第 5 期。

③ 张昌平、孙卓：《盘龙城聚落布局研究》，《考古学报》2017 年第 4 期。

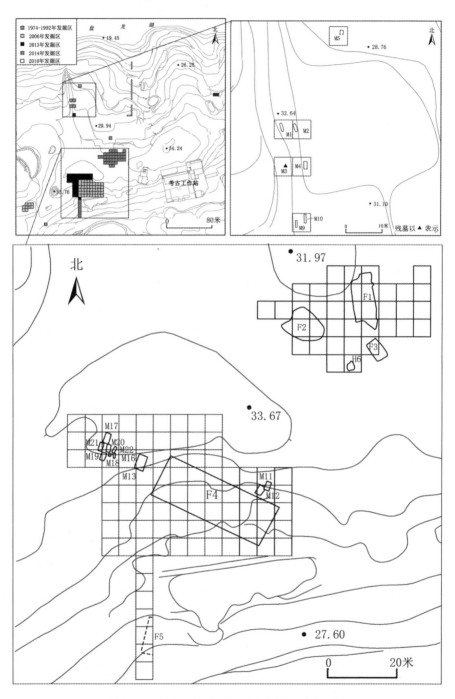

图 3.20 杨家湾遗址历年考古发掘区域分布图

　　考古勘探和地面调查均是以 10 米×10 米的格网为基本单元，因此可以将勘探和调查的数据加以整合，在同一张图中以不同形状分别代表勘探和调查工作中发现文化层的地点。在此，我们将勘探发现商时期文化堆积的探孔以圆点表示，将在地表采集到商时期陶片的采集区以三角符号予以表示（见图 3.21）。由于杨家湾与杨家嘴本属同一处自然延伸的天然岗地，并无明确的地理界线，故在此将杨家湾与杨家嘴的勘探和调查数据在同一张图中予以呈现。

　　由系统性的考古勘探和调查工作可知，杨家湾岗地南坡与北坡均可见文化层连续分布，且杨家湾岗地商时期堆积最厚处可达 2.6 米，地表散布的陶片最低可分布至 19.5 米（当代盘龙湖枯水期最低水位）以下的区域。历年的考古发掘表明，杨家湾发现的遗存以盘龙城偏晚阶段为主，遗迹类型复杂多样。由此可以推知，在盘龙城晚期杨家湾一带人口密度达到了一个峰值，且人群的构成复杂多元，其在遗迹方面的表现则是，既出现了大型建筑 F4 及 M11、M13、M17 等高等级墓葬，同时发现有规模较小的建筑基址、墓葬以及普通灰坑、灰沟遗迹。综合分析考古发掘、勘探与地面调查三方面的资料可以推知，杨家湾岗地在盘龙城晚期出现了人口稠密，功能区多样的社会景象。

　　然而，在杨家湾坡顶和岗地中部山脊线等地势明显高耸的区域则基本不见文化层分布。一方面，就地理特征而言，坡顶、山脊等地带不具备近水、避风等宜居的自然条件，另一方面，地势明显高耸的区域很有可能在 20 世纪 50—60 年代当地开展的平整土地活动中被人工整平，对可能存在的古代遗存造成了明显破坏。以上两方面的原因，可能造成了上述区域文化遗存十分罕见。

　　在此次调查过程中我们发现，商文化时期遗存不仅分布于地势较高的岗坡地带，在杨家湾北坡海拔 19.5～22.6 米的临湖区域亦可见商时期遗存分布。而与杨家湾北坡隔湖相望的童家嘴岗地南侧亦曾发现过商时期墓葬，并出土有青铜容器。杨家湾北坡与童家嘴南侧临湖区域均出现商时期遗存，暗示盘龙湖水位在商时期可能低于当今水位。通过在盘龙湖开展水

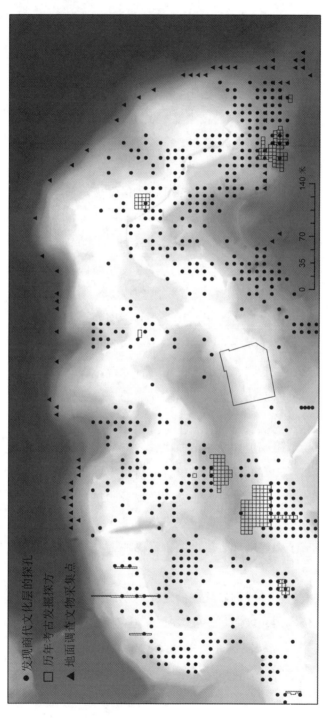

图3.21　杨家湾与杨家嘴岗地商时期遗存分布图

● 发现商代文化层的探孔
□ 历年考古发掘探方
▲ 地面调查文物采集点

下地形测绘和考古勘探，我们获知商时期杨家湾与童家嘴之间的湖面宽度小于 40 米，最大水深小于 1 米，目前盘龙湖汛期时，杨家湾与童家嘴之间湖面宽度为 220 米，水深 5.6 米。可见，在商时期杨家湾与童家嘴之间以大片陆地为主，水域面积十分有限，由此也就不难理解在杨家湾与童家嘴临湖地带出现的商时期遗存。

（二）杨家嘴

1. 地貌形态

杨家嘴是杨家湾岗地东侧的一处半岛型岗地，三面环湖，其自然地貌特征与杨家湾有很大程度的相似性，此方面已在杨家湾岗地地貌特征的论述中提及。

杨家嘴岗地东西长约 250 米，南北宽约 340 米，海拔 19.5~30.6 米，岗地制高点位于中部偏北，以坡顶部为界，南坡坡度较缓，整体坡度约 8 度，北坡坡度约 12 度。南坡与杨家湾岗地交界处附近地势向北内凹，形成一处微型谷地地貌，杨家嘴东南侧与李家嘴岗地隔湖相望，该区域地势尤为低平，坡度约 2 度。

1980 年至今，在杨家湾东南角临湖地带（20.5~21.2 米）发现了商时期墓葬 14 座，这批墓葬每年汛期被上涨的湖水淹没，枯水期露出地表，且因湖水常年侵蚀的缘故，多座墓葬墓圹残深 0.2~0.3 米，部分墓葬随葬品直接露出地表。因此，依据二里冈文化时期墓葬的大致深度估算，当代杨家嘴东南角地表与二里冈文化时期相比至少被湖水侵蚀掉了 0.5 米的厚度。同时，杨家嘴东南角集中分布的墓葬也再次表明盘龙湖水位在商时期明显低于当前水位。

杨家嘴一带由于地势相对低平且濒临湖泊，在 1974 年府河大堤修筑完成之前，府河水时常在汛期倒灌盘龙湖，淹没杨家嘴局部区域，因此与杨家湾不同，杨家嘴一带并无现代村庄分布，主要为大片农田和少量的小型池塘。故而，现代人类活动对杨家嘴自然地貌的影响相对较少。当代人类活动对杨家嘴地貌最为显著的改变在于 1980 年杨家嘴与李家嘴之间人工堤的修筑。

如前所述，盘龙湖湖岸曲折，因此在临湖的各个岗地之间形成了多个小型的湖汊。1980—1983 年，杨家湾村民利用杨家嘴与李家嘴之间的天然湖汊，并从杨家嘴一带取土修筑了一道人工土堤，将湖汊与盘龙湖主体分割，将湖汊局部改造成养鱼池。与此同时，在完成土堤拦截工程后，为拓展养鱼池的面积，当地村民还将原本狭长形的湖汊开挖成圆弧形，将杨家嘴与李家嘴之间的水域面积拓宽（参见图 3.22）。这一改造过程在不同时期的地图和遥感影像中被客观记录下来，在遥感影像中能够清晰地观察到当代人类活动对杨家嘴湖汊地貌的显著改变。

此次鱼塘修筑活动对杨家嘴东南部的文化堆积造成了明显的破坏。随着 2005 年当地村民的整体搬迁，人工堤逐渐崩塌，泥沙淤积湖底，一定程度上又加剧了湖盆淤塞，湖水抬升。

2. 考古遗存

1980—1983 年，当地村民在杨家嘴南坡湖汊地带兴修鱼池，施工中发现大量黑色灰烬土及陶片，盘龙城考古工作站当即配合工作开展考古发掘，发现了两座建筑基址 F1、F2 及一批灰沟、灰坑遗迹。同时，在遗址东部的滨湖区域发掘了 10 座墓葬 M1～M10[①]。

1998 年，武汉市博物馆联合湖北省文物考古研究所，在盘龙湖临湖区域清理了 3 座商文化时期墓葬，编号为 M12～M14[②]。

2006 年，盘龙城遗址博物院在杨家嘴顶部布设探方 16 个，发掘面积400 平方米，共发现了墓葬 10 座。编号为 M15～M23、M25，其中除 M22为宋代墓葬外，其余 9 座均为商文化时期墓葬，还发现了商文化时期的建筑基址 F3 及少量灰坑。

---

① 湖北省文物考古研究所：《盘龙城：一九六三年——一九九四年考古发掘报告》，文物出版社，2001 年，第 300 页。

② 武汉市博物馆、湖北省文物考古研究所、黄陂县文物管理所：《1997—1998 年盘龙城发掘简报》，《江汉考古》1998 年第 3 期。

人工土堤

a. 枯水期

b. 丰水期

图 3.22　不同季节杨家嘴岗地景观

　　2014 年，武汉大学历史学院在对杨家嘴进行地形测绘的过程中，于临湖滩地上发现了青铜容器残片，后确认该地点分布有一座商文化时期墓葬，随即予以清理，墓葬编号为 M26，同时在 M26 东侧清理了一座灰坑，编号为 H14①。

目前在杨家嘴东南角已发现商时期墓葬 14 座(M1~M10、M12~M14、M26),年代从盘龙城遗址第二期延续至第六期,从空间分布上看这批墓葬的等级和布局方式呈现出一定的规律性(参见图 3.23),已有研究者指出杨家嘴东南部墓葬应具有墓地的性质②。具体而言,杨家嘴 M1、M2 和 M26

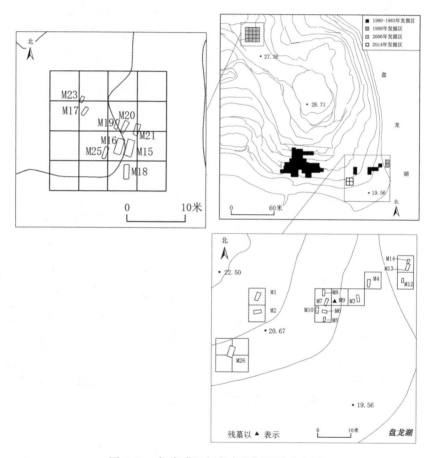

图 3.23　杨家嘴历年考古发掘区域分布图

---

① 武汉大学历史学院:《2014 年盘龙城杨家嘴遗址 M26、H14 发掘简报》,《江汉考古》2016 年第 2 期。

② 张昌平、孙卓:《盘龙城聚落布局研究》,《考古学报》2017 年第 4 期。

在空间距离上较为邻近，位于杨家嘴东南部墓地的西侧。墓葬随葬品以青铜容器为主，兼有玉器和陶器，属于等级较高的墓葬，其中 M26 是目前杨家嘴发现的等级最高的墓葬，其等级稍次于盘龙城李家嘴 M1、M2①。而M2~M10 以及 M12~M14 在空间距离上较为邻近，位于墓地的东侧，从墓葬规模和随葬品来看，应属于等级较低的墓葬。

除上述已发掘的遗迹外，2019 年，武汉大学历史学院在对杨家嘴进行地面调查时，在杨家嘴东南角发现一处陶片分布异常密集的区域，面积约250 平方米，地表陶片密度可达 20 片/平方米以上，从陶片的形制特征判断，其年代均为二里冈文化时期的陶片。在密集的陶片层中间断分布有直径 30~40 厘米，平面近似方形的石块，疑似"柱础石"。考虑到该区域可能分布有某种规模较大的遗迹，调查人员在此布设了 10 米×10 米的探方 2个，5 米×10 米的探方 1 个，将地表陶片按探方全部采集后进行刮面，确认该区域出现的大型石块的年代及性质。

调查人员在密集的陶片层以下发现了四处柱坑，这批柱坑打破商时期文化层，其中三个柱坑内可见柱础石，一个柱坑内填有较纯净的黄土。柱坑内出土的细碎陶片均系商文化时期的陶片，由此确认此前发现的大型石块确系商时期的柱础石。值得注意的是，其中三个柱洞基本呈直线排列，间距 1.2~1.4 米，柱坑直径 50~68 厘米，深 22~25 厘米。在这三个柱洞的北侧 0.9 米处，分布有一条宽 1.1、长 9.5 米的纯净黄土带，黄土带打破黑褐色文化层。

尽管此次调查工作未能对上述遗迹进行全面的发掘，但有两点信息可以确认：(1)此次调查在杨家嘴东南角发现的大型石块确属商文化时期的柱础石遗迹，通过柱坑的直径推测该区域可能存在规模较大的建筑类遗迹。(2)柱坑附近的黄土带内填土为十分纯净的黄色黏土，明显系人工有意识铺垫的某种遗迹，其性质和功能暂不明确，但与常见的建筑基址明显

---

① 武汉大学历史学院：《2014 年盘龙城杨家嘴遗址 M26、H14 发掘简报》，《江汉考古》2016 年第 2 期。

不同，考虑到该遗迹南侧约 25 米处即分布有墓葬区，推测此次发现的黄土带及柱坑性质可能较为特殊，并非一般意义上的建筑基址。

　　杨家嘴岗地的考古发掘、勘探和地面调查资料表明，该区域商时期文化堆积主要分布于岗地南坡。如前所述，杨家嘴南坡地势向北内凹，形成了一处微型谷地，地势相对低平和缓，商时期的文化堆积则从坡顶沿谷地展布，一直延伸至湖水淹没区。考古发掘表明，在杨家嘴东南角和坡顶部均有集中分布的墓葬，且两处墓葬分布区都发现有与之相应的建筑基址，表明该区域内墓葬与居址的联系较为密切。考古勘探资料表明，杨家嘴南坡分布有连续成片的文化堆积，与杨家湾南坡较为相似。就自然地理条件而言，杨家湾—杨家嘴岗地的南坡背风向阳，且在商文化时期盘龙湖水位大幅低于当前，因此南坡洪水风险亦较低，自然成了人类定居的理想场所。而杨家嘴北坡地势相对高耸，坡度达 12 度，明显高于南坡，该区域基本不见文化堆积分布，仅在北坡临湖地带发现有零星的遗存分布。就文化堆积的密度而言，杨家嘴岗地南坡与北坡差异十分明显，这与杨家湾岗地南北两侧均分布有密集的文化层的现象不同。

　　近年来在杨家嘴东南角以南和李家嘴以北的湖区中发现了商时期文化层，由此文化层底部的高程推知，盘龙湖在商文化时期的最高水位应不高于 17.5 米。而在上述水位条件下，杨家嘴与李家嘴之间的水域基本不存在，呈现出一片低平的陆地，由此可知，在商时期杨家嘴岗地向东南部平坦陆地一直延伸至李家嘴北侧，将两处岗地连接成一个整体。

（三）李家嘴

1. 地貌形态

　　李家嘴是位于盘龙城宫城区以东的一处南北向岗地，当前李家嘴岗地东西宽约 153 米，南北长约 257 米，海拔 19.8～27.9 米。由于李家嘴地处府河与盘龙湖交接地带，是当地防汛工程的重点区域，20 世纪 70—80 年代的防汛筑堤工程对李家嘴岗地的原始地貌造成了明显的影响。1974 年，当地政府修建的府河大堤横穿李家嘴南侧，使得李家嘴南部成了府河的季节性河床，汛期被河水淹没，枯水期显露地表（参见图3.24）。此外，李家嘴北侧与城垣东北角之间原本为两处岗地之间的自然洼地，汛期府河水极易由此洼地倒灌盘龙湖。1985年前后，当地村民多次从李家嘴岗地南坡取土，在李家嘴与城垣东北角之间修筑起了一道长约110米，宽约35米的小型防洪围堤。

上述取土筑堤活动直接改变了李家嘴岗地的原始地貌。第一，由于府河大堤的修筑，使得李家嘴南段成为府河河床，李家嘴由一处南北走向的狭长形天然岗地变为一处近似三角形的不规则岗地。第二，取土活动造成了李家嘴中段南坡与北坡地貌迥异。岗地中段南坡被取土破坏殆尽，仅存坡顶区域，1976年发掘的李家嘴墓葬M1~M4即分布于坡顶区域，南坡坡顶以下即为陡直的坎地直至湖面。而北坡受取土破坏较小，基本保留了从坡顶延展至盘龙湖湖面的自然缓坡形态，1985年曾在李家嘴岗地中段北坡发掘了30余座灰坑。第三，因府河大堤与李家嘴北部防洪围堤的修筑，使得李家嘴与东城垣之间出现了一处小型水域（参见图3.24），该区域原本为岗间洼地，由于人工堤防的困束，才积水成湖，造成了东城垣与李家嘴隔湖相望的景观。研究表明，商文化时期府河与盘龙湖水位上限约17.5米，在此水位条件下，东城垣与李家嘴岗地之间应为低平的陆地，并无水域分布。

a. 1970年　　　　　　　　　　　b. 2017年

图3.24 李家嘴岗地地貌变迁历程

　　除现代取土筑堤活动以外，府河与盘龙湖水位的上涨也是造成李家嘴地貌变迁的一个重要因素。当前李家嘴岗地北坡直抵盘龙湖，湖水季节性涨落对北坡地表造成了明显的侵蚀，每年枯水季李家嘴岗地北坡暴露出大片网纹红土（见图 3.25）和商文化时期的遗迹遗物，足见湖水涨落对原生堆积的破坏。此外，在李家嘴岗地东北部向盘龙湖湖心延伸出一角，该区域地表基本不见网纹红土而代之以沙砾和石块，与杨家湾北坡临湖地点地表分布的石块及沙砾十分相似，分布面积约 1200 平方米。此外，在府河大堤修筑之前，李家嘴南坡直接濒临府河，府河水位涨落亦直接影响着李家嘴南坡的地貌形态。

图 3.25　李家嘴北坡地表可见网纹红土

2. 遗存分布

　　1974 年，盘龙城考古工作站配合府河大堤修筑工程在李家嘴南坡中段接近坡顶部的区域先后清理了四座高等级贵族墓葬，编号为 M1~M4。

1985 年，盘龙城考古工作站为配合加固李家嘴围堤工程，在李家嘴北坡清理了 30 座灰坑。

20 世纪 80 年代，盘龙城考古工作站曾在李家嘴 M1~M4 附近发现了一座残墓，遂将该墓葬编号为李家嘴 M5。墓葬遭严重破坏，随葬品多已散失，仅见残玉戈两件①。

2015 年，武汉市文物考古研究所为配合盘龙城遗址公园的修建，对李家嘴岗地进行了全面的勘探，在早年发掘的李家嘴 M1 与 M2 之间区域，新发现一座商文化时期墓葬。随即在该区域布设探方进行考古发掘。发掘表明该墓开口南北长 3.7 米，东西宽 2.7 米。东距李家嘴 M1 约 1.6 米、西距李家嘴 M2 约 7 米。该墓曾遭受严重破坏，墓内仅出土有青铜残渣、陶片、玻璃碎片等，将该墓葬编号为李家嘴 M6②。除 M6 以外，此次发掘工作还在 M6 北部局部揭露出了商文化时期的建筑基址一座，编号为 F1③。

除上述考古发掘工作以外，2015 年武汉市文物考古研究所曾对李家嘴岗地进行了勘探，2019 年武汉大学历史学院又对李家嘴岗地进行了全面的考古调查。结合考古发掘、勘探与调查多方面的资料，我们可以对李家嘴岗地遗存分布情况形成较为全面的认识(参见图 3.26)。

以李家嘴岗地中脊和府河大堤为界，我们可以将李家嘴分为三块区域：岗地北坡、岗地南坡和府河大堤以南区域。以下依次对这三块区域的遗存分布情况进行介绍。

岗地北坡位于盘龙湖西南岸，是李家嘴岗地遗存分布最为密集的区

---

① 湖北省文物考古研究所、湖北省博物馆、武汉大学历史学院等：《武汉市盘龙城遗址出土玉戈》，《江汉考古》2018 年第 5 期。

② 实际上，由于 20 世纪 80 年代清理的李家嘴 M5 的准确位置难以确定。M5 与 M6 又都与李家嘴 M1~M4 相距不远，因此 M5 与 2015 年发掘的李家嘴 M6 是否为同一墓葬，目前已无法确定。

③ 武汉市文物考古研究所、盘龙城遗址博物院：《盘龙城遗址宫城区 2014 至 2016 年考古勘探简报》，《江汉考古》2017 年第 3 期。

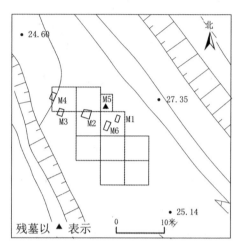

图 3.26 李家嘴遗存分布图

域。1985 年,考古单位曾在此清理了 30 余座灰坑。2019 年 1 月,考古人员趁盘龙湖枯水期对李家嘴岗地进行考古调查时,在北坡临湖滩地发现大量散布于地表的陶片(见图 3.27)。地表陶片的分布形态呈现出了一定的规律性,陶片均沿湖岸呈带状分布,陶片分布带位于湖岸线以西宽 15~20 米的区域,南北延伸 150 米,地表高程 20~21 米。陶片的器类包括鬲、罐、豆、尊、盆、簋、爵、斝、缸、印纹硬陶等,均为商文化时期陶片,基本不见其他文化时期的陶片或瓷片。且地表可见部分陶缸或其他陶器直接残存于原生堆积之中,与发生位移后形成的二次堆积明显不同。此外,在该陶片分布带中还间断分布有圆形或椭圆形灰坑。这些灰坑开口均遭湖水侵蚀破坏,打破生土。此次调查,共在李家嘴北坡临湖地带发现有 7 座灰坑,这批灰坑与 1985 年李家嘴清理的 30 余座灰坑分布于同一区域,可能具有相同的性质和功能。综合上述现象判断,李家嘴北坡临湖区域分布的大量陶片,应为该区域原生堆积遭受湖水侵蚀后所形成,并非由其他区域搬运至此所形成的二次堆积。

图 3.27 李家嘴北坡地表散布的陶片

岗地南坡接近坡顶的区域，曾先后发掘过 6 座商文化时期的墓葬，从墓葬规模和出土随葬品判断，该区域应为盘龙城聚落的高等级墓葬分布区。此外，岗地南坡基本未发现其他类别的遗存，与岗地北坡所见的大量灰坑形成显著差异。造成差异的原因可能有两方面：一方面，李家嘴南坡直接与东城垣相连，该区域很可能被规划为专门的高等级墓葬分布区，因此基本无居址类遗存出现。实际上，李家嘴北坡分布的大量灰坑均直接打破生土，勘探和调查均未见文化层。且部分灰坑坑口及坑壁形状规整，最深的灰坑深度可达 2.5 米，此类灰坑与盘龙城遗址常见的形状不规则、深度较浅的普通灰坑明显不同。正因如此，盘龙城考古报告将李家嘴灰坑的性质推测为"祭祀坑"。虽然，目前难以确定李家嘴灰坑的具体性质，但从李家嘴南坡墓葬和北坡灰坑的分布情况而言，李家嘴岗地很有可能作为盘龙城聚落中的某种特殊的功能区存在，并非普通居址区。另一方面，如前所述，李家嘴南坡坡顶以下即为陡坎，其缓坡地带被晚期取土活动破坏殆尽。从北坡遗存分布形态可知，海拔 20~21 米的缓坡地带正是灰坑密集分布区，李家嘴南坡若有类似的遗存分布，很有可能在 20 世纪 70 年代的取土活动中被破坏殆尽。

府河大堤以南区域原本属李家嘴岗地的南段，但在 20 世纪 70 年代的筑堤工程中该区域成为天然取土场，地表因取土变得支离破碎，大堤筑成后府河水倾泻至此，该区域沦为府河河床。2019 年，武汉大学历史学院曾对府河大堤以南的李家嘴岗地南段进行了考古调查，未发现任何商文化时期遗存。据调查，20世纪70年代筑堤工程也并未在李家嘴岗地发现任何古代遗存。综合以上现象推测，位于府河大堤以南的李家嘴岗地南段应属于盘龙城遗址的边界地带，基本无遗存分布。

（四）王家嘴

1. 地貌形态

王家嘴岗地是盘龙城遗址最南端的一处天然岗地，王家嘴北端与盘龙城城垣东南角相连，南部延伸至府河北岸，整体地势由岗地中脊向东西两侧缓缓降低，形似龟背状。王家嘴南北长约235米，东西宽约120米，海拔19~24.5米。王家嘴属府河北岸低平的陆地中隆起的一处低岗，高出周围地面3~4米，既临近水源又能有效规避水患，成为早期聚落选址的理想地点。

然而，由于近百年以来府河水位显著抬升，导致王家嘴岗地成了直接遭受府河洪水侵袭的地带。1974年，当地政府修筑的府河大堤横穿王家嘴岗地中部，堤顶高程29~30米，将府河洪水有效拦截于大堤以南区域。同时，也使得王家嘴南部成了府河河床，季节性显露地表，这一地貌变迁过程与李家嘴岗地具有相似性。

具体而言，府河大堤的修筑对王家嘴岗地原始地貌的改变主要有两个方面，第一，大堤使得王家嘴岗地被分割为南北两个区域，南区成为府河河床，汛期被河水淹没，枯水期显露地表。北区濒临破口湖，因湖水的阻隔形成了小嘴、王家嘴、李家嘴隔水相望的景观（见图3.28）。第二，修筑府河大堤时曾于王家嘴岗地及周边区域大量取土，在王家嘴岗地东西两侧形成了若干取土坑，使得王家嘴周边地形更加破碎，陆地面积缩减，水域面积扩张。

通过分析早期遥感影像和地图我们可以对王家嘴岗地的原始地貌进行一定程度的复原。第一，从盘龙城遗址的整体地貌特征而言，遗址核心区分布有多条南北向狭长形岗地，例如艾家嘴、小嘴、李家嘴等。实际上，盘龙城东城垣与西城垣亦分布于两条天然岗地之上，而王家嘴岗地应属东

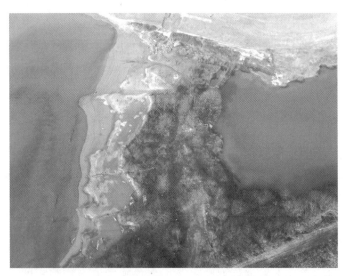

a. 王家嘴北区，上为北

b. 王家嘴南区，上为南

图 3.28　王家嘴岗地俯视图

城垣所在岗地向南自然延伸的一部分。因此，就地貌特征而言，王家嘴与东城垣所在岗地之间并无明显的界线，南城垣的出现才使得王家嘴与东城垣被分割成为两个区域。第二，当今王家嘴南区汛期完全被河水淹没，枯水期显露地表。而研究表明，商文化时期府河水位应不高于 17.5 米，在此水位条件下，王家嘴岗地周边分布着大片平坦的陆地，府河则位于岗地以南约 100 米处，自西向东汇入长江。简言之，商文化时期王家嘴一带陆地空间广阔，邻近水源，交通便利，且洪水威胁较小。第三，当今王家嘴北区东西两侧分别与李家嘴和小嘴隔湖相望，若湖水低至 17.5 米，则小嘴、王家嘴、李家嘴三处岗地之间将可通过陆地直接连通，不再受湖水阻隔。

2. 遗存的分布

王家嘴岗地的考古发掘工作主要为 20 世纪 70—80 年代配合府河大堤的修建而开展的，随后又零星发掘了几座墓葬。

1979—1985 年，为配合府河大堤筑堤工程，盘龙城考古工作站在王家嘴岗地的北区和南区分别展开了考古发掘工作，累计布方 87 个，发掘面积 3095 平方米，共清理了 1 座墓葬、3 处建筑遗迹、3 座窑址、10 座灰坑[①]。

2001 年，在加固防洪堤工程中，施工部门在王家嘴以南 60 米处的一名为栗子包的土丘上发现若干青铜器。盘龙城遗址博物院随即对现场进行清理，发现一座商文化时期墓葬，后将该墓编号为 M2[②]。

2014 年，武汉市文物考古研究所在对盘龙城南城门一带进行考古勘探时，在王家嘴东北部的水塘边发现一座墓葬，因冬季湖水回落随葬品已部分显露地表，随即对其进行了清理，将墓葬编号为 M3，其海拔高程为 21.6 米[③]。

2018 年，盘龙城遗址博物院工作人员在王家嘴岗地东北部湖岸边发现了一座商文化时期墓葬，并对其进行了抢救性发掘，编号为 M4[④]。

为全面了解王家嘴岗地的遗存分布情况，2016—2019 年武汉大学历史学院对王家嘴岗地展开了考古调查和勘探工作，王家嘴岗地中部被府河大堤占据的部分已无法开展考古工作，因此以下将分别对王家嘴北部和王家嘴南部(以府河大堤为南北分界)的遗存分布情况予以具体介绍。

①　湖北省文物考古研究所：《盘龙城：一九六三年——一九九四年考古发掘报告》，文物出版社，2001 年，第 78 页。

②　盘龙城遗址博物馆：《盘龙城遗址博物馆征集的几件商代青铜器》，《武汉文博》2004 年第 3 期。

③　武汉市文物考古研究所：《2014 年盘龙城遗址部分考古工作主要收获》，《盘龙城与长江文明国际学术研讨会论文集》，科学出版社，2016 年，第 46~57 页。

④　盘龙城遗址博物院：《武汉市盘龙城遗址王家嘴 M4 发掘简报》，《江汉考古》2018 年第 5 期。

　　王家嘴北部与盘龙城南城垣相连，东西两侧分别与李家嘴和小嘴隔湖相望，当代湖水受人工调蓄，水位维持在 20.8~22.3 米。湖水涨落对王家嘴北部地表造成了明显的侵蚀（参见图 3.28a）。每年枯水期，王家嘴北部西侧滩地地表可见密集的陶片分布，陶片分布区呈不规则圆形，似出自灰坑一类的遗迹。经过调查可知，当今王家嘴北部西侧滩地陶片分布区与1979—1985 年王家嘴北区发掘区基本重合，显然王家嘴北部西侧为文化堆积集中分布的区域，自 20 世纪 70 年代以来，由于湖水的侵蚀，对地下遗存造成了明显的破坏。王家嘴北部东侧亦受湖水侵蚀，2014 年和 2018 年，考古人员曾两次在王家嘴北部东侧临湖区域发现了商时期墓葬，经过考古发掘，分别编号为王家嘴 M3 和 M4。综上，王家嘴北部西侧分布有商时期建筑基址、窑址、灰坑等遗迹，东侧分布有同时期的墓葬，可见王家嘴北部应分布有较为密集的文化堆积（参见图 3.29a），考虑到王家嘴曾发现有年代早至二里头文化晚期和二里冈文化下层时期的遗存，有学者指出王家嘴区域可能属于盘龙城早期聚落的中心，就目前已知的王家嘴北部遗存分布的密集程度而言，此分析有比较充足的事实依据。

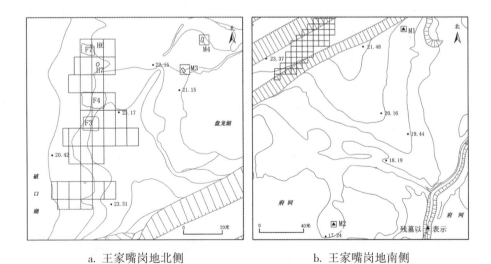

　　a. 王家嘴岗地北侧　　　　　　　　　　b. 王家嘴岗地南侧

图 3.29　王家嘴遗存分布图

王家嘴南部原本与北部同属一处天然岗地，1979年府河大堤修筑完成后，王家嘴南部沦为府河河床，仅在枯水季显露地表。1979—1985年王家嘴发掘区位于王家嘴西南侧，主要是围绕府河大堤的施工区域展开考古发掘。此外，还在王家嘴东南侧和王家嘴南端发现了两座商时期墓葬，分别编号为M1、M2（参见图3.29b）。由于王家嘴南区丰水期均被河水淹没，岗地表面亦无民居或农田分布，除1979—1985年曾在此开展过正式的考古发掘外，数十年间基本未对该区域开展全面的考古调查或勘探。

实际上，全面了解王家嘴南区考古遗存的分布对于复原盘龙城聚落景观具有重要的学术意义。第一，从遗存的年代而言，20世纪70年代的发掘表明，王家嘴一带分布有盘龙城遗址第一期至三期的遗存，该地点很有可能是盘龙城聚落早期阶段的中心区域，王家嘴岗地的地貌形态和遗存分布情况对于研究盘龙城聚落布局具有重要意义。第二，就地貌形态而言，盘龙城遗址自北部杨家湾岗地向南缓缓降低，直至府河北岸。王家嘴居盘龙城遗址最南端，亦是离府河最近的一处遗址点。由王家嘴岗地遗存分布的高程可以估测出商文化时期府河水位的高程值。此方面信息是分析盘龙城遗址水文环境和微地貌变迁的关键资料。

基于以上背景，2016—2019年，武汉大学历史学院等单位对王家嘴南部开展了考古调查和勘探，以全面了解该区域的遗存分布情况。调查表明王家嘴南部因时常被府河水淹没，地表普遍分布有淤泥层，洪水退去后肥沃的淤泥层迅速生长出茂密的草本植物，因此即便是枯水期王家嘴南部地表能见度亦极低，难以在王家嘴南区地表采集到陶片等常见的古代遗物。此次调查仅在王家嘴岗地南端和东侧零星发现几片商文化时期的陶片，地表陶片的密度低于1片/100平方米。陶片的低密度分布一方面是由于地表植被茂密，且普遍覆盖有一层淤泥，难以直接发现古代陶片；另一方面，亦是因为王家嘴南区已基本处于盘龙城遗址的南界[1]，遗存零星分布并趋

---

① 《盘龙城：一九六三年——一九九四年考古发掘报告》以王家嘴作为盘龙城遗址的南界。2016—2019年考古人员曾对王家嘴南区及其所属的府河河滩进行了区域系统调查。除王家嘴外，其他地点均未发现任何商文化时期遗物。调查亦确证了王家嘴南区属于盘龙城遗址的南部边界。

近消失属正常现象。

除调查地表遗存分布情况以外，调查人员还采用勘探的方式对王家嘴南区进行了全面的考古勘探。勘探方式以 10 米间距布置探孔，发现文化层后即以该点为中心采用 2 米、1 米间距布设探孔，确定遗存范围。经过勘探，考古人员在王家嘴南区岗地中脊线南部发现了成片分布的商时期文化堆积，分布范围约 1200 平方米。该区域在过去报道的考古资料中均未提及，属首次发现，且从探孔高程测算，文化层最低可分布于距离地表 2.4米的区域，文化层底部的高程为 18.8 米，由于 2.4 米以下渗水十分严重，难以继续向下勘探，推测文化层还可能分布于更低的区域。

以王家嘴 0901 号探孔为例：

第 1 层，青灰色淤泥，夹杂植物根茎及螺蛳壳，深 0~0.9 米，属河床淤泥。

第 2 层，灰褐色土，土质疏松，夹杂部分陶片及炭屑，深 0.9~1.46米，属商时期文化层。

第 3 层，黑色土，土质疏松，夹杂大量的炭屑及烧土颗粒，深 1.46~2.4 米，属商时期文化层。

第 4 层，2.4 米以下出水无法继续钻探，但探孔泥土中仍可见炭屑，未到生土。

已有研究表明，商文化时期府河水位上限约为 17.5 米[①]，如此则不难理解商时期文化层分布于 18.8 米乃至更低的区域。而当今府河水位枯水期已至 19 米左右，汛期可猛增至 29 米。显然，当代府河水位显著高于商文化时期。

（五）小嘴

1. 地貌形态

小嘴为杨家湾岗地向南自然延展出的一条南北向狭长形岗地，东、

---

① 邹秋实：《从水系看盘龙城遗址的环境变迁》，《江汉考古》2018 年第 5 期。

西、南三面被破口湖环绕，当地居民通常将小型临湖岗地称为"嘴"，小嘴即为盘龙城遗址中诸多临湖岗地中的一处。小嘴南北长约520米，岗地北部呈扇形展开，东西向最大宽度约140米，岗地向南逐渐收窄成长条状，南端东西向宽度缩减为90米。小嘴整体地势北高南低，岗地中部隆起一道"坡脊"，地势自坡脊线向东西两侧缓缓降低，直至破口湖水面，小嘴整体高程为19.8~26.6米。

破口湖区域原本为艾家嘴、小嘴与西城垣三道低岗之间的洼地，20世纪70年代府河大堤修筑完成后，破口湖区域以南被大堤拦截，洼地地表水无法外泄，遂积水成湖(参见图3.30)。自此以后湖水经涵洞注入府河，湖水受人为调控，常年维持在19.8~22.3米之间。府河大堤修筑后，破口湖段曾多次发生溃口，因此当地居民将这片水域命名为"破口湖"。湖水涨落对小嘴岗地临湖滩地造成了明显的侵蚀。丰水期小嘴岗地仅暴露出高程22.3米以上的区域，枯水期岗地两侧低平的滩地显露地表。由于长期受湖水侵蚀，枯水期临湖区域地表可见大面积网纹红土以及直接打破生土的商

图3.30　小嘴与西城垣、艾家嘴空间位置关系

文化时期灰坑及墓葬。枯水期小嘴临湖滩地暴露出的灰坑上部均受到了不同程度的侵蚀，局部区域陶片及石器分布十分密集，由于原生堆积被湖水侵蚀冲刷殆尽，造成了上述遗物直接散布地表的现象。

府河大堤的修筑对于小嘴一带的地貌环境有着直接的影响。由于府河大堤的拦截，导致艾家嘴、小嘴一带的岗间洼地地表水汇集难以外泄，积水成湖。通过分析和辨识早期地形图和遥感影像可知，破口湖一带原本为一片低平的洼地，属府河北岸的一片平地，汛期府河水可倾泻至此，枯水期河水退却，破口湖一带则还原为陆地。但府河大堤修筑后，该区域积水成湖，造成了小嘴岗地三面环湖的景观。自此艾家嘴、小嘴、西城垣隔湖相望，且高涨的湖水对小嘴、艾家嘴临湖滩地造成了明显的侵蚀，使得部分遗存遭到严重侵蚀，商文化时期的墓葬填土被湖水侵蚀，随葬品直接暴露于地表即为明证。

20世纪80年代当地群众在破口湖一带开挖鱼塘、堆筑土埂等活动亦对小嘴周边地貌造成了明显的影响。1980年前后，当地村民利用小嘴岗地与西城垣之间的天然洼地开挖鱼塘，将这片洼地向下深挖1~2米，同时堆筑起三道东西向土埂，土埂宽度1~2米，作为鱼塘的分界线和小型道路。自此，小嘴与西城垣之前原本呈狭长形的一条天然洼地被人为切割成为四块小型鱼塘。为便于描述，笔者将这四块鱼塘自北向南编号为1~4号鱼塘。据当地村民称，开挖1号鱼塘时曾发现大量的灰褐色土和密集的陶片，甚至有青铜器出土，但当时并未能开展正式的考古发掘。考虑到1号鱼塘位于小嘴东北角与杨家湾南坡交界地带，杨家湾南坡分布有厚度达2米以上的商文化时期堆积，小嘴东北部也分布有厚度1米左右的文化层，因此推测1号鱼塘区域很有可能分布有大量的文化堆积。

修筑府河大堤和开挖鱼塘直接改变了破口湖区域的水位，成了影响了小嘴岗地的原始地貌的主要因素。此外，小嘴岗地地表无现代村庄分布，地表以耕地为主，农田改造及种植活动对地貌的改变程度较小。小嘴2015—2017年发掘区表明，地表耕田层厚0.2~0.3米，耕土层以下即为商文化时期遗迹，且从遗迹的产状观察其原始形态保存相对完好，基本未受晚期农田改造等活动的破坏。上述现象表明，当今小嘴岗地地表形态与商文化时期并无显著差异，而湖水涨落则是影响小嘴地貌的最主要因素。

2. 遗存分布

2002 年，盘龙城遗址博物院考古人员在小嘴岗地中段东侧临湖滩地发掘了两座墓葬，因常年受湖水侵蚀这两座墓葬内随葬品露出地表，遂被考古人员发现。墓葬的年代分别为宋及商时期，其中宋代墓叠压于商代墓之上并打破商墓，宋代墓编号为小嘴 M1，商代墓葬编号为小嘴 M2①(参见图 3. 31）。

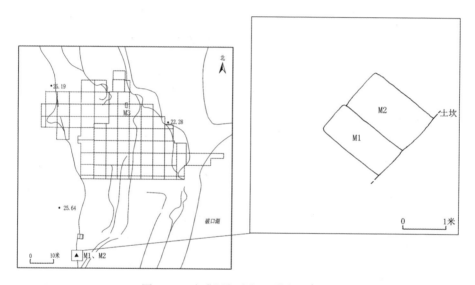

图 3. 31　小嘴历年发掘区分布示意图

2013 年，盘龙城遗址博物院考古人员在对小嘴岗地进行巡查时，在小嘴岗地中段东侧临湖滩地首次发现了石范等铸造类遗物，并在附近区域发

---

①　盘龙城遗址博物院：《武汉市盘龙城遗址小嘴 M1、M2 发掘及周边文物调查简报》，《江汉考古》2020 年第 6 期。

现 4 座灰坑遗迹①。同年，武汉大学历史学院考古人员利用枯水时节对小嘴岗地进行实地踏查，在小嘴东侧河滩发现了大量散布于地表的陶片，遂对陶片分布区域三维坐标进行测量，并采集陶片、石器等遗物。

2015 年，武汉大学历史学院在对小嘴进行全面勘探的基础上，选择堆积保存相对较好的小嘴东北部开展考古发掘工作。至 2017 年共计在小嘴岗地东北部发掘 1190.3 平方米，发现有大量铸造类遗存，确认了盘龙城遗址在二里冈文化时期存在青铜铸造活动②。同时，由于小嘴岗地中段东侧临湖滩地暴露出大量散布地表的陶片和直接打破生土的灰坑，考古人员还在该区域布设了 5 米×5 米探方 14 个，对地表分布的大量遗物进行了采集，同时选择一处典型的灰坑遗迹开展发掘工作，以确定这批遗存的年代和性质。此外，2017 年 3 月，武汉大学历史学院利用枯水时节在破口湖湖底布设了两条 2 米×10 米的探沟，在探沟底部发现有商时期文化层，基本确定了商文化时期破口湖区域的水位上限③。

如前所述，破口湖湖水涨落直接影响着小嘴岗地地貌，而商文化时期破口湖水位应大幅低于当代水位。近年的考古调查和发掘工作表明，小嘴岗地商文化时期的遗存不仅分布于岗地之上，还延伸至当代破口湖水面以下的区域。结合考古发掘、勘探与地面调查三方面的资料，可以对小嘴岗地的遗存分布情况形成一个相对完整的认识。因此，以下将分别对小嘴岗地和破口湖水下区域的遗存分布情况进行介绍，以求初步复原商文化时期小嘴区域的地貌环境和人类活动范围。

2015 年对小嘴岗地进行了系统性的考古勘探，探孔间距 10 米，其目的在于初步了解小嘴岗地遗存的保存状况和分布范围。由于探孔间距较

---

① 韩用祥：《盘龙城遗址首次发现铸造遗物及遗迹》，《江汉考古》2016 年第 2 期。

② 武汉大学历史学院、湖北省文物考古研究所、盘龙城遗址博物院：《武汉市盘龙城遗址小嘴 2015—2017 年发掘简报》，《考古》2019 年第 6 期。

③ 武汉大学历史学院、湖北省文物考古研究所、盘龙城遗址博物院等：《武汉市盘龙城遗址水下勘探及试掘简报》，《江汉考古》2018 年第 5 期。

大，此次勘探并未发现具体的遗迹，但通过探孔分布图可以清晰地显示出小嘴岗地北部与杨家湾、楼子湾相接的区域文化堆积分布较为密集，同时在岗地西南侧亦分布有文化堆积，堆积厚度0.3~1米，堆积以黑灰色填土为主，依据小嘴考古发掘情况推测上述区域可能分布有灰沟、灰坑等类别的遗迹，岗地顶部几乎不见遗存分布(参见图3.32)。由于小嘴岗地边缘的临湖地带亦属遗存分布区，但该区域地下水位较高，无法开展考古勘探，相较而言，采用地面调查的方式记录遗存的分布情况成了更为有效的方式。

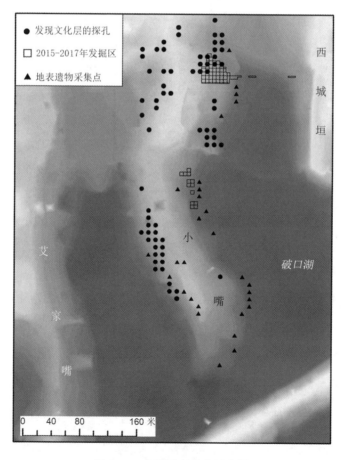

图3.32　小嘴遗存分布示意图

2017—2019 年，武汉大学历史学院利用枯水时节，在小嘴岗地开展了两次地面调查。2017 年 3 月，破口湖水位降至 20.1 米左右，小嘴岗地东侧河滩上暴露出大量灰坑沿岗地边缘呈条状分布，局部可见密集的陶片、石器。为准确记录遗存的出土地点，考古人员依照盘龙城遗址整体分区在小嘴东侧遗存密集分布区布设了 14 个 5 米×5 米探方，按探方采集地表遗物，同时铲刮地表，初步确定遗迹的形态和分布范围。调查工作表明，小嘴岗地东侧河滩高程 20.1~22 米的区域分布有多处文化堆积，这批遗迹丰水期均被湖水淹没，仅在枯水期显露地表，因此遗迹上部均遭到了湖水的侵蚀。遗迹的形态不甚规则，填土均呈黑灰色，夹杂有较多商文化时期陶片。为了解这批灰坑的性质和年代，考古人员选择其中的一处灰坑进行了试掘，根据小嘴遗迹的编号体系，将这座灰坑编号为 H59。

H59 上部填土已被湖水侵蚀，直接开口于地表，打破生土。H59 南北最大径约 4.1 米、东西最大径约 4.26 米、深 1.4 米。考古人员选择对灰坑西南部四分之一的区域进行了试掘，以了解灰坑的基本结构和坑内包含物的年代。试掘工作表明，H59 为斜壁圜底，坑内填土分 3 层。第 1 层为黑褐色填土，厚约 0.7 米，土质疏松，包含有密集的陶片，包括鬲、罐、豆、盆、缸、大口尊等器类，并夹杂有少量红烧土块。第 2 层为黄褐色填土，厚约 0.5 米，较第 1 层填土而言，土质相对致密纯净，填土中陶片数量明显减少，基本不见红烧土块。第 3 层为灰褐色填土，厚约 0.2 米，土质致密，黏性较强，基本不见陶片等遗物出土。

2019 年 1 月，破口湖水位降至 19.2 米左右，考古人员再次对小嘴岗地边缘的临湖区域进行了地面调查。因此次水位较 2017 年 3 月调查时更低，地表暴露出了此前调查未能发现的遗迹。此次发现的遗迹分布在高程 19.2~20.1 米的区域。遗迹的形态基本为近似圆形的灰坑，坑内填土呈灰褐色，填土中包含有较多陶片。此次发现的遗迹与 2017 年调查所见遗迹相似。除小嘴岗地东侧外，此次调查还在小嘴岗地西侧边缘发现了条状分布的黑灰土层，形似灰沟遗迹。

考古勘探与调查均表明小嘴岗地边缘的临湖地带分布有大量商文化时

期的遗存，这些遗存因受湖水侵蚀，枯水期直接显露地表，易被发现。值得注意的是，地势相对较高的岗地顶部及附近区域在多次的勘探调查工作中均未发现遗迹分布。实际上，这是由于小嘴岗地的顶部及附近区域未受湖水侵蚀，地表常年被茂密的植被覆盖，能见度低，难以直接发现遗迹遗物。而此前开展的考古勘探工作探孔间距为 10 米，对于分布相对稀疏的小型遗迹，10 米孔距的勘探工作易造成疏漏，误以为该区域无遗迹分布。在2019 年的调查工作中，考古人员通过铲刮陡坎断面，发现小嘴岗地顶部及附近区域亦分布有商时期的文化堆积，但相比于岗地边缘的临湖区域遗迹分布较为稀疏。

如前所述，小嘴岗地商文化时期的遗存不仅分布于岗地所在的陆地区域，还可延伸至当代破口湖水面以下的地带。2017 年 3 月，考古人员在破口湖湖底布设了两条探沟，探沟发掘表明，湖底淤泥层以下分布有厚约0.9 米的商时期文化层，文化层底部高程为 18.05 米①。破口湖探沟内分布的文化层表明，商文化时期破口湖区域应为一片低平的岗间洼地，地表水位应不高于 18.05 米，在此水文条件下，小嘴铸铜作坊区与西城门之间则可以通过陆地通行，而无湖水阻隔。

（六）艾家嘴

1. 地貌形态

艾家嘴是位于小嘴西侧的一处狭长形岗地，其北部与江家湾、楼子湾相连，南抵府河北岸，府河大堤横穿艾家嘴南端而过。艾家嘴地势北高南低，岗地南北长约 700 米，东西宽 150~170 米，整体地势北高南低，海拔20.2~26.3 米。岗地中部隆起一道坡脊，地势由坡脊线向东西两侧缓缓降低。与小嘴岗地类似，艾家嘴东、西两侧被湖水环绕，东侧为破口湖，西侧为滩湖。实际上，在府河大堤北岸分布着滩湖、破口湖等 13 个小型湖

---

① 武汉大学历史学院、湖北省文物考古研究所、盘龙城遗址博物院等：《武汉市盘龙城遗址水下勘探及试掘简报》，《江汉考古》2018 年第 5 期。

泊，这些湖泊均属于"西湖"的子湖，正常水位时，这些湖泊独立成湖，汛期湖水上涨，西湖的子湖则连成一体，统称为西湖，因此府河大堤又曾被当地居民称为"西湖堤"。20世纪90年代以来，随着盘龙城区域堤防系统不断加高加固，破口湖、滩湖、汤仁海等湖泊不再出现汛期湖水外溢、连成一体的景象，而是在府河大堤北岸的低岗之间出现了13处小型的湖泊。

艾家嘴与小嘴均为南北向狭长形岗地，且分列于破口湖东西两侧，因此艾家嘴岗地的地貌特征与小嘴岗地存在诸多相似之处。如前所述，湖水涨落对岗地的地貌形态造成了明显的影响。岗地边缘的临湖地带丰水期受湖水淹没，枯水期显露地表，由于常年被湖水淹没，地表基本无植被覆盖，大面积暴露出网纹红土，局部可见商文化时期遗物显露。与之形成鲜明对比的是，岗地顶部及附近区域原本为农田分布区，自当地村民搬迁后，十余年以来地表被茂密的野生植被覆盖，荆棘丛生，树木高度可达5~8米，地表能见度极低，原本清晰可见的田块和小径均已不可辨识。

除湖水侵蚀以外，20世纪70年代以来当地兴建大堤、开挖鱼塘及修筑桥梁等活动亦对艾家嘴地貌造成了明显的改变。艾家嘴原本为一条南北长约920米的狭长形岗地，岗地南端延伸至府河北岸。1974年，府河大堤穿过艾家嘴南部，使得艾家嘴南部长约220米的区域位于大堤以南，沦为府河河床，艾家嘴岗地南北长度缩减为700米。2002—2003年，当地政府修建了横跨府河南北的盘龙大桥。大桥修筑工程曾于艾家嘴西南部取土筑基，取土活动造成艾家嘴西南部约3700平方米的区域被直接破坏，当前艾家嘴西南部有一处明显的内凹区域即为取土所致。20世纪80年代，当地村民曾在艾家嘴东南部临湖地带开挖了两处长方形鱼塘，面积共计约7200平方米。上述人类活动导致艾家嘴岗地陆地面积缩减，地形变得较为破碎。

综上所述，商文化时期艾家嘴岗地的地貌形态当与目前所见存在一定程度的差异。第一，商文化时期府河及破口湖水位应不高于17.5米，换言之当前分布于艾家嘴周边分布的破口湖、滩湖在商文化时期实为低平的陆地，水域面积十分有限。艾家嘴与小嘴岗地之间并无湖水阻隔。第二，商文化时期艾家嘴为一条自然延展的狭长岗地，其南段并未遭受人工取土破坏，陆地面积更为广大。

2. 考古遗存

艾家嘴岗地处于盘龙城遗址的西侧，较之于杨家湾、李家嘴、王家嘴等地点而言，艾家嘴遗存分布较为稀疏。直至目前，考古部门尚未在艾家嘴开展过考古发掘工作。但2001年以来，考古部门曾先后在艾家嘴区域开展了多次考古勘探和调查工作，对该区域的遗存分布情况获得了较为全面的认识（参见图3.33）。

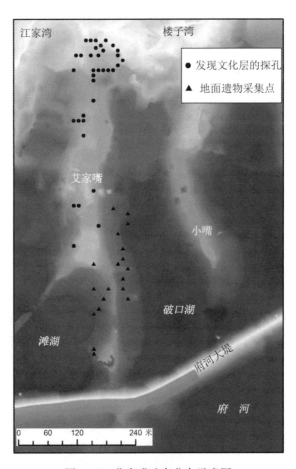

图 3.33 艾家嘴遗存分布示意图

2001 年，武汉市文物考古研究所曾对艾家嘴岗地开展过考古勘探，考古人员在该区域发现了疑似断续分布的"带状夯土"，并由此提出盘龙城遗址杨家湾至艾家嘴岗地可能分布有一道"外城垣"。然而，此次考古勘探工作并未获得确切的证据表明"外城垣"的存在，亦未能刊布正式的勘探报告，因此对于盘龙城遗址是否存在外城垣学界尚存疑虑。

2016 年，武汉大学历史学院对艾家嘴岗地进行系统性的考古勘探。此次勘探目的在于全面了解艾家嘴区域的遗存分布情况，同时通过勘探工作，对艾家嘴岗地是否分布有"带状夯土"进行确认。此次考古勘探在艾家嘴北部发现了一处厚 1～1.5 米的灰褐色文化层，文化层分布范围东西长约 90 米，南北长宽约 80 米。由于这处文化层分布区中部有一小型人工池塘，该池塘开挖于 20 世纪 80 年代。从池塘周边分布的文化层可以推知池塘所在区域原本也应分布有文化层。

此次勘探在艾家嘴北部发现的文化层土质致密，夹杂红烧土块，且分布面积约 7200 平方米，由此可以推测艾家嘴北部勘探发现的并非普通的灰坑类遗迹，从填土质地、包含物及分布范围推测该区域可能分布有建筑基址一类的大型遗迹。此次发现的遗迹的性质还有待于考古发掘进一步确证，但这次发现表明艾家嘴北部与楼子湾、杨家湾交接的地带仍分布有较为丰富的商时期遗存。

除艾家嘴北部以外，此次勘探还在艾家嘴岗地中部偏西南侧发现了零星分布的文化堆积。就勘探所获的遗存分布情况而言，艾家嘴岗地中段及南段文化堆积的密度明显降低，这一现象可能与艾家嘴岗地已处于盘龙城遗址边缘有直接关系。值得注意的是，此次勘探在艾家嘴西南部临湖地带发现文化层的探孔虽然数量较少，但是探孔内文化层的厚度可达 1.5 米左右。考虑到艾家嘴西南部曾遭取土破坏这一背景，我们推测艾家嘴西南部可能存在成片分布的文化层，后因取土导致文化层被破坏殆尽。

2016 年度的勘探对此前疑似分布有"带状夯土"的地带进行了重点勘探，除发现零星分布的文化层外，并未发现任何夯土遗迹，因此此次勘探可以确认艾家嘴一带应不存在"外城垣"遗迹。此外，近年来考古人员还在杨家湾开展了大量的考古发掘工作，基本排除了"外城垣"的可能①。此前，疑似分布有"外城垣"的区域为杨家湾至艾家嘴一线，目前考古工作基本可以确认盘龙城遗址并不存在"外城垣"。

2019年，武汉大学历史学院对艾家嘴进行了考古调查，重点关注枯水时节显露于湖岸地带的地表遗物。此次调查在艾家嘴南部的东、西两侧临湖滩地均发现了集中分布的陶片遗存。表明该区域也分布有文化堆积，2002年因修筑盘龙大桥造成了艾家嘴西南角被取土破坏，从此次调查的信息来看，被取土破坏的地点也应分布着商时期文化层。

同时，此次调查在艾家嘴与小嘴岗地均发现一个现象。在上述两处岗地的东侧滩地发现分布于地表的陶片可以分为两类：第一类，陶片分布区呈不规则椭圆形集中分布，陶片集中区往往可见黑褐色填土，陶片直径5~30厘米不等，此类陶片原本分布于灰坑之内，因湖水将灰坑填土侵蚀而显露于地表。而另一类陶片较为细碎，直径3~10厘米，陶片磨圆度高于第一类陶片，且此类陶片呈条带状沿湖岸分布，陶片带与湖水回落在地表形成的水痕线平行。从第二类陶片的产状分析，这类陶片很有可能是因地表流水侵蚀自岗地上部位移至湖岸边，并非原生堆积。

（七）楼子湾

1. 地貌形态

楼子湾是介于杨家湾、小嘴、艾家嘴之间的一处小型岗地，原本分布有一处自然村，名为楼子湾。楼子湾北与杨家湾岗地相连，东西两侧分别与小嘴和艾家嘴相接，南临破口湖。与小嘴、艾家嘴等临湖岗地不同，楼子湾整体近似三角形，仅南端临湖，没有大片的临湖滩地，整体地势较高，因此楼子湾地貌形态基本不受湖水涨落影响。楼子湾南北长约130米，东西最大宽度约120米，海拔24.4~29.2米。

---

① 张昌平：《2012—2017年盘龙城考古：思路与收获》，《江汉考古》2018年第5期。

楼子湾因地势较高，远离水患。自晚清时期以来即分布有村庄，并在村庄周边开垦了农田。20 世纪 70 年代，村民在楼子湾西南部开挖了两处池塘，面积分别为 2100 平方米和 1200 平方米。据当地村民称，在开挖池塘的过程中，曾发现大量的黑灰色土，厚达 1 米以上，同时出土有大量的陶片。根据村民的描述和考古人员后续在周边地区进行的调查，该池塘中很有可能分布有商时期文化堆积，但现已被人工池塘严重破坏。除开垦农田和开挖鱼塘外，当地人类活动基本未对岗地地貌造成显著的改变。

2. 考古遗存

1963—1980 年，湖北省博物馆等单位为配合楼子湾区域的农田水利建设，对该区域进行了抢救性考古发掘。清理了墓葬 10 座，灰坑 2 个，建筑遗迹 1 处。考古发掘表明楼子湾遗址的文化层平均厚度为 1 米左右。（参见图 3.34）

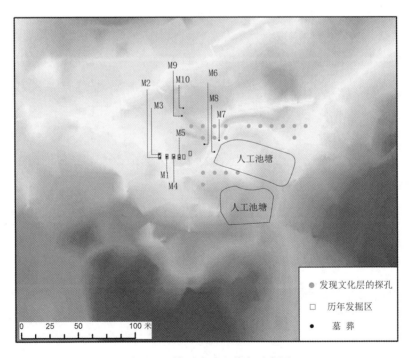

图 3.34 楼子湾遗迹分布示意图

2015 年，武汉大学历史学院对楼子湾进行了考古勘探，在岗地东部与杨家湾及小嘴岗地的交界地带发现了文化层分布。文化层的分布于楼子湾人工池塘附近，结合当地村民的描述，我们推测在楼子湾人工池塘内原本应分布有文化层。由此可见，杨家湾—楼子湾—小嘴一线商时期的文化堆积呈现出连续分布的态势。

（八）江家湾

1. 地貌形态

江家湾是杨家湾与大邓湾之间的一处小型岗地，江家湾东与杨家湾相连，北与大邓湾隔湖相望，南与艾家嘴、车轮嘴相连，西部为一片不知名洼地。江家湾四周距离盘龙湖及破口湖相对较远，因此江家湾岗地貌几乎不受湖水涨落的影响。与楼子湾类似，江家湾因村得名，该区域地形平坦，地势较高，明清时期以来此处即分布有村庄。江家湾岗地南北长约180 米，东西宽约 90 米，海拔 29.7~33.3 米。

2005 年以前，岗地地表分布有 20 余户村舍以及围绕村舍分布的农田，除兴建房屋和农业耕种活动外，该区域并无大型工程建设活动，因此岗地基本保持了其原始地貌。2005 年以后，随着当地村民整体搬迁，村庄被拆除，农田随之荒芜，地表被茂密的野生林木覆盖，能见度极低。

2. 考古遗存

20 世纪 90 年代，江家湾村民在农业耕种活动中意外发现了若干商文化时期青铜容器、玉器等遗物。盘龙城遗址博物院考古人员随即对出土文物进行了现场清理和追缴，后确认这批文物出自三座商文化时期的墓葬，此为江家湾首批发现的商文化时期遗存(参见图 3.35)。

2007 年，盘龙城遗址博物院考古人员对江家湾、艾家嘴等区域进行了考古调查，此次调查在江家湾南部采集到了三件石器，包括石臼、石刀和石球形器，此外还采集到了陶鬲足一枚。其中石臼整体截面呈梯形，平底，最大径41.2 厘米、最小径 33.3 厘米、高 20 厘米，为盘龙城遗址目前发现的体量最大的一件石臼，同样形制的石臼在盘龙城遗址其他地点亦有

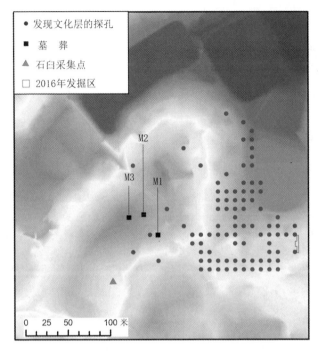

图 3.35　江家湾遗存分布示意图

　　发现，应属商文化时期遗物。据调查者称，在石臼的出土地点周边，还发现有密集的商文化时期陶片和厚达 0.5 米以上的文化堆积。

　　2014 年，武汉大学历史学院对江家湾及周边区域进行了系统的考古勘探，同时对此前采集石臼的地点进行了实地勘察，并测量了其三维坐标。勘探工作表明，江家湾东侧湖汊区域有成片分布的商文化时期遗存，而江家湾岗地顶部及其他区域均未发现文化堆积。江家湾南部曾出土石臼并发现有文化堆积分布，但此次勘探并未在该地点发现文化层分布，考虑到该区域曾分布有密集的村庄，村民搬迁后房屋被全部拆毁，该地点分布的文化层可能随之被破坏殆尽。依据盘龙城考古报告的资料分析，江家湾至艾家嘴一线基本属于盘龙城遗址的西部边界，此次考古勘探工作表明，江家湾至艾家嘴以西确实鲜见文化遗存分布，表明江家湾确实已接近于遗址的边缘地带。

（九）宫城区

盘龙城的城址并非一处独立的自然地理单元，在范围上包括杨家湾岗地以南，王家嘴岗地以北，破口湖与李家嘴岗地之间的城垣内外区域。20世纪70年代，北京大学等单位对城址内外区域开展了考古发掘，发现了城垣、城门、城壕等遗迹，并在城内东北部发掘了宫殿建筑群（F1～F3），累计发掘面积 2660 平方米。盘龙城考古发掘报告公布的数据显示，城址平面近方形，南北长约 290 米、东西宽约 260 米。城垣墙体残宽 18～45 米。不过以上城垣的尺寸是根据地表突起的位置定位城垣，进行测算的，因此位置及数据都不十分精准。通过对南垣、北垣外城壕的解剖发掘，表明盘龙城城壕开口宽度为 11.6～12.8 米，深 3.9～4.6 米①，并据此推测盘龙城城垣外分布有与之相应的城壕。

2014—2016 年，为配合盘龙城国家考古遗址公园的建设，武汉市文物考古研究所等单位对盘龙城城垣及其周边地带进行了针对性的考古勘探，确定了城垣、城壕及城门的准确位置。根据此次考古勘探数据，城垣南北长约 289 米，东西宽约 284 米，四面城墙墙体宽 27～30 米②。值得注意的是，此次考古勘探发现城址外存在两套"城壕"系统：（1）分布于北城垣外的"北城壕"。北城壕起于杨家湾山体南坡，向东延伸通向盘龙湖。北城壕南距北城垣 15～23 米，沟口宽约 14 米，深 4～5 米。（2）绕城分布的"环壕"。环壕内侧均距城垣外侧约 3 米，沟口宽约 5 米，深 2.7～3 米（参见图 3.36）。然而，2014—2016 年勘探所发现的城壕尺寸与 20 世纪 70 年代考古发掘所揭示的城壕尺寸有较为明显的出入。第一，20 世纪 70 年代发掘的城壕与城垣的距离为 10 米，而 2014 年勘探发现的"环壕"与城垣距离为 5 米。这一差异可能是由于两次考古工作对城垣宽度的界定存在差异所导

① 湖北省文物考古研究所：《盘龙城：一九六三年——一九九四年考古发掘报告》，文物出版社，2001 年，第 32～37 页。

② 武汉市文物考古研究所、盘龙城遗址博物院：《盘龙城遗址宫城区 2014 至2016 年考古勘探简报》，《江汉考古》2017 年第 3 期。

致的。第二，20 世纪 70 年代，北京大学等单位分别对南城垣外中段、东段和北城垣外西段进行了分段解剖。发现城壕的开口宽度分别为 11.6 米、6.8 米和 12.8 米，城壕深度分别为 3.9 米、2.1 米和 4.6 米。经过与 2014 年武汉市文物考古研究所勘探发现的两套壕沟的尺寸进行比对可知，1979 年在北城垣外西北部解剖沟 79HP3TB32-B34 内发现的城壕(沟面宽 12.8 米、距地表最大深度 4.6 米)应为西起杨家湾南坡，东抵盘龙湖的"北城壕"，而并非绕城分布的环壕①。而 1979 年在南城垣东段探沟 79HP3TU38-U39 中发现的一段壕沟(沟面宽 6.8 米，距地表最大深度 2.1 米)则应为绕城分布的"环壕"②。

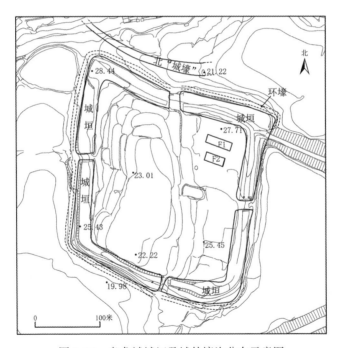

图 3.36　盘龙城城垣及城外壕沟分布示意图

① 湖北省文物考古研究所：《盘龙城：一九六三年——一九九四年考古发掘报告》，文物出版社，2001 年，第 33 页。

② 湖北省文物考古研究所：《盘龙城：一九六三年——一九九四年考古发掘报告》，文物出版社，2001 年，第 34 页。

此外，值得说明的是，盘龙城考古发掘报告公布的城址区域高程为 38.9~43.2 米，这一高程数据是参照何种高程基准报告未予提及。2014 年以来，盘龙城遗址已建立三维测绘坐标系统，并采用了当前全国通行的 1985 国家黄海高程基准作为该遗址的高程基准。经过实地测量，盘龙城城址区域的高程为 19.98~28.44 米。从地形图上依稀可以看出，盘龙城城垣是利用了王家嘴及其西北部的一个小岗地的自然地势修筑而成，城垣及城内地势呈现出愈南愈低的特征。

（十）大邓湾与小王家嘴

1. 地貌形态

小王家嘴是位于盘龙湖西岸的一处半岛形岗地，东、南、北三面环水，南与杨家湾相望。小王家嘴西侧即为大邓湾自然村，大邓湾与小王家嘴属同一处天然岗地。大邓湾区域地势较高，高程 28.1~34.9 米，为大邓湾自然村所在地，原分布有 40 余户村民，2015 年后当地村民整体搬迁。小王家嘴濒临盘龙湖，海拔 19.5~27.2 米，地表为大邓湾村所属的农田。

小王家嘴濒临盘龙湖，与其他临湖岗地类似，湖水涨落对小王家嘴岗地的地貌有着明显的影响。盘龙湖枯水期时，小王家嘴岗地边缘呈现出宽约 20 米的临湖滩地，滩地地表裸露，因常年受湖水淹没，地表基本无植被生长，地表可见成片分布的石块、细沙，部分区域则直接可见土壤分布，在细沙分布的地带可见湖水回落所形成的水痕线。小王家嘴临湖区域地表沙、石、土交错分布的形态与前文所述的杨家湾北坡临湖滩地十分相似（见图 3.37）。盘龙湖处丰水期时，小王家嘴岗地 22.6 米以下的区域则被湖水淹没，岗地面积缩减。

2015 年以前，大邓湾区域人口稠密，房屋密集，频繁的房屋修建和改造活动对地下遗存造成了严重的破坏。1980—2003 年，盘龙城遗址博物院考古人员曾多次在大邓湾采集到商时期陶器、石器标本，因此推测大邓湾区域应分布有商时期文化堆积。而随后大邓湾村房屋扩建，地表几乎被现代房屋占据，无法开展考古勘探和调查工作。至 2016 年，大邓湾村民搬迁

后，考古人员重新对大邓湾进行考古勘探和调查时，发现原村舍地表以下
0~0.7米的深度基本为现代建筑基址，未能发现古代遗存，当前原村庄分
布区已被盘龙城遗址博物院舍取代。小王家嘴原本分布有大片的果树，以
桃树为主，村民搬迁以后小王家嘴处于荒芜状态，在后续的遗址公园建设
中该区域的地表植被将会得到统一规划和整治。

a. 分布于地表的石块　　　　　　　　b. 地表分布的沙砾

图3.37　小王家嘴临湖滩地地表分布沙砾和石块

2. 考古遗存

根据《盘龙城遗址保护总体规划》大邓湾、小王家嘴属于盘龙城遗址一
般保护区，因此相对于遗址重点保护区而言，大邓湾与小王家嘴区域的考
古工作相对较为薄弱。且由于大邓湾区域人口相对集中，房屋密集，修建
房屋和私搭乱建等活动对地下遗存造成了严重的破坏。1980—2003年，盘
龙城遗址博物院曾多次组织考古人员对大邓湾进行考古调查，曾采集到商
文化时期的陶片、石器等遗物。但因大邓湾现代房屋密集，难以开展试掘
和勘探工作，故对于该区域文化堆积的分布范围和保存状况均难以获得准
确信息。

2012年，武汉大学历史学院对大邓湾与小王家嘴岗地进行了考古勘
探，在小王家嘴坡顶区域发现了多座商代墓葬。2015年，武汉大学历史学
院对勘探发现的小王家嘴墓葬进行了考古发掘，发掘了商代墓葬21座，灰

坑8座，确认小王家嘴为一处早商时期墓地①(参见图3.38)。

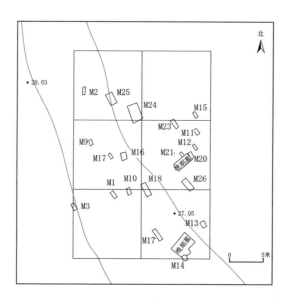

图3.38 小王家嘴遗迹分布图

2016年，为配合盘龙城遗址博物院的建设，大邓湾村整体搬迁。武汉大学历史学院在大邓湾村现代房屋拆迁后，重新对村庄分布区进行了考古调查。然而，此次调查未能发现商文化时期遗存。20世纪80—90年代曾在该区域发现过商时期遗存，可能在房屋拆迁过程中被彻底破坏。同时，考古人员利用枯水时节，对小王家嘴临湖区域进行了地面调查，地表除天然砂石分布外，并未发现任何商文化时期陶片等遗物。

(十一)童家嘴

1. 地貌形态

童家嘴是盘龙城遗址北部的一条天然岗地，与杨家湾隔盘龙湖相望。

---

① 武汉大学历史学院：《武汉市盘龙城遗址小王家嘴墓地发掘简报》，《江汉考古》2018年第5期。

童家嘴东西长约 580 米，南北宽约 280 米，海拔 19.5~29.3 米。因童家嘴岗地属于盘龙城遗址一般保护区，当地村庄尚未进行整体搬迁，岗地上至今仍然分布有村庄、度假山庄等现代建筑以及大片果园和林场。

童家嘴东端延伸至盘龙湖内，三面环水，环境优美，岗地东南端被人工改造为三处临湖垂钓园，并修建了若干现代度假村。上述活动使得童家嘴东端自然地貌被严重破坏。

2. 考古遗存

与小王家嘴等地点类似，童家嘴区域开展的考古工作较为有限。1980年，当地村民在童家嘴南坡取土时发现一批青铜器，盘龙城考古工作站随即赴现场进行清理，确认青铜器出自一座商时期墓葬，该墓葬位于童家嘴岗地南段的临湖地带①。

2006 年，盘龙城遗址博物院对童家嘴进行了全面的考古勘探，仅发现了十分零星的商时期陶片。

2012 年，湖北省文物考古研究所再次对童家嘴进行了考古勘探，在童家嘴南坡发现了小范围分布的商时期文化层，并采集到一枚青铜爵足。

(十二)长峰港

1. 地貌形态

长峰港是位于盘龙湖东岸的一处自北向南延伸的岗地，地势北高南低，海拔 19.5~34.8 米，地势高低起伏。长峰港东南、西、南三面被湖水环绕，平面形态极不规则，实际上长峰港是由三条小型岗地组成——万家汊(北)、丰家嘴(中)、小杨家嘴(南)。

当前，长峰港的北部和中部分布有两处自然村落，岗地南端为盘龙湖渔场所在地。20 世纪 80 年代，长峰港的村民利用当地临近湖泊的天然优势，将岗地南端的天然凹地改造成了多个人工鱼塘。因此，目前万家汊、

① 湖北省文物考古研究所：《盘龙城：一九六三年——一九九四年考古发掘报告》，文物出版社，2001 年，第 397 页。

丰家嘴及小杨家嘴岗地南端分布有多个小型鱼塘。这些人工鱼塘的出现使得岗地原始地貌遭受破坏。

2. 考古遗存

长峰港由于距离盘龙城遗址核心保护区较远，开展的田野考古工作较为有限。盘龙城遗址博物院考古人员在 2005 年通过寻访得知，长峰港一带的农民曾在耕地时多次采集到残铜器、石器及陶片等遗物[1]。

2005 年，为配合编制《盘龙城遗址保护总体规划》，盘龙城遗址博物院对长峰港区域展开了考古勘探，并在小杨家嘴、丰家嘴、万家汊均发现有商时期文化层，且采集到了陶鬲足、印纹硬陶片及红陶缸残片等。

2012 年，为配合盘龙城遗址公园建设，武汉市文物考古研究所再次对长峰港区域开展了考古勘探，在长峰港东侧临湖地带发现了两处商代遗址——小杨家嘴和小尖嘴。经过实地核查，2012 年勘探发现的小尖嘴遗址即为 2006 年考古调查时发现的丰家嘴遗址，而 2012 年调查发现的小杨家嘴遗址在 2006 年考古调查时亦曾发现。

(十三) 丰家嘴

丰家嘴位于丰家嘴岗地最南端，东、西、南三面临湖，该地点春夏秋三季被湖水淹没，冬季显露地表，当地居民称其为"小尖嘴"。勘探表明该地点分布有商时期的文化堆积，小尖嘴东侧分布有一处鱼塘，商时期文化堆积因此遭到了严重破坏，现存堆积南北长 40 米、东西宽 13 米，总面积约 520 平方米。勘探表明，该区域地层堆积可以分为 4 层。其中第 1 层、2 层为近现代形成的文化堆积，第 3 层为唐宋时期文化层，第 4 层为商文化时期堆积。

(十四) 小杨家嘴

小杨家嘴位于长峰港最南端，西与杨家嘴遗址隔湖相望，东与小盘龙

---

[1] 武汉市盘龙城遗址博物馆：《盘龙城东部长峰港商代遗存调查勘探简报》，《武汉文博》2007 年第 2 期。

湖相接。小杨家嘴地表现被渔场宿舍、苗圃、养猪场等现代设施占据。由于该地点紧邻府河，地表原始地貌曾遭到取土筑堤工程的破坏。勘探表明该区域的地层堆积可以分为2层，第1层为表土层，第2层为商代文化层，厚0.1~0.5米。商代文化层底部即为生土。小杨家嘴西侧紧邻盘龙湖，分布于岗地之上的商代遗存向西延伸至盘龙湖区域，由前文的分析可知，盘龙湖水位经历过显著的抬升过程，在商文化时期，小杨家嘴西侧应存在一定的陆地空间。

以上我们对盘龙城遗址各地点的地貌特征和遗存分布情况进行了详细的论述，其目的在于通过对历年考古发掘、勘探及地面调查资料的综合分析，对夏商时期盘龙城聚落的分布范围形成相对清晰和准确的认识。在Arcgis软件中我们可以将考古探孔、探方及地表文物采集点在同一张底图中集中呈现，由此就可以准确地勾勒出盘龙城遗址夏商时期遗存的分布范围(参见图3.39)。

盘龙城遗址的田野考古工作迄今已持续60余年，依据既往的田野考古工作，盘龙城遗址的分布范围已大体明确，即以宫城区和杨家湾、杨家嘴、李家嘴、王家嘴、小嘴、艾家嘴、楼子湾等岗地构成的遗址核心区，和以大邓湾、小王家嘴、童家嘴、长峰港等岗地构成的遗址外围地带①。2012—2018年，武汉大学历史学院等单位通过对盘龙城遗址各地点历年考古发掘区域的精准测绘，该遗址各类遗迹的三维地理坐标及其空间位置关系方得以明确。

截至2018年，该遗址考古发掘面积累计15045平方米(参见表3.4)。考古勘探面积共计273.6万平方米。系统性的考古勘探工作表明，盘龙城遗址核心区内各岗地之间商文化时期遗存呈现出了接续成片的分布态势。而遗址外围地带的遗存分布则较为稀疏，各遗址点之间存在明显的空白地带。此外，近年来的田野考古工作表明，当代盘龙城遗址中河湖水位明显

---

① 湖北省文物考古研究所：《盘龙城：一九六三年——一九九四年考古发掘报告》，文物出版社，2001年，第2页。

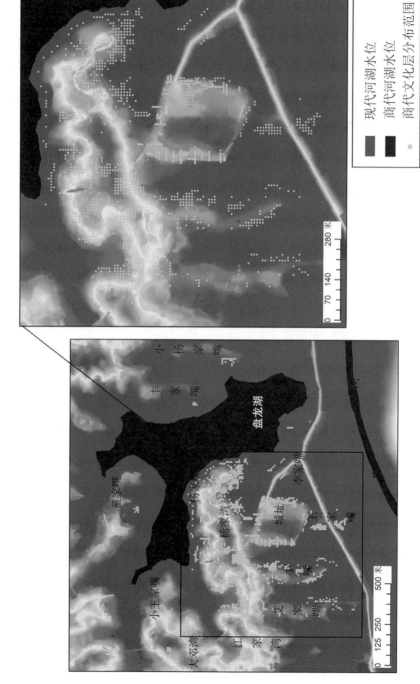

图3.39 盘龙城遗址商时期文化堆积分布图

高于商文化时期①。

表 3.4　　　　　盘龙城遗址各地点历年考古发掘工作统计表

地点	发掘面积(平方米)	发掘年份	发掘单位
杨家湾	4119	1974—1992、 1997—1998、 2001、2006、 2013—2014	湖北省博物馆 湖北省文物考古研究所 武汉市文物考古研究所 武汉大学
杨家嘴	1939	1980—1983、 1998、2006、 2014	湖北省文物考古研究所 武汉市文物考古研究所 武汉大学
李家嘴	400	1974、1985、 2015	湖北省博物馆 湖北省文物考古研究所 北京大学 武汉市文物考古研究所
城址	2660	1974、1976、 1979、1985、 1989	湖北省博物馆 北京大学 湖北省文物考古研究所
王家嘴	3145	1979—1985、 2001、2014、 2018	湖北省文物考古研究所 武汉市文物考古研究所 武汉大学
小嘴	1807	2008、 2015—2018	武汉市文物考古研究所 武汉大学
楼子湾	275	1963—1980	湖北省博物馆 湖北省文物考古研究所
小王家嘴	600	2015	武汉大学
江家湾	75	1980—2000	湖北省文物考古研究所
童家嘴	25	1980	湖北省文物考古研究所

注：表中统计数据截至 2018 年。

---

① 武汉大学历史学院等：《武汉市盘龙城遗址水下勘探及试掘简报》,《江汉考古》2018 年第 5 期。

基于上述信息，我们可以从多个维度重新界定盘龙城遗址的面积。就当代丰水期水位(22.6米)而言，盘龙城遗址总面积中约50%为湖水所占据，因此在总面积为3.95平方千米的遗址区中，仅有1.98平方千米的区域为陆地。而就商代丰水期水位(17.5米)而言，盘龙城聚落总面积中仅15%为水域，因此该聚落中的陆地面积约为3.24平方千米，这一空间范围大体可以视为商代先民在盘龙城聚落中的活动空间(参见图3.40)①。在这一地理空间之内，以城址及杨家湾、李家嘴、王家嘴、小嘴、艾家嘴、江家湾等岗地共同组成的约1平方千米的区域，商文化时期遗存的分布接续成片，虽在李家嘴、小嘴、艾家嘴岗地顶部可见若干遗存分布的空白地带，但从遗存分布的整体态势和对当地地貌的考察可知，这些空白地带系晚期(商代以后)人类活动破坏所致。而小王家嘴、童家嘴、长峰港等地遗存分布的密集程度显然不及城址及其周边地带。考虑到商时期盘龙湖水域面积十分有限，因此小王家嘴、童家嘴及长峰港等相对独立的岗地，在当时很有可能通过陆路交通形成与聚落核心地带的沟通与关联，因此岗地间所见的大片遗存分布空白地带仍可视为盘龙城聚落的组成部分。

三、聚落布局变迁

前文通过对盘龙城区域的水陆格局及聚落分布范围的讨论，基本勾勒出了商文化时期盘龙城聚落的景观。盘龙城聚落的兴废前后延续300余年，考古遗存的空间分布表明，在长达近三个世纪的历程中盘龙城聚落的形态经历了一个从始建到发展繁荣直至衰落的动态变迁过程。因此，有学者指出当前对于盘龙城聚落形态的认识乃是"将不同阶段的遗存压缩在同一个时间点上进行解读"，并以《盘龙城》考古报告刊布的发掘资料为基础，以大型公共建筑的使用为标志，将盘龙城聚落布局划分为三个阶段②。这项研究成果成了我们讨论盘龙城聚落景观的重要基础。

---

① 不同水位条件下，盘龙城遗址中陆地面积数据来自 Arcgis 软件基于盘龙城遗址数字高程模型所测算结果。

② 张昌平、孙卓:《盘龙城聚落布局研究》,《考古学报》2017年第4期。

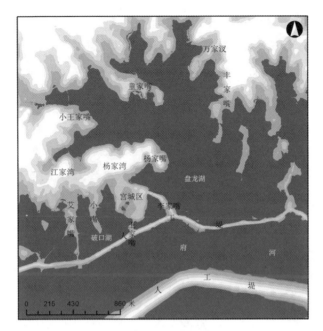

a. 当代盘龙城遗址景观

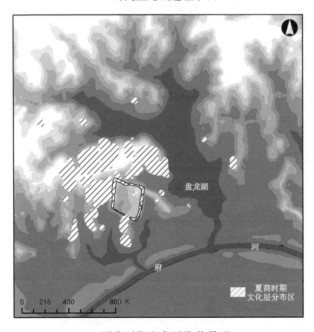

b. 夏商时期盘龙城聚落景观

图 3.40　盘龙城景观变迁对比图

175

然而，刊布于 21 世纪初期的《盘龙城》考古报告，其收录的考古资料截至 1994 年。且 20 世纪 90 年代以前，盘龙城遗址的田野考古工作多以配合当地农田水利工程而开展，主动性考古项目极少，工作区域具有明显的不平衡性。对于基本建设涉及的杨家湾、李家嘴、王家嘴岗地开展的考古工作较多，对于同属遗址核心区以内的小嘴、艾家嘴、江家湾等地点均未能开展任何工作，因此对这些区域考古遗存的分布情况亦未能形成清晰认知。

自该报告刊行以来，盘龙城遗址开展了大量的田野考古工作。尤其是 2012 年以来，由于盘龙城国家考古遗址公园建设，系统性的考古勘探和发掘工作得以展开，高精度数字化测量手段被应用于遗存空间信息的采集工作之中。这些资料的积累和技术手段的革新，为进一步探究盘龙城聚落景观提供了坚实的基础。

前文已对盘龙城遗址历年考古发掘、勘探与调查的成果进行了全面的梳理，由此可以勾勒出盘龙城遗址的分布范围。但是，要复原出各时期聚落布局还必须明确遗存的相对年代。众所周知，勘探工作便于快速了解遗存的分布范围并可初步判断遗存的性质，但对于遗存的相对年代则较难辨识。因此在实际的勘探工作中，我们对探孔各地层的年代只做大的划分，例如商代文化层、东周文化层、宋元时期文化层、表土层，等等。而考古发掘由于出土了较多层位关系明确、年代特征鲜明的陶器遗存，因此是判断遗存相对年代最为有效的资料。考古调查亦可采集若干遗物，亦能对遗存的年代作出相对准确的判断。

截至 2018 年，盘龙城遗址内已开展考古发掘的岗地包括城址、王家嘴、李家嘴、杨家湾、杨家嘴、楼子湾、小嘴、小王家嘴、童家嘴岗地，并公开发表了各区域的发掘资料，为准确判断各区域遗存的年代提供了重要基础。在此仍采用《盘龙城聚落布局研究》中所构建的时间框架，将盘龙城聚落布局的整体变迁历程划分为三个阶段（见表 3.5）。由此，我们可以绘制出每个阶段盘龙城聚落的分布范围。图 3.41 以三幅图表示从第一阶段至第三阶段盘龙城聚落布局的动态变迁过程。

表 3.5　　　　　　盘龙城遗址各地点不同时期遗存分布统计表

地点 期别	城址	王家嘴	李家嘴	杨家湾	杨家嘴	楼子湾	小嘴	小王家嘴	童家嘴
第一阶段		✓							
第二阶段	✓	✓	✓	✓	✓	✓	✓		
第三阶段				✓				✓	✓

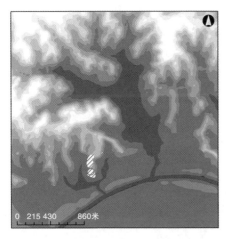

a. 盘龙城聚落第一阶段景观　　　　　b. 盘龙城聚落第二阶段景观

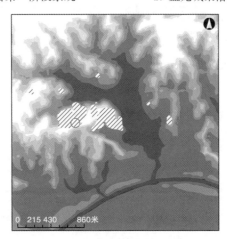

c. 盘龙城聚落第三阶段景观

图 3.41　盘龙城聚落景观变迁图

第四章　江汉地区聚落景观复原

在上一章的论述中，从盘龙城遗址当代景观入手，对遗址景观的动态变迁过程作了回溯式的观察，进而对夏商时期盘龙城的聚落景观进行了初步复原。实际上，关于盘龙城景观变迁个案研究折射出了江汉地区景观特征的诸多信息，一方面，江汉地区夏商时期的河湖水位可能大幅低于当代河湖水位，另一方面，夏商时期这一区域的聚落形态可能与当代所见的遗址面貌存在显著差异。因此，在本章的论述中我们将对江汉地区多处夏商时期遗址的景观变迁过程进行研究，力求复原出这批聚落在夏商时期所呈现的聚落景观。进而将研究视野从盘龙城这个"点"拓展至江汉地区这个"面"，对江汉地区夏商时期的地理环境和聚落景观形成整体性认识，由此可以对不同时期的聚落进行历时性和共时性比较，进而对其中所折射出的社会背景与文明发展进程作出解读。

本章共分两节，第一节是对江汉地区当代地理环境与聚落选址特征的概述。从前文的研究中可以获知，遗址古代景观与当代景观保持着前后相续的密切联系，因此在探究江汉地区夏商时期聚落景观时，必须对这一区域当代地理环境与聚落选址特点形成较为充分的认知，以此作为复原夏商时期聚落景观的基础。本章第二节则是对江汉地区夏商时期聚落景观的复原，在第二节的论述中将以现有的考古资料为基础，整合田野调查及早期卫星影像、古旧地图中的景观信息，对夏商时期聚落的分布范围、海拔高程、微地貌特征、营建方式等信息进行探究，以此作为复原夏商时期聚落景观的切入点，同时也为第五章对聚落层级与社会结构、聚落高程与河湖水位、聚落分布与交通路线等自然与人文景观展开研究奠定基础。

第一节　当代地理环境与聚落景观

江汉地区地处长江中游，因长江与汉水在此交汇而得名，在行政区划上基本涵盖了今湖北省的大部分地区。江汉地区中心地带以河湖冲积平原为主，平原外围又分布有一系列山地，这样的地貌特点使得江汉地区形成了一个相对独立的地理单元，且兼具平原、丘陵、山地等多样化的地貌形态。与此同时，发源于山岭之间的多条水系在平原腹地交汇，形成了河道交错、湖泊密布的水系结构。

就人居环境而言，上述地貌格局不仅造就了江汉地区普通聚落的选址特征，还对现代城市的分布态势形成了深刻的影响。这种传统一方面可以被视为文化的传承，另一方面也是人类在这一区域自然地理条件下的必然选择。换言之，江汉地区古代聚落景观与当代聚落景观虽存在明显差异，但这一区域古今聚落的选址理念则呈现出了若干不变的规律，通过对当代聚落选址特征的分析我们能更为真切地复原和理解古代聚落的景观，这也正是本节对江汉地区当代地理环境与聚落选址特征进行分析的基本出发点。此外，本节还将对江汉地区夏商时期遗址的保存现状进行系统梳理，为后文复原夏商时期聚落景观奠定基础。

一、当代地理环境

地理环境所涉内容甚为宽泛，但就江汉地区而言，地貌形态与河湖水位对于聚落选址的影响最为明显。显而易见的是，这一区域的现代城镇多选址于地形平坦开阔、交通条件优越的地带。与此同时，这一区域河湖纵横，湖泊密布，洪涝灾害频发，故而无论是大型城市还是小型村镇，多沿防洪大堤而建，"依堤而居"，"以堤为命"。因此，地貌形态与河湖水位是我们考察江汉地区自然地理环境时尤为关注的两项内容。

(一)地貌形态

江汉地区的地貌类型主要由其腹地的冲积平原和外围的低山丘陵地带

构成。这一区域地势由中部平原向外围山地逐渐攀升，因此江汉地区又被称为"江汉盆地"①。江汉盆地平面轮廓近似菱形，东西两端距离约 300 千米，南北两端距离约 200 千米。盆地中央是宽广的冲积、湖积平原，海拔高程大多在 50 米以下，东部最低处仅 20 米；盆地边缘为丘陵带，高程一般在 200 米以下；外围西、北、东三面都是山地，高程一般在 1000~1200米之间。江汉地区在东西方向上处于中国第二级阶梯与第三级阶梯的过渡地带，南北方向上处在华北平原与华南山地之间，因此地貌类型复杂多样，过渡性质十分明显。

江汉地区东北部分布有桐柏山、大别山等西北—东南向山岭，这些山岭沿汉水以东，向东南延伸，至武穴附近直逼长江北岸，成为淮河水系与长江水系的分水岭。山地南侧为一片丘陵和垄岗状平原，地势自北向南倾斜。丘陵与垄岗之间形成平行南流的水系，例如涢水、澴水、倒水、举水、巴水、浠水、蕲水等水系，径直注入长江。江汉地区东南部为幕阜山、九宫山等东北—西南向山岭，山岭东端直逼长江南岸，并与对岸的大别山遥遥相对。幕阜山与大别山之间为长江沿岸的河谷平原。

江汉平原北部以大洪山为中心，在府河以西、汉水以东的区域形成了成片分布的岗地与河谷地带，大洪山以北与南阳盆地相接，在襄阳、枣阳、老河口三地分布有三片小型岗地，共称"三北岗地"。大洪山以南为平坦的冲积、湖积平原。江汉平原西部分布有巫山、武当山、秦岭、荆山等山岭，荆山与大洪山之间即为带状分布的汉水河谷地带。荆山南麓直至长江北岸，地势逐渐趋平，形成了平坦肥沃的荆北（荆江以北）平原。

江汉地区南部与洞庭湖平原相接，以长江为界，江北为江汉平原，江南属洞庭湖平原，江汉平原与洞庭湖平原因地理位置上的邻近，地貌条件的趋同，又合称"两湖平原"②。江汉地区腹地主要为海拔 50 米以下的洪泛

---

① 李长安、陈国金、皮建高：《长江中游洪灾形成的地学分析》，《第四纪研究》2003 年第 6 期。

② 梅莉、张国雄、晏昌贵：《两湖平原开发探源》，江西教育出版社，1995 年，第 1 页。

平原。平原内部的汉北河、汉水、东荆河及长江呈西(北)—东(南)流向,将平原分割成为几大块河间洼地,其中以长湖、三湖、白露湖、洪湖所命名的四湖洼地地势最低,面积最大,约12120平方千米。平原内部除残存的孤丘土墩外,地势总体上呈带状起伏,"大平小不平"①。显然,河流纵横、湖泊星罗成了江汉平原腹地的一项鲜明特征。高度发达的水系为平原腹地带来了肥沃的土壤和优良的水利条件,为江汉地区农业生产带来了天然的优势。但与此同时,每年汛期陡增的水位,常使河水溢出河道,河湖连通,汪洋恣肆,频繁且严峻的洪水成了威胁江汉地区人类生存和经济发展的重要问题。

(二)河湖水位

实际上,河湖水位是一个不断波动的变量,天然河湖水位每年随季节变化而自然涨落。从人居环境的角度而言,我们最为关注的是河湖在汛期的水位,或称为洪水位,洪水位往往决定着人类居址的海拔高程,出于规避洪灾的目的,人类多选址于高于洪水位的地带营建房屋以及开展工农业生产。

江汉地区当今已经构筑起严密完备的人工堤防系统(参见图4.1),洪水被困束在高耸的大堤之内。因此大堤沿线的城镇、乡村其海拔高程远低于洪水位则不足为奇。例如,江汉地区荆江段即为地上悬河,荆江大堤以北的荆州、沙市主城区地面低于荆江洪水位10米以上。但是,江汉地区人工堤防系统的构筑不足百年,在历史时期,这一区域并未形成完备的人工堤防,因此河湖水位是人类在营建居址时不得不尤为关注的一项地理条件,这也是复原江汉地区夏商时期聚落景观时不可不察的一项重要指标。正因如此,需要首先对江汉地区现代河湖洪水位状况形成相对清晰的认知。

---

① 梅莉、张国雄、晏昌贵:《两湖平原开发探源》,江西教育出版社,1995年,第3页。

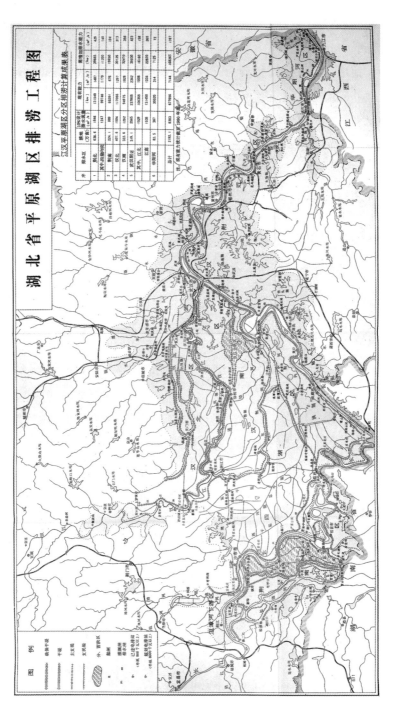

图4.1　江汉平原现代堤防系统

江汉地区最早的水文实测资料始于清代末期，1865 年汉口建立了水文站。从近代以来的水文实测资料中可知，1865 年以来江汉地区出现严峻洪灾的年份包括 1870 年、1931 年、1935 年、1954 年和 1998 年，其中以 1954 年洪水淹没范围最广，造成的损失最为严重。1954 年 5—7 月，雨带长期徘徊在长江流域南北两岸，暴雨笼罩范围广，持续时间长。上、中、下游洪水互相遭遇，形成了近百年来最大洪水。汉口站实测最大洪峰流量为 76100 平方米/秒，洪峰水位 29.73 米，为历年最高值。据统计，该年受灾田亩 4755 万亩，受灾人口 1888 万人，淹死 3.3 万人，受损房屋 427.6 万间，京广铁路 100 天不能正常通车①，洪灾对于江汉地区人类生存和经济建设的巨大威胁由此可见。从现代水文观测站数据可知(见表 4.1)，江汉平原腹地(西起荆州东至武汉)汛期洪水可上涨至 30 米以上，而江汉平原腹地除少量孤山残丘地带以外，绝大部分平坦地带海拔均为 30 米以下。可以想见，若无完备的人工堤防系统护卫，每年汛期江汉平原全境将被洪水淹没，分布于平原内部的城镇和大片农田将无一幸免。正因如此，防治水患成了人类在对江汉地区进行开发的过程中必须首先解决的问题。自东晋时期开始，荆江沿线即出现了人工堤防②，随后堤防长度逐渐延展、堤顶高度逐渐增加，逐步构成了严密完备的人工堤防系统，堤防系统的构筑成了江汉地区人群抵御洪水的有效手段，可以说"堤防是本区经济开发的基本前提和保障"③。

不过，值得注意的是，江汉地区堤防的修筑既是人类抵御洪水的有效手段，同时也成了刺激洪水位进一步抬升的重要因素。修筑堤防与洪水上涨二者互为因果：洪水危害促使人们修筑堤防；但大堤修筑之后，导致洪水归槽，加上泥沙淤积，穴口堵塞，使得洪水位上升，又迫使人们进一步

① 水利部长江委员会：《长江防洪地图集》，科学出版社，2001 年，第 46 页。
② 荆江大堤志编纂委员会：《荆江大堤志》，河海大学出版社，1989 年，第 5 页。
③ 杨果、陈曦：《经济开发与环境变迁研究——宋元明清时期的江汉平原》，武汉大学出版社，2008 年，第 131 页。

表 4.1　长江中游部分水文观测站警戒水位、保证水位及历年最高水位比较表①

站名	警戒水位	保证水位	1954 年最高水位	历年最高水位	
				水位	出现时间
沙市	43.00	44.49	44.67	44.49	1949.7.9
郝穴	—	—	41.59	41.19	1949.7
石首	35.50	37.09	39.89	39.39	1952.9.20
调弦口	35.50	37.09	38.44	37.19	1952.9.20
监利	33.80	35.39	36.57	35.40	1952.9.20
城陵矶	—	33.29	32.56	31.95	1935.7.14
汉口	26.30	28.28	29.73	28.28	1931.8.19
黄石	21.50	24.63	26.41	24.78	1931.8.20
武穴	19.50	22.18	23.14	21.50	1937.8.25
九江	20.10	20.92	22.08	20.92	1949.7.4

加高堤防，最终出现了高堤防、高水面的险要态势②。据周凤琴研究，宋元时期至今，荆江洪水位上涨幅度达 10 米左右，而正是从宋元时期开始，江汉地区人口数量显著增多，堤防的修筑里程和完备程度显著增加。

要言之，江汉地区地形平坦、河湖纵横，因此汛期上涨的洪水成了威胁这一区域人类生存的一项重要因素。而且，由于堤防的修筑，河床淤塞加剧，当今江汉地区河湖(汛期)水位普遍处于历史时期最高水平。

二、当代聚落选址特征

聚落是人类居住和生活的场所，现代人类聚落主要表现为城市与村庄两种类型。城市与村庄的形成，乃是不同规模人口聚居的结果，其形成原

---

①　表中数据来自《1954 年长江的洪水》表 3-1，表中水位数据单位为"米"，水位高程系统采用"吴淞高程"。参见长江水利委员会水文局：《1954 年长江的洪水》，长江出版社，2004 年，第 36 页。

②　杨果、陈曦：《经济开发与环境变迁研究——宋元明清时期的江汉平原》，武汉大学出版社，2008 年，第 356 页。

因显然是复杂多样的。但在同一地理单元中，城市与村庄的选址往往呈现出一定的规律性特征，例如沿河而建、依山傍水等。这些聚落的选址规律恰是该区域自然地理格局的真实写照。以下将对江汉地区现代城市与村庄的选址特征进行初步梳理，以此作为分析江汉地区夏商时期聚落选址特点的基础和铺垫。

论及江汉地区城市的选址规律，已有学者对此进行过较为深入的研究。要言之，江汉地区城市的选址特点可以概括为两方面。

第一，城市多分布于平原湖区与丘陵之间的过渡地带。如前所示，江汉地区的地貌特征具有明显的过渡性特点，即由外围的山地、丘陵向内部的平原、洼地过渡。纵观江汉地区现代城镇(省会、地级市、县城)分布图，则不难发现这一区域的城镇多分布于平原与丘陵之间的过渡地带。龚胜生曾对两湖平原(江汉与洞庭湖平原)秦代至今的城市分布规律进行了深入研究，他指出两湖平原的城市圈层最初分布于平原与丘陵之间的过渡地带，随后逐步向平原腹地拓展(见图 4.2)。无独有偶，梅莉等对两湖平原人类开发历程的研究亦得出了类似的结论(见图 4.3)[1]。上述研究表明，江汉地区平原与丘陵之间的过渡地带成了城市分布的首选地带，即大体相当于 30~50 米等高线之间的区域。对于现代城市的这一选址特点，龚胜生给出了令人信服的解释"(平原与丘陵过渡地带)是物质、信息与能量交换的桥头堡，具有强烈的界面效应和边缘效应，易于形成人口、经济活动的空间集聚"[2]。相较而言，山地、丘陵地带，信息、资源相对闭塞，难以孕育出大型的人口聚集地。而平原腹地虽然河湖纵横，土地肥沃，具有良好的农业耕种条件，但是因其地势低洼、水患灾害严重，亦难以成为城市选址的理想之地。山地与平原之间的过渡地带，占据地形平坦、交通便利的优势，又能有效规避水患，成了江汉地区城市的首选之地。武汉、襄阳、荆州、宜昌等主要城市基本符合这一选址规律。

---

① 梅莉、张国雄、晏昌贵：《两湖平原开发探源》，江西教育出版社，1995 年，第 11~26 页。

② 龚胜生：《两湖平原城镇发展的空间过程》，《地理学报》1996 年第 6 期。

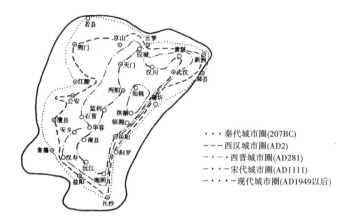

图 4.2　江汉与洞庭湖平原城市圈层扩展图①

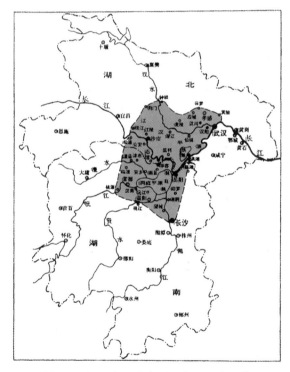

图 4.3　江汉与洞庭湖平原位置示意图②

第二，区域中心城市并不位于江汉地区的几何中心。江汉地区的几何中心大致位于当今潜江市附近，然而当今作为江汉乃至华中地区经济、文化中心的武汉市则位于江汉地区东北部。从历史的眼光来看，先秦时期以来，江汉地区的区域中心也从未分布于区域的几何中心地带，这样一种大型城市分布特征实际上与这一区域的地貌形态有着直接的关系。

清代地理学家顾祖禹在《读史方舆纪要》卷七十五中论及湖广地理形势时作出了如下评述：

> 湖广之形胜，在武昌乎？在襄阳乎？抑在荆州乎？曰：以天下言之，则重在襄阳；以东南言之，则重在武昌；以湖广言之，则重在荆州。

顾祖禹的这段描述实际上指明了自秦汉时期以来，江汉地区最为重要的三座城市：武昌（今武汉市）、襄阳和荆州。顾氏认为，"以天下言之，则重在襄阳"，因为在南宋以前我国的经济重心长期位于黄河流域，而襄阳北接南阳盆地，成了江汉地区进入郑洛和关中地区的重要节点，因此襄阳当属江汉地区的中心城市。而对于湖广地区而言，荆州扼守长江中游，在东西方向上，自荆州溯江西进可进入成都平原，沿江东进可至赣都地区。在南北方向上，荆州亦位于一条北上中原、南下洞庭湖平原的交通主干道之上，因此荆州的重要性不言而喻。若以东南言之，则武昌的重要性最为凸显。实际上，南宋以后，随着经济中心由黄河流域南移至长江流域，武昌地区人口数量显著增加，政治、经济地位也明显提升。明代中叶，随着汉水改道，使得汉口与汉阳被汉水分割，汉口成了天然良港，自此汉口从人烟稀少的沙洲、沼泽迅速发展成了华中地区重要的商业中心。襄阳、荆州、武昌三座城市之间，当今作为湖北省省会的武汉市兴起的时间最晚。有学者此前已经对江汉地区城市发展历程进行了长程的观察，指出先秦时期以来，江汉地区城市群的重心呈现出了自西北向东南转移的趋势，这一转变发生于宋元时期。东周至宋代，江陵（今荆州市）长期处于区域中心城市地位。元代以来，武汉取代江陵成了江汉地区的核心①。

从古人与今人的研究均可以看出，江汉地区的区域中心城市从古至今都没有分布于区域的几何中心地带，而是在襄阳、荆州与武汉三地之间流转。上述江汉地区大型城市的分布规律，究其原因，无外乎两个方面：其一，与城市所处的地理位置有关。顾祖禹所言的武昌、荆州、襄阳分别位于南控东南、西接巴蜀、北上中原的交通要冲之上，自然也就成了文化、信息与资源交汇和传播的重要地带，亦具有显著的军事与政治意义。其二，与全国的政治、经济中心的变迁有关。南宋以前，中国的政治、经济、文化中心长期居于黄河中下游，长安、洛阳、开封等地屡次发展成为都邑，江汉地区西北部从空间距离上更为接近政治文化中心，因此得到了较为深度的开发，江陵(今荆州市)溯汉水而上即经南阳盆地进入中原的水陆通途成了连接南北的主要交通干线。而南宋以后，政治中心迁至杭州、南京、北京等地，全国经济中心亦随之南移至长江流域，江汉平原亦进入了大开发阶段，人口数量陡增②。元代，武昌成为湖广行省的省会，一跃成为江汉地区乃至长江中游的中心城市，元代以后，从北京经武汉至广州的驿道成了全国交通网的南北向中轴③，江陵的区域中心地位由此被武昌取代。

由以上分析可知，近两千年以来，江汉地区区域中心城市的分布地点与这一区域的自然地理格局和全国政治、经济、文化中心的位置均有着密切联系。区域中心城市往往位于地形平坦、四通八达的交通节点之上，同时随着全国政治中心的迁移，江汉地区的区域中心城市亦随之发生转变。鉴古知今，由历史时期城市的分布规律，不难理解当今武汉市成为湖北省省会乃至华中地区最大城市的深层次原因。同时，将今论古，通过对近两千年以来江汉地区城市分布规律，尤其是大型城市分布态势的分析，则能

---

① 龚胜生：《两湖平原城镇发展的空间过程》，《地理学报》1996 年第 6 期。

② 杨果、陈曦：《经济开发与环境变迁研究——宋元明清时期的江汉平原》，武汉大学出版社，2008 年，第 145～149 页。

③ 杨正泰：《明代驿站考》(增订本)，上海古籍出版社，2006 年，第 74 页。

更好地理解夏商时期这一区域中心聚落形成的背景与原因。

以上对江汉地区城市的选址特点进行了归纳与总结，在城市之外更为广泛存在的聚落形态则是散布的自然村庄。江汉地区现代村庄的数量虽多，但其选址特点却并非杂乱无序，而是呈现出了明显的规律性。历史地理学者鲁西奇在对江汉地区乡村聚落进行实地考察和研究后对村落的分布特点概括为两点："依堤而居"和"居于墩、台之上"①。

第一，"依堤而居"是指现代村落、集镇大多沿着河堤分布，形成"一字型"格局。这种村落布局形态体现出了当地人群既希望乘水利之便，又可防御水患的选址理念。我们注意到，这种布局方式不仅体现在乡村聚落之中，大型城市也大多依水而立，又赖堤以御水。以武汉市为例，明清时期以来，汉口城区的发展和繁荣正体现出了城市扩张与堤防修筑之间的密切关联②。明清时期汉口主城区局限在汉水与长江交汇之地，形成了沿江分布的狭长形城区。为抵御来自汉口北部的洪水，1635 年前后，明代汉阳通判袁焻在汉口城区北侧主持修筑了"袁公堤"（现已拆除）。随着城市的发展，张之洞在"袁公堤"以北主持修筑了"张公堤"，从此"变泽国为沃土"，为汉口城区扩张提供了广阔的空间。新中国成立以后，武汉市政府又在"张公堤"以北组织修筑了"东西湖大堤"，再次大幅拓展了汉口城区的面积，为城市发展带来了巨大潜力③。因此，有学者指出"汉口是一个依堤为命的城市"④。武汉地区的堤防，有史可考者，武昌江堤始于宋代；汉阳、汉口自明代起，由支离民垸逐步并联为堤，进而发展成为堤防系统。截至

① 鲁西奇：《长江中游的人地关系与地域社会》，厦门大学出版社，2016 年，第 191~207 页。

② 方秋梅：《论晚清堤防建设对汉口城市环境变迁的影响》，《江汉论坛》2009 年第 8 期。

③ 邹秋实：《盘龙城遗址地理环境变迁初探》，《遗产与保护研究》2017 年第 2 期。

④ 方秋梅：《论晚清堤防建设对汉口城市环境变迁的影响》，《江汉论坛》2009 年第 8 期。

1985 年，武汉市堤防总长已达 285 千米①。无独有偶，同样依水而立的荆州市早至东晋时期就已修筑了人工堤防，后经历代不断修筑完善，最终构筑起了全长 182.35 千米的荆江大堤，堤内 800 万亩耕地、500 万人口均处于荆江大堤的保护之下②。

第二，"居于墩、台之上"是指江汉平原腹地村落多分布于天然冈阜、小丘或人工堆筑的墩台之上，显然这样的村落选址理念同样是出于抵御洪水的考虑。正因如此，江汉地区至今仍保留着众多称为"某某台"或者"某某墩"的自然村落。鲁西奇通过对地名志的统计分析指出，沔阳县（今仙桃）38.6%的村落以"台"或"墩"命名，潜江以"台"为名的村落可达总数的45%。考虑到还有若干分布于墩、台之上的村落村名缀以"台"或"墩"字的情况，实际分布于台、墩之上的自然村落在全部村落中所占比例将更大③。

"依堤而居"和"居于墩、台之上"基本概括出了江汉地区常见的聚落选址特征，也体现出了洪水威胁对现代人居环境的深刻影响。值得注意的是，夏商时期，江汉地区尚未出现完备的人工堤防系统。彼时江汉地区的聚落呈现出何种形态，古代先民如何处理聚落营建与地理环境之关系。这些问题正是下文需要探究的问题。

三、夏商时期聚落保存现状

存在于旷野中的遗址在漫长的历史发展过程中不可避免地遭受着人类活动和自然环境变迁的影响，因此遗址的地貌形态也发生了不同程度的改变。笔者经过实地调查发现江汉地区商文化时期遗址在自然与人类活动的双重影响下均遭受了一定程度的破坏，而这一背景也正是笔者开展遗址景

---

① 武汉市防汛指挥部办公室：《武汉堤防志》，武汉市场信息报印刷厂，1986年，第 37 页。

② 荆江大堤志编纂委员会：《荆江大堤志》，河海大学出版社，1989 年，第 55页。

③ 鲁西奇：《长江中游的人地关系与地域社会》，厦门大学出版社，2016 年，第200 页。

观复原研究的基本出发点。具体而言，这一区域商文化时期遗址遭受破坏的原因主要可以归纳为以下几个方面。

(1)遭受现代基本建设工程破坏。

现代道路、桥梁、居民区、厂房、防洪堤坝穿过或完全覆盖遗址区，对遗址造成了不同程度的破坏。特别是位于现代城市区域以内的遗址遭受的此类破坏尤其严重。例如荆南寺遗址位于荆州市主城区以西约1.5千米，20世纪80—90年代考古人员对该遗址进行发掘时，遗址就已被当地砖瓦厂的取土活动破坏。目前，荆南寺遗址所在的墩台已经被夷为平地，原遗址分布区域已经完全被工业厂房覆盖。与之类似的是，位于荆州市沙市区的周梁玉桥、官堤遗址。当前周梁玉桥、官堤遗址分布区已经成为繁华的闹市区，遗址迹象无从可寻。位于武汉市新洲区的香炉山遗址，由于遗址东侧分布有华中华能发电厂，厂区西墙穿过遗址东部，遗址核心区分布有20余户现代民房，因此遗址遭受了较为严重的破坏，20世纪90年代初期考古人员对该遗址进行考古发掘时，估测遗址面积约为3万平方米。2019年，武汉市文物考古研究所对香炉山遗址进行复查时，发现该遗址残存面积约为7500平方米。

(2)河湖水位的季节性涨落，对沿河、沿湖分布的遗址造成严重的侵蚀。

河湖水位涨落对遗址本体的侵蚀现象在盘龙城遗址群中表现得极为明显。盘龙城遗址内部分布有盘龙湖、破口湖两片水域。当代盘龙湖与破口湖年度涨落幅度为3米左右，湖水涨落导致盘龙城遗址中小嘴、李家嘴、王家嘴、杨家嘴岗地滨湖地带被严重侵蚀，大量埋藏于地表之下的商文化时期遗物直接显露地表，或随地表径流冲刷至湖盆。此外，武汉市黄陂区王家河镇的光山造遗址分布于滠水东岸，20世纪80年代，考古人员曾在考古调查过程中发现该遗址，并采集到了尖锥状鬲足等陶器残片。但2019年武汉大学、北京大学与黄陂区博物馆考古人员赴遗址现场进行调查时，发现由于滠水河床的拓宽，该遗址已经被河水淹没，不复存在。

(3)自然生长的植被对遗址地表景观造成显著改变。

191

随着 20 世纪 80 年代以来城市化进程的加速，江汉平原各级城市的规模不断地扩张，原本位于城市边缘地带的村庄变成了城市的组成部分，因此造成了大量农业人口转变为城镇居民，随之农田荒芜，无人耕种，农田被自然生长的林木占据，地表能见度显著下降。茂密的林木和灌丛使得原本清晰可见的台墩形遗址变得难觅踪影，同时，高大的木本植物生长出盘根错节的根系，对地下遗存日益造成严重破坏。例如武汉市黄陂区境内的中分卫湾遗址、徐家洲遗址、钟家岗遗址等，均在 20 世纪 80 年代的考古调查中被发现，遗址分布于高出地表 5~10 米的台墩之上。但 2019 年武汉大学、北京大学及黄陂区博物馆在对上述遗址进行复查时发现，遗址地表被茂密的林木和灌丛覆盖，难以辨识遗址的地貌形态，同时因地表能见度极低也无法采集地表遗物。

就遗址的保存状况而言，大致可以将江汉地区商文化时期的遗址分为三类。

第一类，遗址保存状况相对较好的。例如盘龙城遗址、意生寺遗址、小王家山遗址、庙台子遗址、晒书台遗址等。盘龙城遗址 1988 年即被公布为全国重点文物保护单位，2002 年，武汉市政府制定了明确的文物保护规划并划定了遗址保护区和建设控制地带，因此盘龙城遗址整体得到了比较有效的保护。意生寺、小王家山、庙台子、晒书台等遗址均未分布于现代城市主城区以内，因此所遭受的人类活动破坏程度较轻，遗址所在的台墩形态仍明显可见。

第二类，遗址遭受了较为严重的破坏。例如郭元咀遗址、香炉山遗址等。郭元咀遗址位于滠水东岸，与武汉市黄陂区主城区隔河相望。20 世纪 80 年代以来，由于黄陂城区的扩张，人口数量的增加，郭元咀遗址区域居民房屋日渐稠密。同时，遗址东南侧被黄陂化肥厂厂区占据，西侧被滠水防洪堤穿过，密集的现代人类活动使得郭元咀遗址遭受了严重破坏。2017年，遗址中部又被一座新建的钢结构大桥桥头占据，目前郭元咀遗址范围急剧萎缩，据笔者 2019 年实地调查的结果估测，郭元咀遗址当前残存面积 2000~3000 平方米。香炉山遗址东侧分布有一座大型火力发电厂，遗址核心区分布有 20 余户民居，遗址西侧有一条人工河道流经。2019 年武汉市文物考古研究所对香炉山遗址进行复查时发现遗址残存面积约为 7500 平方米。

第三类，遗址已被现代建筑物覆盖，破坏殆尽。例如荆南寺遗址、周梁玉桥遗址、聂家寨遗址等。此类遗址一般分布于现代城市范围之内，密集的现代建筑物已将遗址完全覆盖。

第二节　夏商时期聚落景观

"遗址"和"聚落"都是考古学中十分常见的概念，"聚落"是古代人类各种聚居地的总称①，"遗址"则被认为是人类遗物、遗迹或自然遗物在空间上的集合体②。作为一种考古学概念，遗址与聚落既有相似性，又存在明显的差异。

"遗址"往往指代被废弃后的古代聚落，从时态上表达的是现代人观察古代聚落的视角。而"聚落"则可以理解为处于兴建和使用时期的古人聚居地，而非聚落废弃后的一种形态。在景观考古学视野中，研究区域内地理与人文景观的历时性变化成了我们考察人类活动乃至人地关系的重要视角。因此本节的研究，正是试图从历时性的视角，对夏商时期聚落景观的变迁过程作一种回溯式的观察。从"遗址景观"入手，借助田野调查、测绘和以往考古资料，对聚落营建和使用时期的景观进行分析，进而尽可能真实地复原出"聚落景观"。

遗址当前的面貌是开展聚落景观复原研究的重要基础和依据，在前文已对遗址的保存现状进行阐述的基础上，本节将逐一对各遗址的景观变迁过程予以分析，进而复原夏商时期聚落的景观。不过需要说明的是，本节所欲分析的夏商时期遗址其面积均明显小于盘龙城遗址，迄今考古部门对

---

① 王巍：《中国考古学大辞典》，上海辞书出版社，2014 年，第 13 页。

② 罗伯特·沙雷尔、温迪·阿什莫尔著，余西云等译：《考古学：发现我们的过去》，上海人民出版社，2008 年，第 96 页。

这批遗址所开展的田野工作较为有限。因此，对相关聚落的景观进行细致详尽的分析工作亦受到限制。

但是，通过笔者的实地调查和对考古简报（报告）的综合分析，基本可以确定江汉地区夏商时期遗址的准确位置。在此基础上，通过对早期遥感影像、古旧地图以及数字高程模型的运用，可以对遗址遭受大规模人类活动破坏之前（20世纪70年代以前）的基本面貌，以及遗址所处的微地貌形态进行若干分析。实际上，从遗址的经纬度坐标、微地貌形态等景观特征中，可以提取出较为丰富的信息，例如遗址的分布范围、营建方式、选址理念乃至遗址营建和使用时期所处的地理环境等，这些丰富的信息使复原夏商时期的聚落景观成为可能。

江汉地区包括长江与汉水交汇形成的冲积平原，及其周邻的低山丘陵地带。这一区域虽与中原地区有桐柏山—大别山脉阻隔，但山系南麓的多条南北向水系成为联系两个地区的天然孔道。自新石器时代以来，江汉地区就长期与中原地区保持着密切的文化关联。夏商时期在以二里头、二里冈文化为代表的中原文化的强烈辐射之下，江汉地区的文化发展进程得以改变，同时彰显出早期王朝国家对南方地区明显的政治经略意图。故而这一区域夏商时期的文化面貌与聚落形态备受研究者关注。

在以往的研究中，学者们多从夏商时期考古遗存的文化面貌入手，对江汉地区考古学文化谱系以及这一区域与中原地区的文化互动模式进行了探讨①。新近的田野考古及研究工作表明，夏商时期江汉地区的河湖水位

---

① 相关研究成果较多，在此仅列举代表性成果：李伯谦：《中国青铜文化的发展阶段与分区系统》，《华夏考古》1990年第2期；何介钧：《商文化的南渐与商时期南方青铜文化》，《亚洲文明》第3集，安徽教育出版社，1995年；施劲松：《中原与南方在中国青铜文化统一体中的互动关系》，《长江流域青铜文化研究》，科学出版社，2002年；张昌平：《夏商时期中原与长江中游地区的文化联系》，《华夏考古》2006年第3期；豆海峰：《长江中游商时期考古学文化演进及与中原地区的联系》，《考古》2014年第2期。

与地貌形态可能与当今所见存在明显的差异①。此项研究暗示着这一区域夏商时期聚落的布局形态与营建方式可能与当今所见的遗址面貌有所不同。不仅如此，已有学者注意到，夏商时期江汉地区东部与西部，虽共同处于中原文化辐射之下，却呈现出了不同的文化发展进程②。这种文化格局的不同，或体现出了夏商王朝对不同地理单元采取了差异化的社会管理模式。

基于上述研究进展，有必要在重新评估夏商时期江汉地区地理环境的基础之上，对夏商时期江汉地区聚落的宏观分布态势乃至聚落布局形态、营建方式、等级分化重新予以讨论，由此重塑江汉地区夏商时期的"聚落景观"。这一研究范式强调将人类行为置于复杂的地理空间之中进行考察，尤为关注人类对空间的理解和认知③。这种研究理念与环境考古、聚落考古均有所不同，因此为我们理解古代社会提供了全新的视角。

这一区域夏商时期聚落基本沿长江干、支流等天然水系分布，这种聚落分布态势，从整体上透露出了夏商时期中原文化在江汉地区传播的基本路径。具体而言，可将江汉及其周邻地带夏商时期聚落的分布区域划分为两大地理单元：(1)长江干流沿线；(2)长江各支流沿线。以下分而述之。

一、长江干流沿线

长江干流自西向东流经江汉平原腹地，成了沟通这一区域与长江上、下游乃至洞庭湖平原、赣鄱地区等多个地理单元的文化交流廊道。长江干

---

① 武汉大学历史学院等：《武汉市盘龙城遗址水下勘探及试掘简报》，《江汉考古》2018 年第 5 期；张海、王辉、邹秋实等：《商代盘龙城聚落地貌演变的初步研究》，《江汉考古》2018 年第 5 期。

② 孙卓：《商时期中原文化在江汉地区的影响历程》，《江汉考古》2019 年第 3 期。

③ 张海：《景观考古学——理论、方法与实践》，《南方文物》2010 年第 4 期。

流沿线可见荆南寺①、李家台②、周梁玉桥③、官堤④、铜鼓山⑤、盘龙城⑥、香炉山⑦、下窑嘴⑧、意生寺⑨、铜岭⑩、檀树嘴⑪等一系列夏商时期遗址分布。

1. 意生寺

意生寺遗址位于湖北省黄梅县濯港镇境内，东北距离黄梅县城约 7 千米⑫，沪渝高速公路穿遗址南缘而过。黄梅县位居大别山尾闾南缘，南临长江水道，县境地势北高南低，呈三级阶梯倾斜。北部山地属大别山脉，中南部为丘陵和垄岗平原，南部分布有太白湖、龙感湖等自然湖泊，形成了一片地势低洼的湖区。意生寺遗址位于黄梅县中南部的垄岗平原之上（参见图 4.4）。

①　荆州博物馆：《荆州荆南寺》，文物出版社，2009 年。

②　沙市市博物馆：《湖北沙市李家台遗址发掘简报》，《考古》1995 年第 3 期。

③　荆州市周梁玉桥遗址博物馆：《湖北沙市周梁玉桥遗址 1987 年的发掘》，《考古》2004 年第 9 期。

④　湖北省博物馆：《沙市官堤商代遗址发掘简报》，《江汉考古》1985 年第 4 期。

⑤　湖南省文物考古研究所、岳阳市文物工作队：《岳阳市郊铜鼓山商时期遗址与东周墓发掘报告》，《湖南考古辑刊》第 5 集，《求索》杂志社，1989 年。

⑥　湖北省文物考古研究所：《盘龙城：一九六三年——一九九四年考古发掘报告》，文物出版社，2001 年。

⑦　武汉大学历史系考古教研室、武汉市博物馆、新洲县文化馆：《湖北新洲香炉山遗址（南区）发掘简报》，《江汉考古》1993 年第 1 期。

⑧　黄冈地区博物馆、黄州市博物馆：《湖北黄州市下窑嘴商墓发掘简报》，《文物》1993 年第 6 期。

⑨　湖北省文物考古研究所纪南城工作站：《湖北黄梅意生寺遗址发掘报告》，《江汉考古》2006 年第 4 期。

⑩　崔涛、刘薇：《江西瑞昌铜岭铜矿遗址新发现与初步研究》，《南方文物》2017 年第 4 期。

⑪　江西省文物考古研究所、瑞昌市博物馆：《江西瑞昌市檀树嘴商周遗址发掘简报》，《考古》2000 年第 12 期。

⑫　发掘简报中称"意生寺遗址位于湖北省黄梅县城西南约 30 公里"，该数据有误。见于湖北省文物考古研究所纪南城工作站：《黄梅意生寺遗址发掘报告》，《江汉考古》2006 年第 4 期。

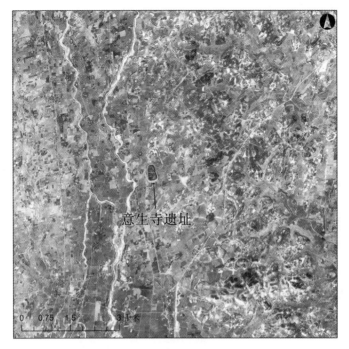

图4.4　意生寺遗址地理位置示意图

1996年湖北省文物考古研究所对该遗址进行了考古发掘，发掘者认为意生寺遗址出土遗存年代上限可自石家河文化时期，下限则为二里冈文化时期①。考古发掘报告对意生寺遗址的地貌环境曾作过简略描述，但可供分析的有效信息甚少。2019年1月，武汉大学历史学院和湖北省文物考古研究所人员赴遗址进行实地调查，并运用北斗高精度移动平台（Qpad X8DM）对遗址的空间信息进行了实地采测。

在此基础之上，笔者又搜集了 CORONA 卫星1970年拍摄的黄梅区域卫星影像，并运用 Arcgis 软件对卫星影像进行了配准和校正，从中提取出了意生寺遗址所在区域的地貌信息（参见图4.5）。以下对于意生寺遗址的景观分析便是在上述工作的基础上展开的。

①　湖北省文物考古研究所纪南城工作站：《湖北黄梅意生寺遗址发掘报告》，《江汉考古》2006年第4期。

a. CORONA 卫星影像（1970 年）

b. Google Earth 影像（2019 年）

图 4.5　意生寺遗址卫星影像

　　发源于黄梅县北部大别山余脉的袁山河自北向南流经意生寺遗址西侧后注入太白湖，袁山河沿岸的河谷地带地势平坦，土地相对肥沃，沿河道两侧分布有现代农田和村落。袁山河东侧分布有一片垄岗平原，垄岗顶部高程为 35~50 米，岗地顶部与岗间洼地高差 10~20 米。意生寺遗址即位于一条低岗的前端。遗址分布于一处近似椭圆的土台之上，台地高出周边农田 12~14 米，且有一圈水沟（简报中称之为"护城河"）环绕，因此意生寺遗址所在台地在平坦的旷野中地理特征鲜明，易于被发现（参见图 4.6）。

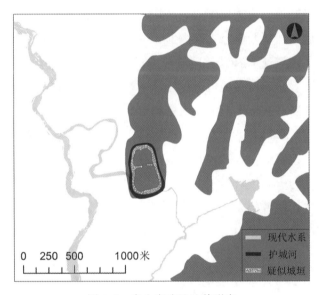

图 4.6　意生寺遗址地貌形态

　　显然意生寺遗址所在台地具有相对规整的形制，与该区域自然延展的低矮垄岗有明显的差异。考虑到意生寺遗址分布有丰富的新石器时代至商周时期的文化遗存，我们推测该台地更有可能系人工堆筑并加以修整所形成的，而并非自然形成的土岗。不仅如此，在 CORONA 卫星影像中，可以看到意生寺台地四周不仅分布有一圈"水沟"，而且台地边缘还分布有一周土垣，台地中部偏北分布有一道东西向土垣，中段有缺口（参见图 4.5a）。综合以上景观特征，基本可以断定意生寺椭圆形台地以及台地边缘的土垣以及环绕台地的"水沟"明显属人工修筑。发掘简报称环绕台地的水沟为"护城河"，若如此，则台地边缘的"土垣"很有可能属于"城垣"。依据高精度移动平台的测绘数据，意生寺台地南北长约 370 米，东西宽约 200 米，台地顶部较为平坦，高程为 39~40 米，台地边缘的土垣高出台地主体地面 1~2 米，宽约 20 米。台地四周的水沟宽 30~40 米。

由于 20 世纪 80 年代以来，意生寺台地被当地村民开发成为一处林场，如今茂密的林木布满台地表面，20 世纪 60 年代卫星影像中清晰可辨的土垣在当今的卫星影像上难辨踪影(参见图 4.5b)，赴实地考察亦因林木遮盖无法察觉。可能也因为相似的原因，1996 年湖北省文物考古研究所等单位在对意生寺遗址南部开展考古发掘时，并未发现该台地分布有环绕一周的"土垣"，仅对基建工程涉及的区域开展了相应的考古工作。因此，我们虽可以确定意生寺台地及台地边缘的土垣、水沟系人工修筑，但由于未对相关遗迹开展田野发掘工作，上述遗迹的修筑的时间却难以确定。

修筑上述"土垣(城垣)"、"水沟(护城河)"、形制规整的土台属规模较大的工程建设活动，经过我们实地调查，现代村民大型工程建设均是以农业生产活动为中心展开的，其并未在意生寺台地修筑过上述大型工程。那么上述遗迹均属古代人类所为。从现有的考古发掘材料可知，意生寺遗址文化堆积的厚度为 2~3 米，地层堆积可分为 6 层，除最底部的第 6 层出土有石家河文化时期的遗物以外，第 4 层、5 层出土有十分丰富的商文化时期遗存，第 1~3 层属于晚期扰动层，混杂有唐宋及商文化时期的遗存。从文化层的厚度和考古遗存的丰富程度而言，自新石器时代晚期以来，意生寺区域人类活动最为频繁，人口最为密集的时期即为商文化时期。若如此，则上述"土垣(城垣)"、"水沟(护城河)"、形制规整的土台很有可能修筑于商文化时期。

目前在长江中游地区发现的十分明确的商代城址主要有两座，一座即为前文提及的盘龙城，当属二里冈文化时期南方地区的区域中心聚落。另外一座是位于盘龙城遗址西北约 60 千米处的小王家山遗址，2002 年考古人员对小王家山遗址的发掘过程中发现了二里冈文化时期的城垣。意生寺遗址发现的商文化时期考古遗存的年代与盘龙城遗址基本相当，通过上述景观分析可知，意生寺遗址很有可能分布有二里冈文化时期的城垣及护城河。诚然，意生寺遗址是否具备城垣及护城河等大型防御性设施尚待田野考古工作的进一步确认。但是，通过对意生寺遗址的景观分析，让我们获得了一项十分有意义的线索。若盘龙城城址之外，还分布着多座次级城址，那么对于商文化前期，长江中游地区的文化格局和中原商王朝对于南方地区的政治控制态势将会形成更加生动的理解。

2. 香炉山

香炉山遗址位于湖北省武汉市新洲区阳逻街道界埠村，1989—1990年，为配合阳逻电厂的修建，武汉市文物考古研究所和武汉大学对该遗址进行了考古发掘①。据发掘简报介绍，遗址原本分布在一座高出地表 5~25 米的长条形山丘之上，该山丘南北长约 300 米，东西宽 80~120 米，因整体形似香炉而得名②。后因修建武汉市阳逻电厂使得遗址整体面貌遭到了很大的破坏。

当前，华中华能电厂西墙穿过遗址的东界，索子长河流经遗址西界，索子长河下游的截制闸与遗址相距仅 100 米。遗址所在山丘顶部分布有 20 余户民居及零星厂房。由于现代建筑物密集，香炉山遗址整体遭受了较为严重的破坏。从现代遥感影像上已经难以辨识出遗址所在山丘的整体轮廓。2019 年，武汉市文物考古研究所对该遗址进行复查时发现该遗址残存面积约 7500 平方米，文化层厚度 1~4 米，采集有新石器时代、商代及西周时期的陶片③。

民国军用地形图绘制出了香炉山区域的地貌形态。从图幅边框标注的字样可知，本书所采用的此幅地图系 1946 年南京国民政府军事委员会军令部从接收的日军地图翻印而成。据本书绪论所介绍的制图背景可知，这批

---

①　武汉大学历史系考古教研室、武汉市博物馆、新洲县文化馆：《湖北新洲香炉山遗址(南区)发掘简报》，《江汉考古》1993 年第 1 期。

②　香炉山考古队：《湖北武汉市阳逻香炉山遗址考古发掘纪要》，《南方文物》1993 年第 1 期。

③　见于武汉市文物考古研究所 2019 年考古调查资料。相关资料由武汉市文物考古研究所张剑先生提供。

地图原图的测绘时间应该在"1916—1925 年"或"1930—1939 年"两个时期。

　　民国军用地形图直接标注有"香炉山"字样(见图4.7),我们可以观察到香炉山坐落于一条狭长形岗地的前端,据图中等高线走向观察,香炉山为一处近似圆形的小型土丘(见图4.8)。香炉山西侧及南侧为平坦开阔的冲积平原,从图中等高线的高程注记可知,香炉山所在土丘顶部高程为122 米(此高程是以当时湖北测量局所定高程点为百米起算,并非海拔高程),香炉山岗地周边的冲积平原高程则为 100 米左右,由此可知香炉山土丘顶部高出周边河湖冲积平原约 20 米。此外,图中还标绘有一条河流自北向南流经香炉山西侧,约 1.4 千米后注入长江。香炉山岗地的东南侧还分布有一片湖泊,名为"柴白湖"。

图 4.7　民国军用地形图(1946 年)　　　图 4.8　CORONA 卫星影像(1970 年)

　　将民国军用地形图与现代遥感影像进行比对则可发现,近百年以来,香炉山周边河流、湖泊、岗地的地名及相对位置未发生根本性的改变。其中香炉山西侧的河流即当今的索子长河,稍有不同的是,民国军用地形图中的河道呈自然延伸状态，自北向南流经香炉山西侧，沟通了北端的武湖与南端的长江。而当今的索子长河经过了明显的人工改道，使得原本南北走向的河道变为">"形。从 CORONA 卫星影像中已经可以看到改道后的索子长河，由此可知河道改道的时间应该为 20 世纪 40 年代至 70 年代之间。此外，香炉山东南侧的"柴白湖"即当今的"柴泊湖"，由民国军用地形图可见湖泊原本与长江连通。新中国成立后，该区域开展了大规模的围垦造田活动，当今柴泊湖面积与民国时期相比明显萎缩，且不再与长江连通。

从 CORONA 卫星影像中则可以更为直观地观察香炉山区域的地貌形态（见图 4.8）。此时，索子长河已经过人工改道，河道呈">"形，河道两侧修筑有防洪堤。以索子长河为界，河道东侧分布有多条南北走向的低矮岗地，河道西侧则是平坦开阔的河湖冲积平原，低岗与冲积平原形成了十分鲜明的景观差异，索子长河以南则为长江干流。由于 CORONA 影像具有较高的分辨率，因此可以将视野进一步聚焦于香炉山遗址所在区域，以便于更为细致的观察。

从图 4.9 中可以清楚地看到香炉山坐落于一处南北向岗地的西南边缘，香炉山整体呈梭形，高出周围地表，因此在图中其轮廓清晰可见。图 4.10 则是将图 4.9 中的相关要素提取出来，以便更好地观察香炉山所在区域的地貌形态，香炉山南、北两端均呈锥形，尤其是台地北端边缘陡直，不似自然形成，可能是人为修筑所致（但无法确定是什么时期的人类活动造成的）。更为重要的是，在图 4.9 中可以看到香炉山台地顶部，有一道南北长约 110 米，东西宽约 50 米的环形"凸起"，从这幅遥感影像上所呈现的形态特征推测，这道环状"凸起"应为一道高出地表的土垣，因此很有可能是人为修筑的某种设施。20 世纪 90 年代的发掘纪要曾言"该山因形似香炉而得名"①，我们难以确定是否指这道环形土垣形似香炉。由于香炉山遗址初次考古发掘的时间为 1989—1990 年，发掘简报完全未曾提及香炉山地表

---

① 香炉山考古队：《湖北武汉市阳逻香炉山遗址考古发掘纪要》，《南方文物》1993 年第 1 期。

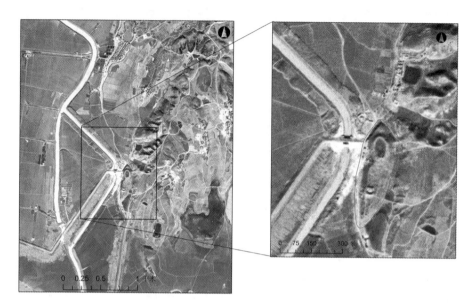

图 4.9　香炉山遗址遥感影像

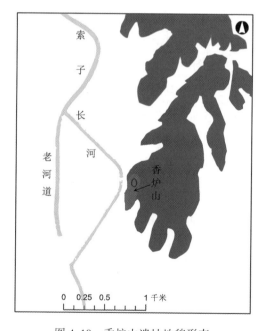

图 4.10　香炉山遗址地貌形态

可见任何明显的人工遗迹，推测当时这道环形土垣已被晚期人类活动破坏，而目前香炉山台地地表更是分布有大量的现代民居和厂房，这道环形土垣早已不见踪影。因此，我们只能根据以往香炉山台地的遗迹分布情况对这道土垣的性质予以推测。

1989—1990 年香炉山遗址发掘面积达 2575 平方米，发现有灰坑、灰沟、房址、墓葬等遗迹以及大批遗物，遗存的年代从新石器时代延续至商周时期。发掘者将整个发掘区划分为北区、中区和南区，经过笔者的实地调查与核实，当年的发掘区域与图 4.9 中所示的香炉山台地基本吻合。南区地势较低，文化堆积厚约 1 米，分布有新石器时代至商文化时期的遗存，而北区地势高亢，地表平坦，文化堆积厚达 3~5 米，北区第 11 层、12 层的年代分别属于商文化时期和龙山时期，第 4~10 层的年代则属于西周时期[①]。除新石器时代至商周时期遗存外，香炉山基本未见其他历史时期的遗存。由此可见，香炉山区域在新石器时代晚期至西周时期曾出现过较大规模的人类活动，此后漫长的历史时期内未见明显的人类活动迹象，直至近现代该区域才重新分布有民居和村落。因此，上述环形土垣很有可能属于商周时期人类修筑的某种遗迹，但由于现代人类活动已将其破坏殆尽，难觅踪影，难以对其获知更为准确的信息。

在发掘简报中可见到如下信息，"（香炉山）山势北高南低，遗址覆盖整个山头，南北长约 300 米，东西宽约 80~120 米"[②]。笔者运用 Arcgis 软件对 CORONA 卫星影像进行纠正和配准处理后，在软件中量测出图 4.9 中香炉山台地南北长 360 米、东西最大宽度 120 米，面积为 40200 平方米。由此可知，图 4.9 中所见的香炉山台地的范围应该与 1989 年发掘的香炉山遗址的分布区域基本吻合。而香炉山台地的长、宽及面积基本可以视为香炉山遗址的长宽尺寸及面积。

---

① 香炉山考古队：《湖北武汉市阳逻香炉山遗址考古发掘纪要》，《南方文物》1993 年第 1 期。

② 武汉大学历史系考古教研室、武汉市博物馆、新洲县文化馆：《湖北新洲香炉山遗址（南区）发掘简报》，《江汉考古》1993 年第 1 期。

经过实地测量，香炉山遗址地势北高南低，地表海拔高程为 30.1 ~ 35.4 米，考虑到该遗址北部文化堆积厚度可达 3~5 米，南部文化堆积厚度可达 1 米，因此推测香炉山商文化时期遗存分布的最低高程应为 29 ~ 30 米。据当地百姓称长江大堤未修筑之前，长江水可直抵遗址南端①。这一水文信息表明现代长江汛期水位可对香炉山区域造成直接的威胁，所幸有长江大堤的阻隔才使得生活于该区域的现代居民免受洪灾之害。然而，在商文化时期，长江大堤显然尚未出现，香炉山遗址分布的密集的商周时期遗存表明该区域曾被开发为人类定居之地，并延续至西周时期。由此推知，彼时的长江水位应明显低于当今水位。

3. 下窑嘴

下窑嘴位于湖北省黄冈市团风县团风镇蓼叶咀村，地处举水东侧的一处狭长形岗地之上（参见图 4.11）。1992 年当地文物管理站在下窑嘴发现了一座商代墓葬，出土的青铜器形制及纹饰与盘龙城遗址所出同类器基本一致。据发掘者称，1976 年下窑嘴所在的岗地还曾发现过一座商代墓葬，但发现时已遭到严重破坏，同时发现有新石器时代至西周时期的文化遗迹②。从迄今发现的商文化时期遗址可知，商文化前期居址与同时期的墓葬通常保持着较小的空间距离，例如盘龙城遗址一号、二号宫殿基址与李家嘴墓地相距约 300 米。因此，下窑嘴分布有两座商时期墓葬表明在墓葬的附近区域可能分布有与之对应的居址。且下窑嘴商代墓葬的其中一座出土有瓿、爵、斝、鬲等青铜器多达 16 件，表明墓葬具有较高的身份等级和社会地位。若上述推测成立，则下窑嘴附近可能分布有一处规模较大的商文化时期聚落。

---

① 香炉山考古队：《湖北武汉市阳逻香炉山遗址考古发掘纪要》，《南方文物》1993 年第 1 期。

② 黄冈地区博物馆、黄州市博物馆：《湖北省黄州市下窑嘴商墓发掘简报》，《文物》1993 年第 1 期。

a. 发掘简报位置示意图(1992 年)　　　b. Google Earth 影像(2018 年)

图 4.11　下窑嘴遗址宏观地貌

　　1992 年下窑嘴商代墓葬发掘简报绘制了墓葬位置示意图,将 2018 年 Google Earth 卫星影像与简报中的示意图进行比对,可以发现 1992 年至今该区域的地貌形态基本未发生显著变化。在 Google Earth 卫星图中可以清晰地辨识出蓼叶咀村和下窑嘴所在地点。(参见图 4.12a)

　　在 2018 年 Google Earth 影像中可以看到,蓼叶咀村周边分布有多个小型池塘,下窑嘴位于蓼叶咀村以东的一条南北向岗地之上。下窑嘴东侧分布有一条狭长的水域,下窑嘴西侧也分布着多个形状不规则的小型水域。但是,在 1970 年 CORONA 影像中可以看到,当今所见的分布于下窑嘴岗地周边的小型池塘、水域均不存在(参见图 4.12)。由此可知,当今下窑嘴及蓼叶咀村所在岗地周边分布的这些小型池塘均为 1970 年以来当地村民开挖所致。经过测量下窑嘴所在地点的海拔高程为 26.8~28.3 米,遗址面积尚无法测量。

a. Google Earth 影像（2018 年）　　　b. CORONA 卫星影像（1970 年）

图 4.12　下窑嘴遗址微观地貌

4. 荆南寺

荆南寺遗址位于湖北省荆州市古城以西约 1.5 千米处，学者何驽指出荆南寺遗址夏商时期遗存年代上限为二里头文化四期，下限为殷墟一期①，笔者较为认同。同时，经过发掘者的实地调查，早年发现的位于荆南寺遗址北侧的张家山遗址实际上与荆南寺遗址处于同一处岗地②，二者实为一处遗址③。

20 世纪 80 年代荆南寺遗址已经遭受了当地砖瓦厂的严重破坏，从发掘简报中，可以简略获知荆南寺遗址的位置及地貌信息"南濒茨湖，北距太晖河约 400 米，东北约 300 米为张家山遗址"，"（荆南寺）遗址原为一长方形台地"（参见图 4.13）④。当前该遗址分布区已经成为荆州市主城区的分布范围，现代建筑物已经完全占据原本的遗址分布区，地表无遗址迹象可寻（参见图 4.14）。

①　何驽：《荆南寺遗址夏商时期遗存分析》，《考古学研究》（二），北京大学出版社，1994 年，第 78~100 页。

②　陈贤一：《江陵张家山遗址的试掘与探索》，《江汉考古》1982 年第 4 期。

③　荆州博物馆：《荆州荆南寺》，文物出版社，2009 年，第 1 页。

④　荆州地区博物馆、北京大学考古系：《湖北江陵荆南寺遗址第一、二次发掘简报》，《考古》1989 年第 8 期。

图 4.13 20 世纪 80 年代荆南寺遗址地貌

图 4.14 荆南寺遗址所在区域

在 1924 年测绘的民国军用地形图中，可以看到标注有"荆南寺"和"张家山"字样。根据图中绘制的等高线可知，荆南寺与张家山共同位于一处岗地之上(参见图 4.15a)。在图中"荆南寺"字样的西侧还可见一"卍"字符号，表明此处分布有佛教寺庙，这一参照物亦与荆南寺遗址的地理特征相吻合①。根据 1924 年地形图中的荆南寺与荆州古城的相对位置，以及荆南寺南、北两侧的河湖形态，可以确定此图中绘制的荆南寺—张家山岗地正是本书所言的荆南寺遗址的分区区域。当前荆南寺遗址已经完全被现代城市建筑物覆盖，此图则显示出了荆南寺遗址相对完整的自然地貌。

在 1967 年 CORONA 卫星拍摄的影像中更为真切地记录了荆南寺遗址的地貌形态。图 4.15b 中可以看到荆南寺与其北部的张家山共同位于一处近似椭圆形的岗地之上，台地北侧为太晖河，南侧为茨湖，1967 年 CORONA 影像所见的荆南寺地貌与考古发掘简报记录的荆南寺地理位置基本吻合。有所不同的是，20 世纪 60 年代该岗地之上虽分布有少量的现代建筑物，但岗地的整体面貌保存尚未完整，与 1924 年地形图所见基本无异。而 20 世纪 80 年代，考古人员对该遗址进行发掘时，岗地北部(张家山)已经被砖瓦厂取土破坏，仅存岗地南部约 3000 平方米的区域，荆南寺遗址考古发掘随即展开。

将 1967 年 CORONA 影像与 1924 年地形图进行比对，可以发现在 1924 年地形图中荆南寺岗地以南并无湖泊，图中标绘有小草状的符号，表示岗地以南属于平坦的湿地或者沼泽。而在 1967 年 CORONA 影像中明显可见荆南寺以南分布有一处近似方形的湖泊，即发掘简报所称的"茨湖"，湖泊边界平直，近似方形，与天然湖泊不规则的湖岸形态存在差别，结合不同时期的地形图及湖岸的形态，笔者推测茨湖应该是现代居民 20 世纪 60—

① 荆南寺岗地原本确实分布有一座寺庙，岗地因此得名，20 世纪 50 年代后被拆除。参见荆州博物馆:《荆州荆南寺》，文物出版社，2009 年，第 1 页。

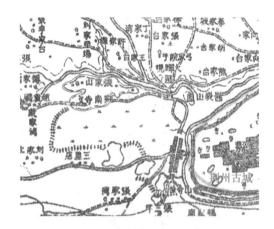

a. 民国军用地形图(1924 年)

b. CORONA 卫星影像(1967 年)

图 4.15 荆南寺遗址

80 年代利用天然湿地、沼泽加以改造形成的人工湖泊。在江汉地区这种利用天然洼地人工下挖将其改造为湖泊,发展养殖业的现象较为常见。同时,笔者查阅了《江陵县水利志》插图《民国时期江陵县水系图》①,从

---

① 江陵县水利志编辑组:《江陵县水利志》插图《民国时期江陵县水系图》,出版社不详,1984 年,第 10 页。

图中可以看到太晖河以南为片状分布的沼泽、湿地（由图例可知在该图中以虚线段表示沼泽、湿地），而并无湖泊分布，可见笔者上述推论成立。

1924 年地形图和 1967 年卫星影像所呈现的荆南寺岗地形态基本一致，均为一处边缘形状不甚规则且明显高出周围地面的岗地，由此可知 20 世纪初期至 60 年代，荆南寺岗地的自然地貌未发生明显改变。在对 1967 年 CORONA 影像进行配准后，我们利用 Arcgis 软件对荆南寺岗地的面积进行量测，荆南寺岗地(含张家山)面积为 987600 平方米。从数字高程模型中提取的高程值显示，荆南寺岗地的海拔高程为 31.5～35.5 米(参见图 4.16)。

5. 周梁玉桥

周梁玉桥位于荆州市沙市区东北郊，1981 年、1982 年和 1987 年考古部门对该遗址进行了三次考古发掘①，发现了一批以鼎、釜、瓮、豆为代表的陶器遗存，根据遗存的形制特征将这批遗存的年代推定为晚商至西周时期。周梁玉桥遗址 20 世纪 80 年代考古发掘区位于荆州市沙市区主城区(参见图 4.17)，虽现已被密集的城市建筑物覆盖，但遗址所在区域分布的主干道及若干建筑物基本维持了 20 世纪 80 年代以来的格局。因此，依据 1981 年和 1987 年发掘简报中刊发的发掘区域位置示意图就可以在现代地图上确定周梁玉桥遗址考古发掘区的准确位置。笔者通过梳理发掘简报所述的发掘区域，在本书中集中呈现周梁玉桥 1981—1987年考古发掘区的准确位置。此外，官堤遗址位于周梁玉桥遗址西侧约 1千米，出土的陶器遗存的形制及组合与周梁玉桥遗址基本一致，因此一并呈现。

---

① 沙市市博物馆：《湖北沙市周梁玉桥遗址试掘简报》，《文物资料丛刊》第 10辑，文物出版社，1987 年，第 22～31 页；荆州市周梁玉桥遗址博物馆：《湖北沙市周梁玉桥遗址 1987 年的发掘》，《考古》2004 年第 9 期。

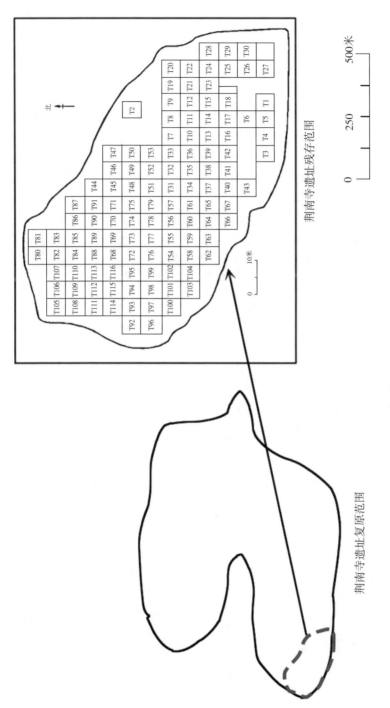

图4.16　荆南寺遗址地貌复原

图 4.17　周梁玉桥 1982 年发掘区航拍照

当前周梁玉桥遗址已经被荆州市沙市区密集的现代建筑覆盖，因此在 Google Earth 影像中难以观察周梁玉桥遗址所在区域的地貌形态。在 CORONA 卫星 1967 年拍摄的影像中则可以看到，彼时沙市主城区集中在沿江地带，周梁玉桥遗址位于沙市主城区东北郊，遗址周边分布有大片农田及纵横分布的河道、沟渠（参见图 4.18）。从 CORONA 影像中我们可以观察到以下几方面的信息。

第一，就遗址现代地貌而言，周梁玉桥遗址与荆南寺遗址存在明显的差别。荆南寺遗址分布于一处岗地之上，明显高出周围地面。而周梁玉桥遗址则分布于较为平坦的农田之中。同时笔者也查阅了 1926 年测绘的沙市区域五万分之一地形图，图中显示周梁玉桥遗址所在区域地势十分平坦，并无岗地、土丘等地貌分布。由此可知，近百年以来周梁玉桥遗址所在区域基本为平坦的农田分布区，这样的选址特点与荆南寺以及鄂东地区的意生寺、郭元咀等分布于岗地之上的遗址存在明显的差别。

a. Google Earth 影像（2019 年）

b. CORONA 影像（1967 年）

图 4.18　周梁玉桥遗址

第二，在 1967 年 CORONA 影像中可以看到周梁玉桥遗址附近有一条蜿蜒曲折、断续分布的河道，而在 Google Earth2019 年影像中这条河道则彻底消失不见。实际上，紧邻周梁玉桥遗址的这条河道名为长夏河（见图4.19），《中国地名大辞典》"夏水"条记载："夏水，今名长夏河。上流为太晖港。自湖北江陵县转西北。南流折东，至沙市称沙市河……今长夏河首不出江，尾不入沔，道与古异矣。"①由此可知，长夏河原为"夏水"，首尾分别与汉水和长江连通，但后因河道淤塞、改道等原因已经不再与长江和汉水连通，时至今日，沙市区域的长夏河已经彻底淤塞废弃，地表已难觅长夏河踪影。在1926年地形图中尚可以看到长夏河呈东北西南向流经沙市东北郊，南与长沙港连通，注入太师渊，北与白水滩（湖）相连。长夏河上分布有周梁玉桥（1926年图中把"周梁玉桥"记为"姐娌桥"）、三板桥两座桥梁。周梁玉桥遗址也正是因桥而得名。周梁玉桥遗址傍长夏河而居，我们推测这条河道在商文化时期就已经存在，并且为周梁玉桥遗址带来了丰沛的水资源以及便利的交通条件。

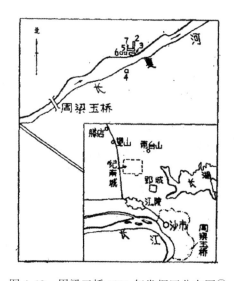

图4.19　周梁玉桥1981年发掘区分布图②

如前所述由于周梁玉桥遗址并未分布于岗丘或者台地之上，因此在未对遗址开展系统性的考古调查工作的前提下，我们难以依据遗址地貌形态

---

① 臧励和：《中国古今地名大辞典》，上海书店出版社，2015年，第689页。

② 转引自沙市市博物馆：《湖北沙市周梁玉桥遗址试掘简报》图一，《文物资料丛刊》第10辑，文物出版社，1987年，第22页。

大致估测遗址的分布范围。周梁玉桥遗址已发掘的区域如图 4.18b 所示，遗址东南方向的官堤遗址与周梁玉桥仅 1 千米之隔。笔者推测，商文化时期周梁玉桥与官堤之间可能连续分布有多个聚落。

6. 李家台

李家台遗址位于湖北省荆州市沙市区同心村，南距周梁玉桥遗址 2.5 千米。李家台遗址年代应属于二里冈文化时期，是否有早至二里头时期的遗存尚待进一步考古工作的开展。1987 年李家台遗址发掘简报中称"遗址所在地地势低洼，其大部分为水稻田和鱼塘"①。从李家台遗址周边区域 1969 年遥感影像中我们也可以看到，李家台遗址周边分布有大片的水稻田，地势极为平坦。而在 2019 年的遥感影像中李家台遗址周边被较为密集的现代民居几乎完全覆盖，难以考察该区域的原始地貌（参见图 4.20）。考虑到李家台遗址发现的二里冈文化时期遗存仅为两座灰坑，出土的遗物也基本为普通日用陶器，我们推测二里冈文化时期李家台应该属于一处规模比较有限的小型聚落。依据 1969 年遥感影像和 1987 年发掘简报，可以获知李家台遗址分布于一片低平的水稻田之中，虽然无法断定是否存在早期（1969 年以前）人类活动将李家台原始面貌破坏的情况，但是从遗址中遗存的数量及出土的遗物来看，李家台遗址的规模比较有限，该聚落应不太可能出现诸如土筑台墩、城垣、城壕等大型的公共设施。1969 年遥感影像所呈现的遗址地貌应该与二里冈文化时期李家台聚落所处的地貌相差无几，即二里冈文化时期李家台就是分布于一片低平的冲积平原之上，这与其南部的周梁玉桥聚落选址特点基本一致。

7. 寨上

寨上遗址位于湖北省黄州市陈策楼镇豹子垴村②，该遗址商文化时期遗存的年代应为洹北花园庄期至殷墟文化时期。从 2019 年 Google Earth 发布的影像中可以较为清晰地观察到寨上遗址的地貌形态，寨上遗址分布于

---

① 彭锦华：《湖北沙市李家台遗址发掘简报》，《考古》1995 年第 3 期。
② 田野考古发掘资料尚未正式发表。

a. CORONA 卫星影像（1969 年）

b. Google Earth 影像（2019 年）

图 4.20 李家台遗址

一片高出周围地表的台地之上，台地顶部整体地势较为平坦，遗址东侧为
一处水塘，西侧有一条小型河流自北向南流过，注入巴水。在 1970 年
CORONA 影像中可以看到寨上遗址周边的地貌与当今所见有所不同（参见
图 4.21），不同之处主要表现为以下几个方面。

a. Google Earth 影像(2019 年)

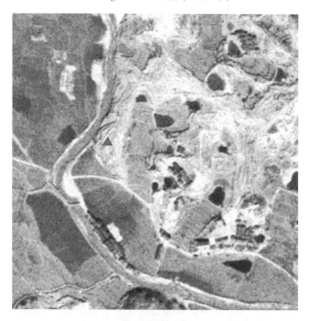

b. CORONA 卫星影像(1970 年)

图 4.21　寨上遗址地貌形态

（1）从 CORONA 影像中可以清晰地看到寨上遗址实际上分布于一条狭长型天然岗地的末梢。岗地周边分布有较为平坦的耕地。

（2）从 CORONA 影像中寨上遗址所在岗地明显呈坡状起伏，地势自坡顶向岗地边缘逐渐下降。而 Google Earth 影像中寨上遗址所在台地则地形较为平坦。经过比较可知，寨上遗址所在的天然坡地可能在 1970 年以后遭到过土地平整等农田改造活动的破坏，使得原本坡状起伏的天然岗地变为当今所见的较为平坦的台地。

（3）将两幅影像进行比对可以看出，寨上遗址东侧的水塘在 1970 年影像中也不存在，表明这处水塘是 70 年代以后人工开挖的。这处水塘的修建对寨上遗址东部边缘造成了一定的破坏。同时寨上遗址西侧的巴河支流在 70 年代以前，河道自然蜿蜒曲折，但当前这条河道整体较为平直，明显是人工对河道进行裁弯取直后的结果。西侧河道的裁弯取直工程也对寨上遗址所在的岗地造成了一定的破坏。

总而言之，1970 年以来当地的人类活动对寨上遗址的原始地貌造成了比较明显的破坏。水塘的开挖、河道的整治对遗址东、西两侧的边缘造成了明显的破坏。同时坡地顶部很有可能在农田改造活动中被平整，丧失了天然坡地自然起伏的原始景观。

实际上遗址的考古发掘工作可与上述分析互相印证。该遗址顶部分布有一座宋代的建筑基址，宋代基址埋藏深度较浅，且营建于基岩之上。表明坡地顶部曾被破坏，而坡地原本应该为一处自然延伸的小型岗地。

8. 铜鼓山

铜鼓山遗址位于湖南省岳阳市陆城镇，西南距离岳阳市区约 30 千米。该遗址于 1985 年文物普查时被发现，1987 年考古部门对该遗址进行了小规模发掘。有研究者根据发掘简报公布的资料，将铜鼓山遗存分为两期四组，年代对应二里冈文化下层时期至殷墟一期。从卫星影像中可以观察到，铜鼓山遗址分布于紧邻长江的一个天然山头之上，为江边丘陵中一处顶部较为平缓的山头。遗址面积约 3 万平方米，山顶海拔 56.7 米，高出江面 30 米左右(与长江 10 月份水位相比较)，参见图 4.22。

图 4.22　铜鼓山遗址地貌形态(Google Earth 影像，2019 年)

二、长江各支流沿线

(一)府河、澴水、溳水沿线

府河、澴水、溳水沿线区域位于大别山南麓，穿越大别山隘口即可进入豫南地区，进而抵达中原腹地。因此在夏商时期，该区域成了中原文化辐射最为直接的区域。在李家湾、聂家寨、光山造以及前述的盘龙城遗址中，均可见二里头文化因素。大体呈现出了一条自豫南地区，穿越大别山，顺澴水、溳水南下的文化传播通道。

二里冈文化时期，随着府河下游盘龙城聚落的迅速崛起，在盘龙城周边出现的府河、澴水及溳水沿线均出现了聂家寨、晒书台、小王家山、袁李湾、中分卫湾、凤凰台、好石桥、大台子、涨水庙、徐家洲、花园、下坝电站、甑山等一系列同时期遗址，其文化面貌均与二里冈文化趋同，同属于前文所述的二里冈文化地方类型——"盘龙城类型"。

洹北花园庄晚期，随着盘龙城的覆灭，府河、澴水、溳水沿线区域的中心聚落转移至了府河上游地带的庙台子遗址。滠水、涢水沿线依然可见聂家寨、郭元嘴、中分卫湾、徐家洲等聚落分布。而在府河沿线分布的小王家山、晒书台、下坝电站、好石桥及庙台子等一系列聚落，似乎表明洹北花园庄晚期至殷墟一期前后，府河沿线成了一条较为繁荣的交通路线。殷墟一期之后至商王朝覆灭，府河、涢水、滠水沿线区域聚落均趋近消亡，成了文化分布的"空白"地带。

1. 鲁台山与郭元咀

鲁台山遗址位于湖北省武汉市黄陂区，鲁台山为滠水下游东岸的一处椭圆形台地。郭元咀距离鲁台山约 300 米，郭元咀、鲁台山均属滠水东岸的小型岗地。经过调查发现在郭元咀至鲁台山附近连续分布有商至两周时期的文化遗存，因此将这两处地点作为同一处遗址予以考察。

就地理位置而言，郭元咀位于盘龙城遗址以北约 22 千米处，近似盘龙城的北部屏障，地处盘龙城北上中原地区的交通要道。时至今日，郭元咀所在的黄陂区仍被称为武汉市的"北大门"[①]，空间位置上的邻近暗示着郭元咀可能与盘龙城保持着紧密的联系。

从以往考古调查及发掘资料披露的信息可知，郭元咀与鲁台山一带的遗存分布情况大致如下：该区域商至两周时期的遗存分布于多个小型岗地之上。以鲁台山为中心，鲁台山以北为郭元咀及任家大湾，鲁台山西南部为伍家港及刘细湾。商文化时期遗存基本分布于郭元咀岗地，考古人员曾在郭元咀采集到商文化时期陶片。此外，郭元咀曾出土过一件青铜爵，考古人员还曾在郭元咀东北部滠水河滩内采集到一件青铜罍[②]。2019 年，湖北省文物考古研究所对郭元咀开展了考古发掘工作，发现了洹北花园庄期的陶器遗存以及同时期的铸铜作坊类遗迹[③]，由此基本可以确证郭元咀一带分布有商文化时期的遗存，铸铜作坊类遗迹的出现以及此前该地点零星出土的青铜容器表明该区域可能分布有较高等级的聚落。该区域两周时期

---

① 黄陂县志编纂委员会：《黄陂县志》，武汉出版社，1992 年，第 4 页。
② 黄锂、况红梅：《近年黄陂出土的几件商周青铜器》，《江汉考古》1998 年第 4 期。
③ 发掘资料尚未刊布，2019 年郭元咀考古发掘相关情况系笔者赴现场调查获知。

的遗存较为丰富，鲁台山以北的任家大湾及郭元咀一带主要为居址分布区，鲁台山以南的伍家港至刘细湾一带为墓葬分布区。其中，鲁台山M30平面呈"甲"字形，墓内曾出土有多件西周早期的青铜礼器，器壁可见"长子狗""公大史"等铭文，上述信息表明西周早期鲁台山可能分布有较高等级的贵族墓地①。

由以上遗存分布情况可以获知两方面信息，一方面，郭元咀与鲁台山区域在商周时期长期分布有人类活动迹象②，表明该区域具备较好的地理条件，适宜人居。另一方面，从政治与文化格局的角度而言，该区域所见的商、周时期遗存可以被视为不同时期中原文化对江汉地区进行文化辐射与政治经略的产物。鲁台山附近区域相继出现的商至两周时期较高等级的遗存，暗示着中原王朝在聚落选址理念上的趋同，而造成这种"趋同"的原因正是笔者所欲探讨的内容。

若欲对上述问题进行讨论则需要对郭元咀与鲁台山区域的微地貌和遗迹分布形态予以观察和分析，该区域地处武汉市黄陂区主城区附近，现代路网和民居、厂房占据了大部分区域，自然地貌显得支离破碎。同时，人工开挖的河道亦使得天然河流改道，沿河堤防的修筑则直接对河流两岸的岗地造成了一定程度的破坏。此外，郭元咀与鲁台山遗址并不具备明显的地表标志特征(例如环壕、城垣、高出地表的墩台等)，因此难以直接从地表辨识出遗址的具体分布范围。为此，笔者从两方面着手，对上述区域的微地貌与遗迹分布形态进行了复原。

笔者搜集了1920年湖北陆地测量局测绘的1∶50000地形图("黄陂"幅)及1966年CORONA卫星拍摄的黄陂区域的遥感影像，从早期地图及遥感影像中提取出鲁台山周边区域的地貌形态特征。2019年，笔者赴郭元咀发掘区现场调查，基本明确了郭元咀区域遗存的分布范围。同时，湖北省文物考古研究所工作人员开展田野调查，确定了1977—1978年鲁台山两周

---

① 张亚初：《论鲁台山西周墓的年代和族属》，《江汉考古》1984年第2期。

② 由鲁台山墓地发掘简报可知，鲁台山至郭元咀一带分布有新石器时代、商、周等不同时期的文化遗存，表明该区域人类活动持续的时间相当长。

墓地的发掘区的准确地点。基于以上工作我们得以对鲁台山—郭元咀区域的自然地貌形态与遗迹分布情况展开若干讨论。

经过实地调查和对历史地图资料的分析可知，20世纪70年代以来，鲁台山附近区域微地貌形态发生了显著变化，具体表现在两个方面。

第一，滠水改道。1977—1978年，地方政府为防治水患，将滠水天然河道截弯取直，开挖了一段人工河道，并在河道沿岸修筑了人工堤防。鲁台山两周时期墓地正是在滠水截弯取直施工过程中被发现的。1977年以前，发源于大别山南麓的滠水自北向南流经黄陂县城（今武汉市黄陂区）东侧，随后分为东、西两支，最终注入长江，全长142千米。1977年实施人工改道工程后，滠水在黄陂县城以南形成的"U"形河道被废弃，同时人为将滠水东侧一不知名的小型河道拓宽，滠水干流被迁移至此。滠水下游河道更为平直、通畅，减轻了洪水对黄陂主城区的威胁，滠水下游由东、西分叉的格局转变为单一河道（参见图4.23）。滠水人工改道的河段正好位于郭元咀至鲁台山一线，因此改道工程使得鲁台山以南的部分岗地沦为滠水河床。同时随着滠水沿岸堤防的修筑，使得位于滠水东岸的郭元咀至鲁台山岗地均遭受了一定程度的破坏。

第二，随着现代城市面积的扩张，以黄陂主城区为中心，滠水东、西两岸现已被密集的现代建筑物占据，自然地貌显得支离破碎，从当代地图和卫星遥感影像上均难以观察该区域自然地貌的整体形态（参见图4.23b）。所幸，1920年测绘的地形图（参见图4.23a）和1966年CORONA卫星拍摄的遥感影像真实地记录下了郭元咀—鲁台山区域的自然地貌形态。

从1920年军用地形图中可以看到若干地名基本可与当今地名对应，其中最具地理参照意义的则是"双凤亭"，双凤亭为一座小型地标性建筑，至今仍保存完好，矗立于鲁台山顶部（参见图4.24a）。此外1920年军用地形图中可见"任大湾""伍家枝畈""刘家湾"，从其相对位置来看与当今"任家大湾""伍家港""刘细湾"等自然村所在位置完全吻合，其地名在长达百年的时间内发生了微小的改变。"黄陂县"也由"县"转变为"区"，且城市面积显著扩张（参见图4.24b）。从1920年地图中等高线走向及高程注记可知，滠水东岸分布有多条低矮的狭长形岗地，这些岗地高出周边洼地5~

10 米。北起任大湾，南至伍家枝畈一线即是一条沿滠水分布的狭长岗地，而郭元咀与鲁台山商周时期的遗存正是分布于上述低矮岗地之上。

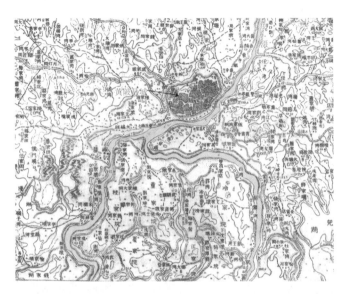

a. 民国军用地图（1920 年）

b. Google Earth 卫星影像（2019 年）

图 4.23　滠水河道变迁

a. 民国军用地图（1920 年）

b. Google Earth 卫星影像（2019 年）

图 4.24　鲁台山附近区域地貌变迁

从 CORONA 卫星影像中则能更为清晰地观察到郭元咀—鲁台山区域的地貌形态(参见图 4.25)。从图 4.25 可以看到滠水以西为黄陂主城区,滠水以东分布有走向不规则的低矮岗地,岗地之间的洼地被开垦成为梯田。由鲁台山发掘简报可知,该区域两周时期的文化遗存分布在任家大湾至伍家港一线,东以刘细湾为界,西至滠水。而商文化时期遗存则主要分布于郭元咀一带(参见图 4.26)。上述商周时期遗存的分布区域呈现出了较为相似的特征:①沿滠水分布,任家大湾—郭元咀—鲁台山—伍家港均位于滠水沿线;②居于岗地之上,以上提及的地点均位于岗地顶部地势较高的地带,高出岗间洼地 5~10 米。实际上,这样的选址特点在整个江汉地区先秦时期聚落中都较为常见,沿河分布可便于获取水源,利用水路交通,选择岗地营建聚落则可有效规避洪水威胁。

图 4.25　CORONA 卫星影像(1966 年)

在上述范围内,郭元咀岗地是商文化时期遗存分布最为密集的区域,此前曾在此采集到罍、爵等青铜器,2019 年考古人员在对郭元咀的发掘中又发现了洹北花园庄期的铸铜作坊类遗存。但是，由于郭元咀周边区域现代建筑密集，房屋、桥梁、鱼塘等将遗址破坏殆尽。因此，在当前的地貌条件下难以对郭元咀遗址的分布范围乃至布局形态作出准确判断，这对于研究铸铜作坊的布局、郭元咀遗址的性质等问题均造成了较大困难。但在1966年拍摄的CORONA影像中却较为完好地保存了郭元咀岗地的自然形态。

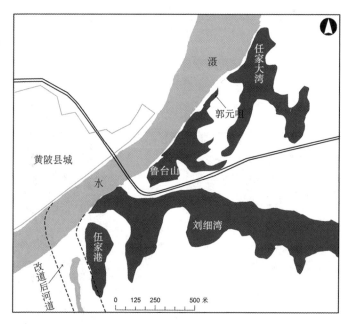

图 4.26　鲁台山与郭元咀地貌形态

在1977—1978年鲁台山发掘简报中可见如下描述："（郭元咀）位于鲁台山的西北，形状作椭圆，中间地势凸起如台地，北面是梯田，南边是洼地。"[①]在图4.27中可以清晰地看到鲁台山以北约300米处，有一狭长岗地，其地貌特征与1977年鲁台山发掘简报中的描述基本吻合，经过笔者实

---

①　黄陂县文化馆、孝感地区博物馆、湖北省博物馆：《湖北黄陂鲁台山两周遗址与墓葬》，《江汉考古》1982年第2期。

地调查，2019 年湖北省文物考古研究所郭元咀发掘区正位于这条狭长岗地的北部。由此可知，图 4.27 中的狭长岗地应该就是郭元咀遗址的所在地。根据 1977 年发掘简报的描述和 2019 年湖北省文物考古研究所对郭元咀区域考古勘探所知，商文化时期遗存分布于南北长约 140 米，东西宽约 50 米的区域内，基本与图 4.27 中的狭长形岗地范围相合，因此笔者推测郭元咀遗址的分布范围应该遍布整个狭长形岗地。借助 Arcgis 软件在对 CORONA 影像进行配准和校正后，即可对这条狭长岗地的面积进行量算，结果显示该岗地面积为 6950 平方米，经过实地测量该地点的高程值为 32.5 ～ 33.8 米。

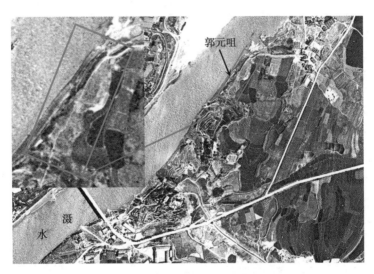

图 4.27 郭元咀原始地貌

在 2019 年 Google earth 卫星影像中可以看到，郭元咀东侧出现了一处人工开挖的水塘①，随后遗址南段兴建了一片现代建筑，遗址西侧出现了一座横跨漄水的蓝色景观大桥，这一系列现代建筑使得郭元咀岗地的原始形态不复得见。而郭元咀遗址在近 50 年间所呈现的地貌变迁正是江汉地区

① 从本节所引的卫星影像资料可知，水塘的开挖时间应该在 1966 年至 2019 年。

众多商文化时期遗址所共同经历的景观变化过程。因此对遗址废弃后景观变迁过程的关注，尤其是近半个世纪以来城市化与现代工业文明对遗址景观的显著改变，对于复原遗址古代景观"原貌"具有重要意义。

2. 小王家山

小王家山位于湖北省云梦县城关镇和平村，西北距离云梦县城约2千米。该遗址在20世纪80年代的考古调查工作中被发现①。2000年，孝感市博物馆在配合当地基本建设过程中曾在小王家山清理了一批宋代墓葬②。2002年，武汉大学考古系曾对该遗址进行过考古发现，发现该遗址分布于一座南北长约180米，东西宽约80米的角锥形台地之上。此次考古发掘在小王家山台地边缘发现了环绕台地一周的二里冈文化时期的城垣遗迹，城垣还经过多次修整和营建，同时还清理了二里冈文化时期及秦汉时期的墓葬遗迹③。

察看2019年Google Earth发布的卫星影像，小王家山遗址所在区域主要分布有自然村落和农田，因此小王家山台地基本未受到大型现代建筑物的破坏，整体结构保存相对完整（参见图4.28a）。台地明显高出周围地面，整体呈角锥形，方向约北偏东40度。台地顶部与周围区域类似，均被开垦成为农田。小王家山台地四周可见断续分布的斑块状水塘、河道，但由于现代村落、道路及农田的交错分布，难以从整体上观察台地周边的水系结构。

在民国军用地形图"云梦县"幅中，可以看到在云梦县城东南部有一处标注为"小王家山"的地点（参见图4.28b）。不过由于小王家山遗址的面积较

① 周厚强：《孝感地区的商代文化》，《江汉考古》1990年第2期；云梦县博物馆：《湖北云梦商、周遗址调查简报》，《江汉考古》1990年第2期。

② 孝感市博物馆、云梦县博物馆：《云梦王家山宋墓发掘简报》，《江汉考古》2001年第4期。

③ 该遗址的考古资料尚未公开发表。相关资料见于武汉大学考古系：《武汉大学考古系2002—2003年田野考古主要收获》，国家文物局2002—2003年田野考古汇报材料，转引自蒋刚：《盘龙城遗址群出土商代遗存的几个问题》，《考古与文物》2008年第1期。

a. Google Earth 卫星影像(2019 年)

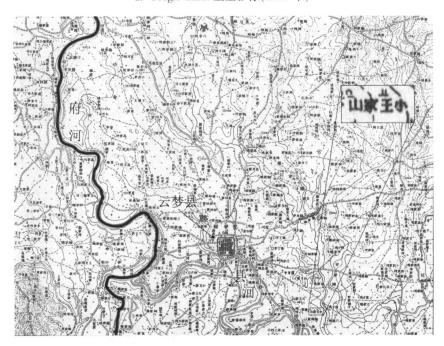

b. 民国军用地图(1918 年)

图 4.28 小王家山台地

小，该地形图的绘图比例为五万分之一，因此图中未显示出小王家山台地的微地貌形态，仅仅以一个小黑点表示了小王家山所在地。笔者将民国军用地形图中标注的小王家山地点与现代地图中小王家山遗址的实际位置进行比对，确认民国军用地形图中的"小王家山"就是后来考古学家发现的小王家山遗址所在地。依据民国军用地形图中等高线走向及高程值注记可知，该区域并无山丘分布。笔者分析，由于云梦县城及附近区域地处府河下游河谷地带，河道两侧为平坦的冲积平原，因此小王家山作为一处高出地表4~5米的土丘在平坦的河谷地带则显得尤为显眼。可能正因如此，当地居民将"小王家山"这类台地命名为"山"。从另外一个角度而言，在平坦的河谷地带矗立着这样一座形制相对规整、筑有城垣，且高出四周地面近5米的土丘，也表明小王家山台地很有可能系人工有意堆筑而成，而并非直接对天然山岗加以利用。

在 CORONA 卫星影像中，可以较为清晰地观察到小王家山遗址的基本形态，并可以获知以下三点信息。

（1）小王家山台地分为两级，西南部的第二级台地地势稍高于第一级台地①。这种阶梯状的地形是商文化时期的原貌还是晚期人类活动破坏所致，尚不得而知。

（2）在小王家山的东北侧，可见一条蜿蜒分布的古河道，CORONA 影像中这条古河道已经干涸，但其走向尚基本可见。在当代遥感影像中则完全不见这条河道分布。从河流的走向来看，这条河道的走向与小王家山北部边缘基本吻合，表现出了古河道与小王家山的密切关系。因此我们推测这条干涸的古河道很有可能是人工修整过的，并可能承担着小王家山聚落的给排水、防洪、交通等功能（参见图 4.29a）。

（3）从 2019 年 Google Earth 影像中可以看到小王家山台地西侧、南侧分布有多处小型湖泊（图 4.29b）。而这些湖泊在 1966 年 CORONA 影像中

---

①　经笔者调查核实，2002 年考古发掘区就位于第二级台地的南部。并在台地边缘发现了二里冈文化时期修筑的城垣。

均不存在，表明这些湖泊系 20 世纪 60 年代以后人工开挖所致，并非天然形成的湖泊。

a. CORONA 卫星影像（1966 年）

b. Google Earth 卫星影像（2019 年）

图 4.29　小王家山遗址卫星影像

　　为更便于观察 CORONA 影像中呈现的地貌特征，笔者将图 4.29a 中主要的地理要素提取出来（见图 4.30）。图 4.30 中小王家山台地北部有一条河道蜿蜒流过（此河道现已淤塞消失），使得小王家山与南北两侧的府河水系连通。台地周边分布有大片地势低平的现代农田，我们无法得知商文化时期小王家山周边是否分布有农田或其他功能区。就当前的地貌形态而言，小王家山所在区域水源充足，周边地带平坦开阔，土地肥沃，该区域具有良好的农业生产条件。同时小王家山台地地势较高，符合江汉地区常见的居于墩、台之上的聚落选址规律。可见，小王家山台地具有宜居宜农的地理优势，由此也就不难理解小王家山遗址曾出土有多个历史时期的文化遗存。具体到商文化时期而言，小王家山东南距商时期江汉地区的区域文化中心——盘龙城仅 60 千米，且二者共处府河沿岸，因此在商时期小王家山可能是作为盘龙城周边"据点"而存在，承担着超出一般性聚落的某些功能。

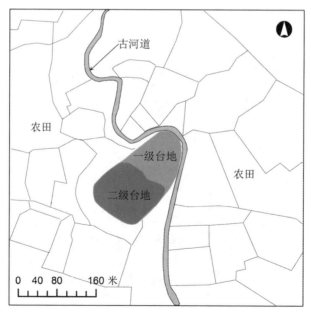

图 4.30　小王家山遗址地貌形态

以上主要是从小王家山本体的地貌特征对其地理区位、聚落形态进行了一些简要分析。实际上，若将视野稍加扩展，便能对这处聚落的形成背景及性质获得更为丰富的信息。如前所述，小王家山与盘龙城共处府河沿岸，府河水系携带着肥沃的泥沙形成了开阔的河谷冲积平原，造就了小王家山所在区域的优良农业资源。同时府河还是连通随枣走廊与盘龙城的重要通道，因此又使小王家山具备了显著的交通优势。可见，府河与小王家山聚落的形成具有密切的关联。时至今日，在现代编纂的《云梦县志》中依然可见如下记载："历史上云梦农业丰歉和交通兴衰都与府河密切相关。"[①]

府河对于小王家山乃至当今云梦县城的形成均具有重要的意义，不过有一个易被忽略的背景：府河发源于随州大洪山，其上游因河道两岸均系山地，河道摆动难度较大，但是府河自安陆以下则开始进入地势平坦开阔、河湖纵横的江汉平原地带，河道的摆动及改道极易发生。最为显著的例子是，长江的最大支流汉水在进入江汉平原后就曾发生了多次改道和变迁[②]。那么当代府河（云梦段）是否为河流改道后的结果？换言之，商文化时期的府河河道是否与今日所见一致？这个问题对于复原小王家山聚落的景观乃至分析聚落的功能与性质具有明显的意义。但此前尚鲜有人对商文化时期府河走向予以探讨。据鲁西奇先生研究，"《水经注》时代的涢水下游河道当在今府河河道之东……这条河道基本相当于今之云梦县河"[③]。

历史地理的研究表明，《水经注》时代府河（云梦段）河道的位置实际与当今的府河支流——县河基本相当（参见图4.31）。但是，商文化时期的府河所在位置我们却无法从历史文献中获知。所幸，通过对府河（云梦段）沿线考古遗存的梳理，可以间接地推知商时期府河河道的基本走向。

1966年CORONA影像清晰地呈现出了府河与县河的相对位置关系（参

① 湖北省云梦县志编纂委员会：《云梦县志》，生活·读书·新知三联书店，1994年，第1页。

② 鲁西奇、潘晟：《汉水中下游河道变迁与堤防》，武汉大学出版社，2004年。

③ 鲁西奇、潘晟：《汉水中下游河道变迁与堤防》，武汉大学出版社，2004年，第154页。

见图 4.31），因为该图具有较高的分辨率，所以可以在图中准确地标绘出
不同历史时期的遗迹位置。经过梳理我们发现，当今云梦县城附近除小王
家山遗址以外，还分布有一座战国时期的大型城址——楚王城。楚王城城
垣、护城河至今清晰可见，城外还分布有睡虎地秦墓、珍珠坡楚墓、大坟
头汉墓、龙岗秦汉墓等战国秦汉时期的墓地①。城内出土遗存的年代包括
战国、汉、唐宋三个时期。此外，在小王家山东南方向约 4 千米处分布的
现代集镇——伍洛镇（参见图 4.31），在南宋时期曾一度作为云梦县的县
城②，《云梦县志略·舆地志·山川》"洛阳河"条称"（伍洛镇）相传古为巨
镇，舟车鳞集，歌舞不歇"。上述考古遗存及文献记载表明，自商代以来
至南宋时期，当今云梦县城及其东南 10 千米左右的区域长期分布有人类活
动，且在多个时期曾出现过重要的城邑或市镇（小王家山、楚王城、伍洛
镇）。上述历史文化遗存均沿当今县河分布，但与现代府河保持着一定的
距离。

　　基本可以肯定的是，先秦时期城邑的兴起与交通路线，尤其是水路交
通有着千丝万缕的联系。历史地理研究表明，《水经注》时代的涢水河道实
际位置与当今县河河道基本吻合。同时，商文化与东周时期的大型高等级
聚落亦紧邻县河沿岸。且南宋及明清时期以来的云梦县城均处于县河沿
岸。上述文化遗存的分布位置表明，商文化时期以来，与当今的府河相
比，云梦县河更有可能作为一条重要的交通路线而存在。正因如此，商时
期的小王家山、战国时期的楚王城、宋代以来的云梦县城才都会沿县河而

---

　　① 云梦县文化馆：《湖北云梦县珍珠坡一号楚墓》，《考古学集刊》第 1 集，中国
社会科学出版社，1981 年；云梦睡虎地编写组：《睡虎地秦墓》，文物出版社，1981
年；湖北省博物馆：《1978 年云梦秦汉墓发掘报告》，《考古学报》1986 年第 4 期；湖北
省博物馆：《云梦大坟头一号汉墓》，《文物资料丛刊》第 4 期，文物出版社，1981 年；
湖北省文物考古研究所、孝感地区博物馆、云梦县博物馆：《云梦龙岗秦汉墓地第一次
发掘简报》，《江汉考古》1990 年第 3 期；湖北省文物考古研究所、孝感地区博物馆、
云梦县博物馆：《云梦龙岗秦汉墓地第二次发掘简报》，《江汉考古》1993 年第 1 期。
　　② 《宋会要辑稿》"方城"六之三三，《宋史》卷 88《地理四》荆湖北路德安府"云
梦"条。

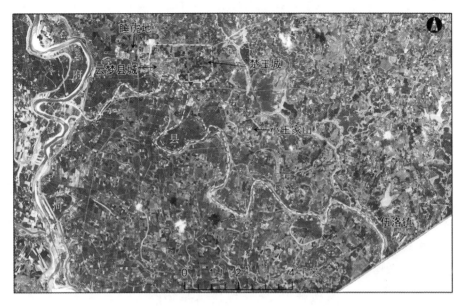

图4.31　小王家山附近遗存与水系

分布。若此推论成立，则我们可以将历史地理学家对府河河道的考证从《水经注》的时代上溯至商文化时期。很有可能，商文化时期的府河河道应在当今县河所在区域。当今地图中所见的府河实际为晚近时期河流改道的结果。交通路线由县河转至府河，造成了小王家山、伍洛镇一带交通优势的丧失，当今这些重要遗存的分布地点仅分布有自然村落和集镇也就在情理之中了。因此，当我们将小王家山置于商文化时期的历史大背景中进行考察时，对于县河这条现代府河的支流应该引起足够的关注。

需要指出的是，在图4.32中我们可以在县河河道蜿蜒曲折的河道两侧观察到多条断续分布的古河道迹象。这些古河道有可能是历史时期县河摆动所遗留下的痕迹。因此，需要明确的是，商文化时期小王家山附近的重要交通路线应以当今县河为主轴，但并非与现代县河河道完全重合，可能存在小规模的摆动与变更。

3. 庙台子

庙台子遗址位于湖北省随州市淅河镇金屯村的一处方形台地之上，

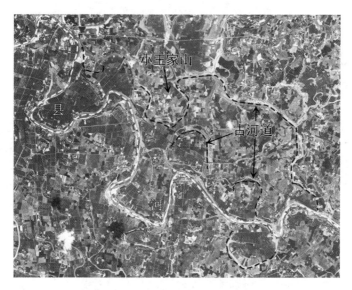

图 4.32　小王家山遗址附近古河道

1983 年，武汉大学历史系对庙台子遗址开展了小规模考古发掘，发现了一批新石器时代、商、西周时期的文化遗存①。2015 年，湖北省文物考古研究所对庙台子遗址进行了考古发掘，并对其周边区域开展了考古勘探和调查，在台地上部发现了西周早期的建筑基址，并在台地外围发现了环壕②。此外，1977 年，随县（今随州市）淅河公社（今淅河镇）三大队村民在平整土地时发现了 13 件商代青铜器，因地层已严重扰乱，难以辨认是否出土于墓葬③。庙台子遗址与淅河铜器出土地点相距仅 6 千米，且两处地点出土的商文化时期遗存的年代基本相当，故在此一并述之。

　　庙台子遗址位于涢水支流漂水的东岸，遗址周边主要分布有自然村庄和农田，距离随州市主城区约 8 千米，因此遗址所在区域的自然地貌遭受

①　武汉大学历史系考古教研室、襄樊市博物馆、随州市博物馆：《西花园与庙台子》，武汉大学出版社，1993 年。

②　方勤：《曾国历史与文化研究——从"左右文武"到"左右楚王"》，上海古籍出版社，2018 年，第 40 页。

③　随州市博物馆：《湖北随县发现商代青铜器》，《文物》1981 年第 8 期。

现代人类活动的破坏程度较低。将1983年考古人员测绘的遗址地形图与现代地图进行比对发现，该区域自然地貌基本无明显变化。

在2019年Google Earth卫星影像中，可以较清晰地观察到庙台子遗址的基本形态（参见图4.33）。遗址由南、北两处台地组成。北部台地近似方形、南部台地近似圆形。两处台地之间发现了"8"字形环壕。2015年，湖北省文物考古研究所对庙台子遗址进行了考古发掘，考古资料尚未正式发表。从目前零星披露的资料可知，庙台子南部台地上分布有西周早期的建筑基址，台地外围的壕沟亦修筑于西周时期。需要说明的是，2015年庙台子考古工作开展的背景主要是基于此前湖北随州叶家山西周早期曾国墓地的重要考古发现，因此在叶家山墓地周边探寻与之同时期的大型居址就成了2015年度庙台子考古工作的主要动因。目前，我们仅从已开展的考古工作中获知庙台子建筑基址及环壕都修筑于西周时期。西周时期的庙台子聚落应该是对商文化时期聚落的沿用，即西周时期人群可能在商时期聚落的基础上加以整饬和扩建，同时亦会对商时期聚落的原始布局造成明显的改

图4.33　庙台子遗址卫星影像

变和破坏。因此，目前我们难以对商时期庙台子的聚落形态得出比较清晰的认知。但从前文中对鄂东北地区其他基础商时期遗址聚落景观的复原可知，此区域商时期聚落多分布于经过人工修整的台地之上，台地边缘多分布有环壕。因此，笔者推测庙台子聚落在商文化时期可能已经被营建为一处形制相对规整的台地，并修筑有环壕。西周早期人群对庙台子加以沿用，并重新修筑了环壕、建筑基址等设施。

4. 聂家寨

聂家寨遗址位于湖北省孝感市孝昌县花园镇境内，西距澴水约 2 千米，遗址原为一处高出地表 2~5 米的土墩。1979—1981 年，北京大学及孝感市博物馆就曾对聂家寨遗址进行过考古调查，调查者称该遗址发现有早商时期的文化遗存①。1981 年与 1987 年，北京大学及孝感市博物馆先后对该遗址进行了小规模发掘，出土有商至西周时期的文化遗物②。

从已经刊布的调查和发掘简报中，可以对于聂家寨遗址的具体位置获得如下信息：“聂家寨在殷家墩以南 300 米，也是一个土墩”③；“西距澴水 2 公里，于京广铁路之东 0.5 公里”④；“位于县城北约 52 公里的花园公社农庄大队聂家寨湾北约 50 米的台地上”⑤。通过上述地理位置信息，笔者发现聂家寨遗址当前已经完全被孝昌县主城区覆盖，不复存在。实际上在 20 世纪 80 年代的考古调查中，调查人员就指出该遗址遭到了砖瓦厂的严重破坏，残存面积仅 1600 平方米。可以想见，20 世纪 80 年代至今的城市

①　北京大学考古专业商周组、山西省考古研究所、河南省安阳、新乡地区文化局等：《晋鄂豫三省考古调查简报》，《文物》1982 年第 7 期；湖北省孝感地区博物馆：《孝感市几处古遗址调查简报》，《江汉考古》1983 年第 3 期。

②　孝感地区博物馆、孝感市博物馆：《湖北孝感聂家寨遗址发掘简报》，《江汉考古》1994 年第 2 期。

③　北京大学考古专业商周组、山西省考古研究所、河南省安阳、新乡地区文化局等：《晋鄂豫三省考古调查简报》，《文物》1982 年第 7 期。

④　孝感地区博物馆、孝感市博物馆：《湖北孝感聂家寨遗址发掘简报》，《江汉考古》1994 年第 2 期。

⑤　湖北省孝感地区博物馆：《孝感市几处古遗址调查简报》，《江汉考古》1983 年第 3 期。

建设工程已经将聂家寨遗址完全破坏,地表已无踪迹可寻。

但是,在上述信息中我们获知聂家寨位于殷家墩以南 300 米,殷家墩也是一处与聂家寨遗址类似的大型土墩,曾出土有新石器时代及西周时期的文化遗物①。所幸,殷家墩遗址虽也曾遭受砖瓦厂取土破坏,但遗址主体仍保存至今,并得到了地方政府的有效保护。在当代卫星拍摄的影像中清晰可见。因此,我们可以依据殷家墩遗址的位置对聂家寨遗址的大体位置进行复原。

从图 4.34a 可以看到殷家墩遗址以南当前被密集的现代建筑物覆盖,完全无遗址迹象可寻。但是在 1966 年 CORONA 卫星拍摄的影像中可以看到完全不同的地貌景观,从图 4.34b 中可见南北走向的铁路线、火车站以及铁路以西的滠水,可以确定图示范围正是孝感市孝昌县所在。图 4.34b 的道路系统相对简单,其中东西走向的道路为西洪花大道,沿用至今。在道路以北可以看到一处明显高出地面的土墩。在将这幅 CORONA 影像进行校正和配准之后,便可以将该图中的地貌特征点与现代 Google Earth 影像进行比对,我们发现西洪花大道以北的这处台墩正是殷家墩遗址(参见图 4.34)。

在殷家墩遗址以南,还可以见到一处与之类似的台墩,其平面形状近似椭圆形,周围可见一圈环壕。在 Arcgis 软件中我们量测得知殷家墩与其南侧这处台地之间的直线距离为 300 米。20 世纪 80 年代的发掘简报显示聂家寨遗址位于殷家墩以南约 300 米,通过 CORONA 影像观察,我们发现在殷家墩周边 300~500 米的范围内,除南部分布有一座台墩外,基本为平坦开阔的农田。因此,我们推测图中位于殷家墩以南的这处墩台应该就是聂家寨遗址。此外在殷家墩与聂家寨之间还可以看到一条干涸的古河道遗迹,古河道绕经这两处台墩。

---

① 北京大学考古专业商周组、山西省考古研究所、河南省安阳、新乡地区文化局等:《晋鄂豫三省考古调查简报》,《文物》1982 年第 7 期。

a. Google Earth 影像（2019 年）

b. CORONA 卫星影像（1966 年）

图 4.34　聂家寨与殷家墩遗址

5. 晒书台

晒书台遗址位于湖北省安陆市巡店镇肖堰村的一处方形土台之上，考古人员经过考古发掘，将晒书台遗址的地层堆积年代定为早商时期、西周早期和西周中期，而该遗址商时期遗存的年代大体为二里冈文化上层时期至殷墟文化时期。

近年来，有研究者以航空摄影和三维建模的方式对江汉地区早期聚落进行了若干调查工作，在相应的研究成果中公布了晒书台遗址精确的经纬度坐标（113°37′55.05″E，31°11′50.40″N）[1]，由此我们可以在现代地图中准确锁定晒书遗址的准确位置。

府河呈南北向流经安陆市，在河道沿岸形成了宽约1～3千米的河谷地带，河谷两侧则为缓缓起伏的岗地。晒书台遗址则位于府河西侧平坦的河谷之中，遗址距离河道约2千米。在2019年Google Earth影像中可以清晰地看到晒书台遗址整体呈一处方形台地，明显高出周围地面，遗址边缘可见环绕台地一周的土垣（见图4.35）。晒书台遗址地处平坦的河谷地带，周边地形平坦，土地肥沃，因此遗址周边区域被开垦成为块状分布的农田。

6. 中分卫湾

中分卫湾遗址位于湖北省武汉市黄陂区祁家湾镇王鹏村，根据考古发掘，中分卫湾遗址应分布有二里冈文化时期至殷墟一期前后的遗存。

2019年6月，武汉大学历史学院与北京大学考古文博学院曾对中分卫湾遗址开展过考古调查。调查发现该遗址位于中分卫湾与大梅湾两个自然村之间，南距武汉市主城区约35千米，遗址周边主要分布有大片农田和自然村落，因此该遗址整体上并未遭受现代城市建筑的破坏，整体保存状况相对较好。但是，该遗址所在的区域目前已经被非常茂密的野生灌木覆盖，导致遗址区域地表能见度极低，难以从地表采集遗物，更难以从整体上观察遗址的微地貌形态。基于这一情况，我们搜集了2019年和2006年两个年度Google Earth发布的卫星遥感影像，经过对比我们可以很明显地

---

[1]　中国社会科学院考古研究所、湖北省文物考古研究所：《江汉平原及其周边地区史前聚落调查》，《江汉考古》2019年第5期。

图 4.35　安陆晒书台遗址

观察到中分卫湾遗址 10 余年间地表景观所发生的变化。

　　从 2006 年 Google Earth 影像中可以看到，中分卫湾遗址由一大一小两个台地共同组成，两座台地呈东西向相连分布，借助 Arcgis 软件的面积量算功能，可知这两座台地的面积约为 6030 平方米。台地的东北部和北部分布有两个小型水塘，常上河自北向南流经台地的西侧，最终注入漹水。在 1970 年 CORONA 卫星影像中，我们也能够较为明显地看到中分卫湾遗址的整体面貌。而且与 2006 年 Google Earth 影像有所不同的是，中分卫湾台地东北部和北部并无水塘分布，由此可知，现在分布于中分卫湾东北部和北部的水塘属 1970 年以后人工开挖的池塘。

　　通过对 1970 年、2006 年、2019 年三个年份的遥感影像的比对，我们可以初步获知中分卫湾遗址的一些景观信息（参见图 4.36）。第一，中分卫湾遗址分布于两座相连分布的台地之上，台地总面积约为 6030 平方米，台地高出周边地表 3~4 米。第二，中分卫湾遗址紧邻河流分布，距离漹水支流常上河仅 80 米。第三，中分卫湾遗址所在区域现代人类活动以农业耕种活动为主，20世纪70年代至今该区域自然地貌形态未发生明显变化，只是由于最近十余年来当地农村人口减少，农田部分荒芜，导致遗址所在台地被茂密的野生林木覆盖，地表能见度极低，但遗址本体并未遭受严重破坏。我们推测该区域自然地貌形态与夏商时期并无太大差别，换言之，1970年CORONA影像中所呈现的中分卫湾遗址形态能够在很大程度上体现出夏商时期中分卫湾聚落的原始面貌。

a. CORONA 卫星影像（1970 年）

b. Google Earth 影像（2006 年）

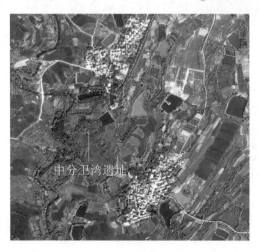

c. Google Earth 影像（2019 年）

图 4.36　中分卫湾遗址

7. 徐家洲

徐家洲遗址位于湖北省武汉市黄陂区罗汉寺镇徐家洲村，遗址分布于高出四周地面小型台地之上。该遗址遗存的年代为二里冈文化时期至殷墟文化一期前后。

2019 年 6 月，武汉大学历史学院与北京大学考古文博学院对徐家岗遗址进行了考古调查，调查发现徐家洲遗址分布于一片小型台地之上，台地周围为成片分布的水稻田。虽然台地表面分布有茂密的野生林木，但是台地的轮廓和边缘基本清晰可辨(参见图 4.37)。借助 Arcgis 软件的面积量算功能可知徐家洲遗址所在台地的面积约为 4290 平方米，台地高出周边地面2 米左右，滠水支流龙须河流经徐家洲台地的北部。

图 4.37　徐家洲遗址(2018 年)

8. 钟家岗

钟家岗遗址位于湖北武汉市黄陂区夏店村钟家岗湾，遗址为一处高出地面 2~3 米的小型台地，一条无名河流流经台地南侧，汇入溵水支流龙须河。钟家岗遗址东北 800 米即为徐家洲遗址。钟家岗遗址商文化时期遗存的年代应为二里冈文化时期至殷墟文化一期。

2019 年 6 月，武汉大学历史学院与北京大学考古文博学院对钟家岗遗址进行了考古调查。钟家岗与中分卫湾等遗址的地表景观较为相似，因为调查的时间时值夏季，遗址地表均被茂密的野生灌木覆盖，地表能见度极低。在当地文博部门人员的指引下，我们确定了遗址的准确位置，基于此对钟家岗遗址的景观信息进行了一些初步分析。从遥感影像中均可以看到钟家岗遗址实际是分布于一座高出周围地面的小型台地之上（参见图 4.38），借助 Arcgis 软件的面积量算功能可以测得这片台地的面积约为 1535 平方米。溵水的二级支流流经钟家岗遗址的南侧，从选址特征和遗址的微地貌特征来看钟家岗遗址与附近的徐家洲、中分卫湾等遗址基本一致，即分布于河流沿岸的小型台地之上。

图 4.38 钟家岗遗址（2018 年）

9. 光山造

光山造遗址位于湖北省武汉市黄陂区王家河镇王家大湾,遗址为一处紧邻滠水的台地,台地高出河床约6米。依据20世纪80年代,在此地采集的陶片,推测该遗址遗存的年代为二里冈文化时期至殷墟一期前后。该遗址破坏严重。从1966年CORONA影像中可以看到,光山造遗址位于滠水东岸,由于20世纪80年代滠水下游改道及水坝的修筑,导致滠水水位抬升,光山造遗址正是在这一过程中被上涨的河水淹没(参见图4.39)。

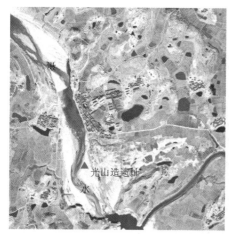 

a. CORONA卫星影像(1966年)　　　b. Google Earth影像(2019年)

图4.39　光山造遗址

(二)汉水沿线

汉水中游北接南阳盆地,南与荆山南麓的冲积平原相连,因此汉水沿线区域成了中原文化南下江汉地区的要冲之地。在汉水中游沿线的下王岗、李营、龚家庄、熊家庄、东龙山,以及襄阳至钟祥一线的王树岗、乱葬岗、墓子坡等遗址中均可见较为典型的二里头文化遗存,陶器以扁足鼎、花边口沿罐、大口尊为主,体现出了伊洛地区的二里头文化越过伏牛山,经南阳盆地,沿汉水中游南下的传播态势。

二里冈文化因素则出现在汉水中游的辽瓦店子、店子河、方滩、门伙、龚家村等遗址之中，遗存的文化面貌体现出了二里冈文化的强烈影响，主体年代为二里冈文化时期至洹北花园庄期，不晚于殷墟一期。汉水沿线区域二里冈文化时期遗存的分布，体现出了二里冈文化大体沿着二里头文化南传的路径，在汉水沿线传播。沿汉水中游南下即可进入沮漳河下游地区，荆南寺遗址中所见的较为典型的二里冈文化因素，或是经由此路径南传而至。

至殷墟一期前后汉水中游沿线出现的聚落趋近消亡，汉水沿线区域与长江干流沿线的文化联系亦日渐式微，中原文化经由汉水对江汉地区施加的文化影响暂告终结。

1. 墓子坡

墓子坡遗址位于湖北省枣阳市新市镇赵庄村，有资料表明该遗址曾发现有二里头文化时期的遗存，但未开展过正式的考古发掘①。据《中国文物地图集·湖北分册》记载，该遗址位于枣阳市新市镇赵庄村东北 450 米处，结合这条线索，我们可以在谷歌卫星影像中大致确定墓子坡遗址的位置（参见图 4.40）。

由于尚未开展考古发掘工作，目前对于墓子坡遗址所能获知的信息也十分有限。但从遥感影像上，可以对该遗址的地理位置获知若干重要信息。一方面，从宏观地理位置而言，墓子坡遗址北接南阳盆地，邻近汉水东侧支流滚河沿岸。考虑到汉水西岸分布的襄阳王树岗、钟祥乱葬岗等二里头文化时期的遗址，墓子坡遗址的出现再次表明从南阳盆地至襄阳、钟祥一线，很可能是二里头文化时期中原文化南下扩张的重要交通路线。另一方面，就微观地貌形态来看，墓子坡遗址所在区域地形平坦，地表分布有大片规整的农田，这样的地貌环境与前述的襄阳王树岗、钟祥乱葬岗都较为相似。而与之形成鲜明对比的是，二里冈文化时期出现的聚落多分布于天然岗地或人工堆筑的墩台之上，这样的一种聚落选址和营建方式上的

---

①　叶植：《襄樊市文物史迹普查实录图集》，今日中国出版社，1995 年，第 131~132 页。

差异，很可能是二里头文化至二里冈文化时期，社会背景变迁的一种折射与体现。这种聚落景观与选址特征的差异，也正是我们确定遗址具体位置，并对其景观进行分析的意义之所在，因此在后文的论述中还将继续针对聚落的若干景观特征专门予以讨论。

a. CORONA 卫星影像（1966 年）　　　b. Google Earth 影像（2019 年）

图 4.40　墓子坡遗址

2. 王树岗

王树岗遗址位于湖北省襄阳市法龙乡王树岗村，1997 年襄阳市考古部门曾在配合铁路工程的考古工作中于该地点发现了少量二里头文化时期遗存。据发掘简报可知，20 世纪 50 年代，王树岗遗址已遭到铁路修建工程的严重破坏，1997 年对该遗址进行考古发掘时遗存残存的分布范围为"南北长约 500 米，东西宽约 100 米"①。同时，发掘简报指出，该遗址分布于汉水西岸的冲积平原之上，地形平坦。王树岗遗址并未分布于台地、岗丘等明显不同于周边地表的微地貌形态之中，且该区域人口相对密集，并多次开展过铁路修建工程，这些因素对于我们确定王树岗遗址的准确位置带

――――――――――

①　襄石复线襄阳考古队：《湖北襄阳法龙王树岗遗址二里头文化灰坑清理简报》，《江汉考古》2002 年第 4 期。

来了较大难度。

为相对准确地锁定王树岗遗址的位置，并在此基础上对其景观信息进行一些初步分析，我们搜集到了1969年CORONA卫星和2019年Google Earth发布的襄阳地区卫星影像，这两幅影像均清晰地呈现了当时襄阳市法龙乡王树岗村周边区域的地貌形态（参见图4.41）。同时，依据王树岗遗址发掘简报可知"（王树岗遗址）位于王树岗村东北约1千米，东靠焦枝（襄石）铁路"，在2019年Google Earth卫星影像中可以清晰地观察到王树岗自然村和襄石铁路的准确位置，由此基本锁定王树岗遗址的准确位置。经过比对，我们可以看到1969年CORONA卫星影像所呈现的地表景观与2019年Google Earth所示景观相比，除自然村落面积有所扩张，道路有所增加，其他方面并无明显差别。

a. CORONA卫星影像（1969年）　　　b. Google Earth影像（2019年）

图4.41　王树岗遗址

相比而言，1969年CORONA影像中所呈现的地表景观以农田和自然村庄为主，现代人类活动对自然地貌的干预较少，地表景观更为接近自然状态。如图4.41所示，王树岗遗址分布于汉水西侧的冲积平原之上，该区域地形平坦开阔，因其地处汉水河谷地带，土壤肥沃，水源充沛，农业条

件十分优越，当前该区域就分布有大片农田。依据发掘简报我们难以获知
更为丰富的有关王树岗(二里头文化时期)聚落的相关信息，但从王树岗遗
址的分布地域可以看到，该区域在二里头文化时期很有可能就是一片平坦
的河谷地带，十分适宜农业种植和人类定居。同时，王树岗遗址东距汉水
干流仅5千米，以汉水为依托的交通区位条件十分明显。基于以上分析，
也就不难理解来自中原地区的二里头文化南传至襄阳王树岗，并在此形成
了人类定居点这一现象了。

3. 乱葬岗

乱葬岗遗址位于湖北省钟祥市双河镇的一处砖瓦厂取土场内，1991年
当地考古部门在该遗址清理了一批二里头文化时期遗存。钟祥乱葬岗遗址
与上述襄阳王树岗遗址在地理位置上较为相似，均位于汉水西侧的冲积平
原之上。遗址所在区域地表平坦，并无明显的标志性地貌特征(例如高出
周围地面的岗地、墩台等)，且由于砖瓦厂取土破坏，乱葬岗遗址的原始
地貌遭受严重破坏。这些因素对于确定乱葬岗遗址的准确位置带来了较大
挑战。

不过，尽管乱葬岗发掘简报对于遗址具体位置的图文介绍较为简略，
但仍刊布了一些十分关键的信息。据简报可知，乱葬岗遗址位于双河镇东
南部，地处利河上游的两条小型支流交汇之地，同时简报中刊布了一幅遗
址位置示意图。结合这些信息，即可在Google Earth发布的卫星影像中准
确锁定钟祥市双河镇以及利河上游出现的两河交汇之地。至此，虽然不能
确定乱葬岗遗址准确的分布范围，但是该遗址的分布地点基本可以被锁
定。同样，依据1969年CORONA卫星拍摄的乱葬岗区域的影像，可以对
王树岗遗址的微地貌特征进行一些观察。

如图4.42所示，利河是汉水西侧的一条支流，利河支流袁家沟河在双
河镇附近汇入利河，王树岗遗址即位于袁家沟河与利河交汇之地。利河沿
岸分布有绵延的山体，河道蜿蜒曲折，河道两侧形成了宽约1千米的河谷
地带，地形平坦，土地肥沃。现代村庄、乡镇和大片农田正是分布于利河
沿岸的河谷之中，乱葬岗遗址亦分布于利河的河谷地带。

a. CORONA 影像（1969 年）　　　b. Google Earth 影像（2018 年）

图 4.42　乱葬岗遗址

4. 店子河

店子河位于湖北省十堰市郧阳区青曲镇店子河村。为配合南水北调工程，2008—2010 年考古部门对该遗址开展了大规模考古发掘。商时期遗存有 H58、H275。从出土陶器观察，店子河遗址出土商时期遗存年代大体可归入二里冈文化时期①。

遗址地处汉江北岸的二级、三级台地之上，海拔 150~158 米，属于南水北调中线工程淹没区，目前该遗址已经全部淹没于水下。从 2010 年 Google Earth 卫星影像中可以观察到店子河遗址位于汉江北岸的河滩之上，地形平坦，当属直接利用了河流阶地而营建的聚落，无明显的人工修筑的台墩迹象（参见图 4.43）。

5. 辽瓦店子

辽瓦店子位于湖北省十堰市郧阳区柳陂镇辽瓦村，西北距店子河遗址约 6 千米。该遗址于 20 世纪末调查时被发现，商时期遗存的年代约为二里冈文化时期至殷墟一期。遗址地貌与店子河较为相似，均位于汉江沿岸的

---

①　武汉大学考古系：《郧县店子河》，科学出版社，2020 年。

河流阶地之上，地形平坦，当属直接利用了河流阶地而营建的聚落，无明显的人工修筑的台墩迹象（参见图 4.44）。

Googel Earth 卫星影像（2010 年）

图 4.43　店子河遗址

Googel Earth 卫星影像（2010 年）

图 4.44　辽瓦店子遗址

（三）赣江沿线

赣江沿线的二里冈文化时期遗存见于石灰山、陈家墩、龙王岭、神墩等遗址。在龙王岭附近的八哥山、门口山、磨盘山、王花兰等岗地上亦曾采集到商时期陶片，推测这些地点亦分布有与龙王岭同时期的遗存。神墩遗址位于长江南岸约 13 千米处，出土的陶器以鬲、罍、假腹豆等中原式的陶器组合为主流，可见中原文化的强烈影响，不过在每一类器物形制上均可见一些明显的地方特征。例如陶鬲多颈部较长，三锥足短小，同时腹部鼓大。龙王岭、陈家墩、石灰山遗址中所见的二里冈文化时期遗存，一方面有鬲、甗、罍、大口缸等中原地区常见器类，另一方面，该遗址还发现细柄浅盘豆、圜底印纹罐等基本不见于中原地区的器类，凸显了赣江沿线的地方文化特征。殷墟文化时期，随着赣江中游吴城的兴起，赣江沿线遗址出土遗存开始受到了吴城文化的显著影响。

1. 神墩

神墩遗址位于江西省九江市新合镇境内，地处幕阜山北侧。该遗址在 20 世纪 80 年代的考古调查中被发现。随后因配合大沙铁路的建设，对该遗址开展了小规模发掘。该遗址出土遗存被分为上、下两层，其中商时期遗存包括鬲、罍、假腹豆，都显示出了二里冈文化时期的特征，部分器物与意生寺遗址出土的商时期遗存十分接近。

值得注意的是，神墩遗址的地貌形态呈现出一个较为规整的，近似五边形的台墩。在 CORONA 卫星影像和 Google Earth 影像中均可以观察到，这出台墩与周边的自然丘陵、岗地存在明显的边界，台墩边缘形态规整（参见图 4.45）。据 20 世纪 80 年代的发掘简报中介绍，"遗址呈土墩状，顶面平整，高出周围 5~10 米，面积约二万五千平方米。一条溪水经东侧由南向北环流"[①]。卫星影像和简报文字描述均表明神墩所在的岗地，很有可能是一处借助天然岗地，然后经过人工修整而形成的台地。台地明显高

①　江西省文物工作队、九江市博物馆：《江西九江神墩遗址发掘简报》，《江汉考古》1987 年第 4 期。

出周围地表，且有溪水环绕。周围有平整的土地和丰沛的水源，适宜人居。这类形态的台墩，较之于直接分布于天然山头、冈丘之上的遗址而言，其营建方式需要调动更多的人力、物力和社会资源。因此，其功能与性质或与其他普通聚落有所不同。

a. CORONA 影像（1966 年）　　　　b. Google Earth 影像（2017 年）

图 4.45　神墩遗址

2. 铜岭

铜岭遗址邻幕阜山北侧，其年代大体为二里冈文化时期。在铜岭遗址东侧约 2 千米处，还分布着檀树咀遗址，该遗址 20 世纪 90 年代经过了两次发掘。出土的商时期遗存中包括陶鬲和假腹豆等，其年代大体为二里冈文化时期。从卫星影像中可以看出，铜岭遗址分布在以铜岭矿山为中心的天然岗地之上，未见人工修筑迹象明显的较为规整的台墩（参见图 4.46）。

3. 龙王岭

龙王岭遗址位于幕阜山与庐山之间的谷地。20 世纪 90 年代初期，考古部门在龙王岭遗址所在区域连续分布的几处岗地上均发现了二里冈文化时期遗存，包括龙王岭、磨盘山、门口山、八哥山、王花兰[①]。这五处遗

———————

①　江西省文物考古研究所、九江市文化名胜管理处、九江县文物管理所：《江西九江马回岭遗址调查》，《东南文化》1991 年第 6 期。

Google Earth 影像（2017 年）

图 4.46　铜岭遗址

址自西向东沿张家河连续分布，各遗址之间相距 200～500 米。近年发掘的荞麦岭遗址也距此不远，遗址中出土的商代遗存被认为属于"盘龙城类型商文化在赣北的延续"①。这表明龙王岭一带很可能分布着一处规模颇大的二里冈文化时期聚落。从卫星影像中可以观察到，上述遗址均分布在相对独立天然岗地之上，并无明显的人工修筑痕迹（参见图 4.47）。聚落的营建者当是直接利用了天然岗地，在此营建居所。

（四）澧水沿线

澧水沿线二里冈文化时期遗存以皂市、宝塔以及其北侧的汪家嘴、博宇山等遗址为代表，皂市与宝塔遗址商文化时期遗存的文化面貌较为复杂，主要包括三类文化因素，即以弧腹鬲、爵、斝、假腹豆、大口尊、缸为代表的二里冈文化因素和以壶、圈足壶、圈足碗、甑、折沿圈足湾为代

---

①　饶华松、徐长青：《从荞麦岭遗址看盘龙城类型商文化对赣北地区的影响》，《盘龙城与长江文明国际学术研讨会论文集》，科学出版社，2016 年。

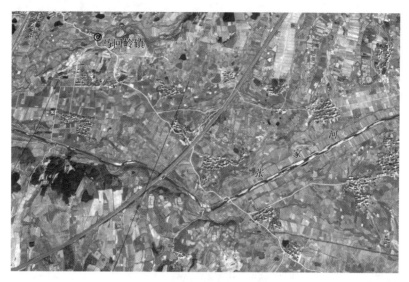

Google Earth 影像（2010 年）

图 4.47 龙王岭遗址

表的本地文化因素，及以鼓腹鬲、折肩壶、折盘簋、双耳簋、弧盘簋为代表的本地创新型文化因素。该类因素是二里冈文化及其他文化的影响，与本地因素进行的融合而产生的新因素。澧水流域北邻长江沿线的荆南寺遗址，皂市与宝塔遗址中的二里冈文化因素可能是自荆南寺一带传入。殷墟文化时期，澧水流域的文化面貌呈现出更为浓烈的地方文化风格，而中原文化因素不再见于此地。斑竹、宝宁桥、文家山、黄泥岗等遗址出土的鼎、釜、甗、盆、罐、豆、钵等陶器类别均不见于中原地区。

1. 皂市

皂市遗址位于湖南省常德市石门县皂市镇，该遗址于 20 世纪 50 年代调查时被发现，后经过了多次考古发掘[1]。该遗址的文化面貌体现出多种文化因素交错的特征。

石门县地处武陵山脉东部边缘，境内大部为山区，海拔 1000 米左右，

---

① 周世荣：《湖南石门县皂市发现商殷遗址》，《考古》1962 年第 3 期；湖南省文物考古研究所：《湖南石门皂市商代遗存》，《考古学报》1992 年第 3 期。

最高处达2000余米。石门县东南部是起伏的丘陵，澧水及其支流渫水、道水贯穿全境，山区水狭流急，在丘陵地区，两岸有宽几十米至上千米的冲积平原地带。渫水从狭窄的山谷夺口而出，转流向东，在皂市一带形成了一块河谷平原。皂市遗址就分布在渫水北岸的一级阶地上，东西长，南北窄，与渫水走向基本一致，面积约7万平方米。从卫星影像中可以看出，皂市遗址直接分布于河流阶地之上，地形较为平坦，无明显的台墩或岗地(参见图4.48)。

Google Earth 影像(2018年)

图4.48 皂市遗址

2. 宝塔

宝塔遗址位于湖南省石门县楚江镇宝塔社区，北距皂市遗址约16千米。1984年湖南省对该遗址进行了小规模的试掘，发现有商和东周两个时期的遗存①。其中商时期遗存的文化面貌与皂市遗址较为接近。2017年，

---

① 王文建、龙西斌：《石门县商时期遗存调查——宝塔遗址与椵岗墓葬》，《湖南考古辑刊》第4集，岳麓书社，1987年。

因配合基本建设工程,湖南省文物考古研究所主持对宝塔遗址进行了抢救性发掘,清理出了商代至宋元时期的灰坑、灰沟、房址、墓葬等各类遗迹近 200 处,其中以商代遗存最为丰富。[1]

宝塔遗址所居地势为丘陵夹持的河谷平原。澧水北岸,河旁不远便是起伏的丘陵;遗址所在的南岸,则是宽千米以上的冲积平原。20 世纪 80 年代,考古部门对其进行调查时,发现该遗址东西绵延近千米,但当时遗址已有近 50 米宽的堆积层被河水冲垮,残存的只是遗址的南部边缘。宝塔遗址被河水冲毁,表明商文化时期,澧水的水位可能较现代要低,商代先民才得以聚居于此,形成了绵延近千米的文化堆积。后因河水上涨,才冲毁了遗址局部。与皂市遗址的选址特征类似,宝塔遗址也是分布在河流阶地之上,遗址周边地形较为平坦,具备充沛的水资源、肥沃的土壤和较好的交通条件(参见图 4.49)。

Google Earth 影像(2018 年)

图 4.49 宝塔遗址

---

① 盛伟:《湖南石门宝塔遗址》,《大众考古》2018 年第 1 期。

第五章　江汉地区聚落与社会

复原江汉地区夏商时期聚落的景观，进而对相应时期的社会图景进行分析与研究是本书的一条研究主线。本章将在前文复原聚落景观的基础上，对相应时期的社会结构与人类行为方式予以探讨。

前文已对二里头文化晚期至殷墟文化时期江汉地区聚落的景观进行了初步复原，较之于以往刊布的考古工作简报和报告而言，我们在上述聚落的海拔高程、分布范围、营建方式即选址特点等方面，获取了更为丰富且接近真实的认知。这些信息则成了复原和探究夏商时期江汉地区社会图景的重要切入点。具体而言，本章的讨论将从以下几个方面展开。

第一，探究夏商时期江汉地区的河湖水位。江汉地区地形平坦，河湖纵横，在众多自然地理要素中，"水"是最为活跃且极不稳定的一项因子。尤其是河湖水位的涨落成为影响区域自然环境乃至人类生存的重要因素。近年来，有多项研究表明史前时期江汉地区曾多次爆发特大洪水，并对区域文明的发展进程造成了显著影响。而在近现代水文资料的记载中，洪涝灾害仍然是江汉地区十分常见的一类自然灾害。可见，在河湖密布的江汉地区，洪涝灾害在相当长的时间内都对人类的生存环境有着十分直接的影响。然而，在以往的研究中，对于夏商时期江汉地区河湖水位则鲜有论及。而据前文的研究可知，盘龙城等分布于长江沿线的夏商时期聚落，其海拔高程明显低于现代长江的汛期水位。因此比较夏商时期江汉地区聚落的海拔高程与现代长江洪水位，是评估夏商时期这一区域河湖水位的基本途径。

第二，分析江汉地区聚落的微地貌特征。聚落的微地貌特征实际是聚落营建者选址理念的直接体现，聚落的微地貌形态体现着人类对于地理空间的理解和认知方式，而且聚落的微地貌特征可能还与聚落自身的性质与功能密切相关。从生计类型的角度而言，聚落周边的地貌形态差异可能暗示着生计类型方面的差异与多样化；从社会关系的角度而言，聚落微地貌形态的差异可能传递出了聚落自身功能与性质的差异，例如城邑、军事据点和自然村落因其功能的不同可能有着不同的微地貌形态。

在以往的研究中，研究者对于江汉地区夏商时期聚落的地貌形态特征仅仅作了一些相对笼统的归纳，对于聚落之间地貌形态的差异鲜有关注。实际上，对江汉地区夏商时期聚落微地貌形态的分析和比对，可能成为分析江汉地区夏商时期聚落性质与功能的全新视角。前文已对江汉地区夏商时期聚落景观逐一进行了分析，对聚落所处空间的地貌形态获得了较为详尽的认知，这为我们通过聚落的微地貌形态分析其性质与功能奠定了重要基础。

第三，分析夏商时期江汉地区聚落的规模的差异，进而观察相应时期的社会层级。前文通过对聚落的景观复原研究，相对准确地获知各个聚落的分布范围，大体知晓该聚落在夏商时期可能存在的面积。在此基础上，结合聚落中出土的考古遗存即可对江汉地区聚落的规模与等级差异进行基本的划分，由此对相应时期的社会层级与结构进行分析和解读。在以往的研究中，学者们多针对都邑或都邑之外的区域中心型聚落展开研究，而对于区域中心聚落之外大量存在的次级聚落则缺乏足够的关注，因此难以从聚落的角度，对夏商时期的社会结构与层次展开相对完整的观察和研究。本书所选择的研究对象既涵盖了盘龙城这类区域中心型聚落又包含了大量规模较小的次级聚落，因此为我们相对完整地考察江汉地区夏商时期的社会层级与结构提供了契机。

第四，复原夏商时期江汉地区主要的交通路线。以往学界已对江汉与中原地区的交通路线进行了若干研究，但多以现代水系为基础，结合夏商时期聚落分布位置推测相应时期的交通路线。然而，古今河流走向并不能完全相同，尤其是当河流进入平原地带以后，其改道的频率和幅度则显著增加。因此，本章将结合历史地理研究成果，在对相关河流改道过程进行系统梳理的基础上，分析夏商时期可能存在的交通路线。同时，笔者注意到，从二里头文化晚期至殷墟文化时期，中原文化对江汉地区呈现出了不同波次的南下扩张现象，在不同阶段的文化扩张过程中，所经由的交通路线是否相同？从历时性的角度，考察在同一地理单元内，不同人群在不同时期对交通路线的选择方式，则成了本章所欲研究的一个新的视角。

以上罗列的四个方面是我们观察夏商时期江汉地区社会与文化发展进程的重要切入点。但需要明确的是，对于数千年以前的夏商时期而言，恐难实现对社会与文化发展过程进行全程追踪与完整再现。因此，本章对于上述讨论需要基于一定的年代分期体系，对公元前 1600 年至前 1100 年的景观与社会变迁历程进行片段式的观察，由多个片段缀合起完整的历史过程。

考虑到二里头文化与后续的二里冈文化、殷墟文化对应着夏、商两个政体(夏王朝与商王朝)，而就江汉地区的文化面貌而言，商文化在殷墟文化一期前后又呈现出了南下扩张与北向收缩两种明显不同的态势，因此本章采用本书第二章所建立的年代框架，分别考察二里头文化晚期、二里冈文化至洹北花园庄期和殷墟文化时期江汉地区的景观，并比较上述三个阶段景观特征的变化，揭示出景观背后所体现出的社会变迁过程。

第一节　聚落高程与江汉地区河湖水位

水源对于人类的生存之重要性不言而喻，田野考古调查中所见的古代聚落大多临河分布。与此同时，"水"又是一种极为活跃的因子，河湖水位除了规律性的季节性涨落以外，还有可能出现突发性洪水，在生产力相对低下的人类早期文明社会，人工堤防系统远未形成，洪灾对于人类生存的威胁无疑是十分巨大的。因此人类聚落往往选址于临近河流且又高于河面的地带，这样既便于利用水资源又能有效避免洪水威胁，正如《管子·乘马》篇总结的国都选址原则，"高毋近旱而水用足，下毋近水而沟防省"。

江汉地区地形平坦，湖泊星罗棋布、河道纵横交错，因此每至汛期，高涨的河湖水位便会对身居平原腹地的现代居民造成严重威胁，防洪已然成为长江中游地带现代经济开发和生产建设活动中需要考虑的首要问题①。实际上，江汉地区的地貌形态从根本上造成了其洪水频繁的现状。就地质结构而言，江汉地区处新华夏第二构造沉降带，东西两侧受新华夏第二构造隆起带和第三构造隆起带的夹持。就地貌形态而言，江汉地区所处的长江中游位于中国地势最低的第三级地貌台阶，长江上游十余条大型支流的来水汇集于此。地质地貌结构为洪灾的形成提供了先天的条件，若遭遇特殊气候条件，降水量陡增，洪水易吞难吐，则极易爆发洪涝灾害。

有线索表明，新石器时代江汉地区可能出现过多次洪水频发期，在洪水的威胁之下，人类聚落可能出现了向高处迁移的整体态势，有学者认为史前时期洪水期的出现可能会影响此区域文化中心的转移和文明进程的中断。

我们重点关注夏商时期江汉地区的河湖水位状况，并非单纯地意图复原这一时期此区域的地理环境，更是因为从文化发展进程的角度而言，夏商时期中原文化呈现出了明显的南下扩张之势，江汉地区由此中断了自身的文化演进历程，并融入以中原为中心的文明发展进程之中。

自二里头文化晚期开始，江汉地区多处地点即出现了中原文化的迹象。随后，二里冈文化以更为强劲的势头传播至江汉地区，在二里冈文化上层时期趋近顶峰。但从洹北花园庄期开始，中原文化在江汉地区则由盛转衰，呈现出明显的北退之势。殷墟一期之后，江汉地区几乎难觅中原文化的踪影，与此同时，江汉地区土著青铜文化开始在局部地带兴起。笔者尤为关注的是，二里头文化至二里冈文化时期，中原文化在江汉地区的扩张是基于怎样的地理环境背景？殷墟文化时期，中原文化在江汉地区的急遽退缩，是否与地理环境的变迁有关？换言之，地理环境是否成为影响夏商时期江汉地区文明发展进程的动因之一？显而易见的是，夏商时期江汉地区若干大型聚落均位于长江及其主要支流沿线，诸如荆南寺、周梁玉

---

① 水利部长江水利委员会：《长江防洪地图集》，科学出版社，2001 年，第 4 页。

桥、盘龙城、香炉山、聂家寨、下窑嘴等。若以现代长江汛期洪水位而言，在无人工堤防保卫的前提下，荆南寺、周梁玉桥、盘龙城、香炉山等遗址均会被汛期高涨的洪水吞噬。笔者推测夏商时期长江及其各级支流的汛期洪水位应当低于当今水平，否则上述聚落将不会在夏商文化乃至更长的时间范围内出现持续的人类定居活动。因此，探究夏商文化时期江汉地区长江干支流水位是我们分析这一时期此区域人地关系时所需关注的重要问题，也是复原江汉地区夏商时期自然与人文景观的重要基础。同时，笔者注意到，与二里冈文化至洹北花园庄期相比，殷墟文化时期江汉地区聚落的分布位置与数量均发生了较为明显的变化，这种变化的发生是否以地理环境的变迁尤其是河湖水位涨落为诱因？

本节所欲讨论的问题可以归纳为两个方面，第一，是通过夏商时期聚落的海拔高程估测相应时期江汉地区河湖水位状况，并将其与现代河湖水位进行比较，获知古今水位的差异，进而对夏商时期江汉地区的地理环境形成一个宏观的认识，以此作为复原夏商时期江汉地区文化与自然景观的重要基础。第二，是比较不同阶段(二里头文化、二里冈文化至洹北花园庄期和殷墟文化时期)聚落分布的海拔高程之差异，由此分析夏商时期不同阶段晚期江汉地区河湖水位是否发生过显著变化，其最终目的在于探究中原文化在江汉地区扩张与消退的文化发展过程是否与地理环境的变化存在某种程度的关联。

在以往的研究中，已经有学者通过观察江汉地区不同时期聚落选址海拔高程的变化分析相应时期河流水位的变化。周凤琴将江汉平原新石器时代至明清时期的多个遗址的高程与1954年荆江最高洪水位进行比对，绘制出了一条荆江近5000年来洪水位上升曲线，并据此认为近5000年以来荆江洪水位抬升幅度可达13.6米，其中宋元时期以来属洪水急剧上升期，洪水位涨幅可达11.1米[1]。王红星则聚焦于新石器时代，通过对长江中游地

---

① 周凤琴：《荆江近5000年来洪水位变迁的初步探讨》，《历史地理》第四辑，上海人民出版社，1986年。

区史前遗址数量和海拔高程的比较，认为新石器时代长江中游地区可能出现过四次洪水期，洪水暴发很可能是造成汉江地区文化中心的转移的重要原因①。

但是，上述研究涉及现代河流的水位、遗址的海拔高程等不同类别的数据，而这些数据的自身具有一定的复杂性，因此需要在开展相关讨论之前对若干概念进行界定和明确。

第一，河湖水位实际是一个不稳定的变量，既有每年汛期与枯水期的自然涨落又可能因自然或人为的原因在长时间段内出现水位的抬升或回落。根据河流水位多变的特点，可以将河流水位划分为四种：（1）一般年份枯水期水位；（2）一般年份汛期水位（洪水位）；（3）特殊年份枯水期水位；（4）特殊年份汛期水位（特大洪水水位）。人类居址通常分布于一般年份汛期水位难以淹没的地带，因此本节所欲讨论的夏商时期河湖水位实际上是"一般年份河湖汛期水位"。

第二，遗址的高程并非一个简单的数值，遗址通常分布于一定的空间范围之内，必然存在高低起伏的自然地势，因此遗址的海拔高程应当是一个区间值，而不是以一个绝对值代表遗址的高程信息。准确获取夏商文化时期聚落的高程信息需要两方面条件，一方面需要相对准确地获知遗址的分布范围，同时基于遗址当代地貌对商文化时期聚落形态进行复原。例如盘龙城遗址中心点高程为 34.4 米，盘龙城遗址的高程则为 19.5~36 米。考虑到现代湖面以下也分布有商文化时期遗存，因此商时期盘龙城聚落的高程则为 17.5~36 米。而对于本节的研究而言，古代聚落海拔高程的下限值（最低值）是评估相应时期河湖水位的关键信息。当然，准确获知聚落海拔高程的最低值的基础是对聚落的分布范围有着比较准确和全面的认识，对于大多数尚未开展系统田野考古工作的遗址而言，获知遗址海拔高程的最低值具有一定的困难。在下文的讨论中，将在前文景观分析的基础上，

---

① 王红星：《长江中游地区新石器时代遗址分布规律、文化中心的转移与环境变迁的关系》，《江汉考古》1998 年第 1 期。

对遗址可能的分布范围进行估测，由此获知遗址的海拔高程信息。

第三，鉴于长江流域河流水位数据均采用吴淞高程系统，在将聚落高程与现代河湖水位进行比对时，先将吴淞高程系统转换为 1985 国家高程基准，采用统一的高程系统。

一、二里头文化晚期

中原与江汉地区的文化交流早自新石器时代就已经初见端倪，至二里头文化三期、四期前后，襄阳王树岗、钟祥乱葬岗、枣阳墓子坡、荆州荆南寺及武汉盘龙城等聚落均出现了一批明显具有二里头文化风格的遗存，表明兴起于中原地区的二里头文化南向传播至江汉地区。

在上述五处遗址中，盘龙城与荆南寺遗址开展的田野考古工作较为充分，遗址的分布范围和所在区域的海拔高程信息较为明确，同时盘龙城与荆南寺都邻近长江干流，盘龙城南距长江约 8 千米，荆南寺与长江干流仅相距 5 千米。因此，荆南寺与盘龙城遗址的海拔高程是评估二里头文化时期长江干流水位的重要研究对象。

（一）荆南寺

荆南寺遗址位于长江以北的河湖冲积平原之上。如图 5.1 所示，荆南寺与长江之间横亘着荆江大堤①，这道上起江陵枣树林，下迄监利城南，全长 182 千米的大堤是江汉平原重要的防洪屏障。荆江以北，汉江以南 13500 平方千米的区域，涵盖 800 万亩耕地，500 万人口均处于荆江大堤的保护之下。荆江大堤肇始于东晋永和年间（345—356 年），其后五代至宋、明时期又沿江分段修筑了寸金堤、沙市堤、黄潭堤、文村堤、新开堤、周公堤、黄师堤以及李家埠堤，至明嘉靖年间始连成整体②。

荆江沿线的人工堤防最早出现于东晋时期，自大堤修筑以来，荆江河

---

① "荆江"是长江自湖北枝城至湖南岳阳城陵矶江段的别称。

② 荆江大堤志编纂委员会：《荆江大堤志》，河海大学出版社，1989 年，第 5 页。

床不断垂直向上淤积抬高，导致荆江水位不断抬升，外滩加积抬升，自明末清初以来，荆江大堤外滩普遍淤高5～8米，局部外滩淤高可达10米①。因此每至汛期荆江水位高于荆江北侧的平原10～14米②，形成了一条地上悬河，故出现了"头顶一盆水，肩扛半条江"的民谚(参见图5.2)。

　　由以上分析可知，现代荆江河床淤塞严重，汛期荆江水位大幅高于荆州城区地面，若无荆江大堤的庇护，荆江以北的大片城市及广袤的农田将处于洪水淹没之中，与荆江干流仅距5千米的荆南寺遗址亦难以幸免。

图5.1　荆南寺遗址与长江干流

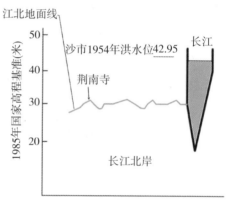

图5.2　长江北岸地表剖面图

　　不难想见，在二里头文化时期，荆江大堤尚未修筑，荆江河床下切较深，汛期荆江水位应低于江北平原的地面高程。在这样的地貌条件下荆南寺遗址这种坐落于平原地带的小型岗地，才可能长期出现人类定居行为。前文已对夏商文化时期荆南寺的聚落景观进行过初步复原，基本明确了该聚落的分布范围。我们从数字高程模型中提取出荆南寺遗址区域的海拔高程为31.5～33.2米。虽然，荆南寺遗址所在的岗地曾遭到现代砖瓦厂取土

---

① 周凤琴：《云梦泽与荆江三角洲的历史演变》，《湖泊科学》1994年第1期。
② 荆江大堤志编纂委员会：《荆江大堤志》，河海大学出版社，1989年，第14页。

活动的严重破坏，荆南寺遗址原本分布于一处高出地面3~4米的小型岗地之上，而今岗地已被夷为平地。但这一景观变迁过程并不妨碍我们获知荆南寺遗址海拔高程的下限值，依据目前所知的信息估测二里头文化晚期荆南寺聚落的海拔高程最低值应该为31.5米。换言之，二里头文化晚期，长江(荆南寺附近江段)洪水位应该不高于31.5米。

在现代水文资料记载中，1954年长江流域爆发了特大洪水，长江各主要水文站点均记录下了当时的最高水位资料。1954年长江沙市站的最高水位为42.95米①，荆南寺遗址与沙市水位站相距仅9千米。由上述分析可推测二里头文化时期长江(荆南寺附近江段)洪水位应该不高于31.5米。可见，现代长江洪水位比二里头文化时期应该高出了11.45米左右。

(二)盘龙城

盘龙城遗址位于长江支流府河的北岸，府河下游流经盘龙城遗址南缘后于武汉市谌家矶注入长江。入江口与盘龙城遗址仅相距8千米，因此长江干流的水位直接影响着盘龙城遗址区域的河湖水位。

近年来，考古人员在盘龙城遗址中的盘龙湖、破口湖区域开展的水下考古勘探和试掘工作，在盘龙湖及破口湖湖底均发现了商文化时期的遗存，遗存分布的最低海拔高程为17.5米②，由此可知商文化时期盘龙城与破口湖区域的水位应该不高于17.5米，考虑到盘龙湖与破口湖本为通江湖泊，且盘龙湖与长江干流相距仅8千米，因此我们估测商文化时期长江洪水位应该也不会高于17.5米。

由于盘龙城遗址以商文化时期的考古遗存为主，二里头文化时期的遗存分布范围比较有限，仅在王家嘴岗地和南城垣以下区域发现有少量二里

---

① 沙市站最高水文数据来自1954年沙市站观测数据，1954年沙市站最高水位为44.67米，因其采用的是吴淞高程系统，转化为黄海高程系统后，应为42.95米。参见长江水利委员会水文局：《1954年长江的洪水》，长江出版社，2004年，第36页。

② 武汉大学历史学院、湖北省文物考古研究所、盘龙城遗址博物院等：《武汉市盘龙城遗址水下勘探及试掘简报》，《江汉考古》2018年第5期。

头文化时期遗存。因此，盘龙湖和破口湖的水下考古勘探工作，发现了商文化时期遗存最低可分布至 17.5 米的区域，但是目前暂未直接发现二里头文化时期遗存分布于现代湖面以下的证据，还难以确定二里头文化时期，盘龙湖与破口湖水位是否低于 17.5 米。

值得注意的是，在盘龙城遗址中二里头文化时期的遗存较为集中地分布于王家嘴岗地及附近区域，王家嘴岗地地处盘龙城遗址的最南端，也是盘龙城遗址内众多小型岗地中地势最低的一片岗地。相较而言，二里冈文化至洹北花园庄期盘龙城聚落核心区则分布于地势较高的杨家湾岗地等地域。由此，我们推测二里头文化时期盘龙城区域的河湖水位应该不会高于二里冈文化至洹北花园庄期，否则二里头文化时期的人群也不会选址于地势最低的王家嘴一带。目前的考古资料表明商文化时期盘龙城区域河湖水位不高于 17.5 米，结合以上分析文明可以推测，二里头文化时期该区域的河湖水位很有可能也不高于 17.5 米，彼时长江(武汉段)的水位也应该不高于 17.5 米。

1954 年汉口站最高水位达到了 28.01 米，这一水位是汉口站水文观测记录中的最高值。若二里头文化时期长江(武汉段)水位以 17.5 米计，则现代长江洪水位至少比二里头文化时期上涨了 10.51 米。

诚然，河湖水位是一个不断波动变化的数值，目前也不能确定荆南寺与盘龙城就是二里头文化时期江汉地区海拔高程最低的聚落(可能有比二者海拔高程更低的同时期聚落尚未发现)。尽管如此，我们还是可以从荆南寺与盘龙城遗址的海拔高程中获知一些较为重要的信息。从这两处遗址的海拔高程可以推测，二里头文化晚期，江汉地区长江(荆州至武汉段)干流洪水位至少比现代长江洪水位(以 1954 年洪水位计)低 10~11 米。

二、二里冈文化时期至洹北花园庄期

与二里头文化晚期相比，二里冈文化时期江汉地区聚落的数量明显增加，表现出了二里冈文化强劲的南下扩张势头。二里头文化晚期即已出现的荆南寺、盘龙城等聚落在二里冈文化时期被沿用，聚落规模显著增加，同时在江汉地区东北部尤其是澴水、涢水、滠水沿线出现了以盘龙城为中心的聚落群。二里冈文化时期的聚落多被沿用至洹北花园庄期，故在此我们将对二里冈文化时期至洹北花园庄期的聚落分布地点，尤其是海拔高程予以分析，从而对这一时期江汉地区的洪水位进行估测。

通常而言，我们对于现代洪水位高程的了解来自沿河设置的水文观测站的实时记录，但是二里冈文化时期显然并不存在水文观测站，因而我们并不能直接获知当时的洪水位信息。不过临河分布的二里冈文化时期聚落犹如一座座古代"水文观测站"，它们在一定程度上体现着当时的江河洪水位高程。从地理位置而言，二里冈文化时期江汉地区的聚落主要分布于长江干流及其主要支流的沿线。前文已对若干聚落的景观变迁历程进行了初步分析，因此对聚落的地理位置尤其是与天然河道的空间位置关系获得了比较准确的认知，在此我们将选择若干濒临长江干流及其各条支流的典型聚落，通过比对聚落高程与现代长江干、支流洪水位对二里冈文化时期至洹北花园庄期江汉地区的洪水位进行一些讨论。

二里头文化晚期即已出现的荆南寺、盘龙城等聚落在二里冈文化时期得以沿用，聚落规模显著扩大，至洹北花园庄期才被废弃。如前所述，依据荆南寺与盘龙城聚落所在区域的海拔高程，可以推知二里头文化晚期长江洪水位比现代洪水位低 10~11 米，鉴于二里冈文化时期至洹北花园庄期这两处聚落继续被沿用，且聚落的规模又显著扩大，这表明二里头文化晚期至洹北花园庄期，长江洪水位应该没有发生显著的抬升过程，否则沿江分布的聚落则会被洪水淹没而难以出现延续数百年的人类定居地点。因此，我们可以认为，二里冈文化时期至洹北花园庄期江汉地区长江洪水位至少比现代洪水位低 10~11 米。同时，我们将对同时期其他几处沿江沿河分布的聚落高程进行分析，以期对此时江汉地区的洪水位获得更为详尽的认知。

（一）李家台

李家台遗址位于湖北省荆州市沙市区北郊的一片农田之中，李家台西距荆南寺遗址仅 13 千米，且与长江干流仅相距 5.2 千米，因此李家台遗址与荆南寺遗址的地貌形态基本一致。稍有不同的是，荆南寺遗址分布于一处高出周围地表 3~4 米的台地之上，而李家台遗址所在区域地势低洼，地表主要被水稻田和鱼塘占据，该遗址出土的二里冈文化时期遗存正是分布于这片平坦的土地之中。

李家台遗址所在区域地表极为平坦，基本不见地势起伏，地表海拔高程为 29.5~30.8 米。由此可知，二里冈文化时期长江(沙市段)洪水位可能不高于 29.5 米。而这一高程显然大幅低于现代长江洪水位，1954 年沙市站实测的长江最高水位为 42.95 米。将古今洪水位进行比对可知，二里冈文化时期长江洪水位可能比现代洪水位低 13.45 米。

(二)香炉山

香炉山遗址位于湖北省武汉市新洲区，地处长江北岸的一处小型岗地之上，该遗址与长江干流相距 1.2 千米。香炉山西侧的索子长河直接注入长江，据当地百姓称在长江沿线大堤全面贯通之前，汛期长江洪水可直抵香炉山岗地南缘[1]。当前由于长江沿线修筑了完整的人工堤防，汛期高涨的江水被阻挡在大堤之内，香炉山所在的武汉市新洲区可免受洪水淹没之灾。

香炉山遗址整体分布于一座小型的岗地之上，该岗地顶部的海拔高程为 30.1~35.4 米，这一高程整体高于现代长江汛期洪水位(1954 年长江汉口站最高水位为 28.01 米)，因此即便是长江沿线大堤修筑之前，汛期上涨时江水最多能淹没之香炉山南缘，香炉山遗址所在的香炉山岗地顶部亦可有效躲避洪水的威胁。

由前文的分析可知，二里冈文化时期长江洪水位应该大幅低于现代洪水位，若如此，则二里冈文化时期香炉山岗地当属长江北岸的一处"高

---

① 香炉山考古队：《湖北武汉市阳逻香炉山遗址考古发掘纪要》，《南方文物》1993 年第 1 期。

地"，虽然香炉山与长江干流仅相距 1.2 千米，但其因地势远高于长江江面，基本不受洪水的威胁。

（三）下窑嘴

下窑嘴位于湖北省黄冈市黄州区，地处长江支流举水东侧的岗地之上，遗址距离长江干流仅 7.5 千米。举水发源于大别山南麓，属长江一级支流，受汛期长江回水顶托的影响，举水下游沿线曾多次爆发洪灾，造成一定规模的人员伤亡和经济损失[①]。

下窑嘴遗址曾发现过两座出土二里冈文化时期青铜器的墓葬，并发现有新石器时代至西周时期文化堆积。下窑嘴墓葬中出土多件青铜容器，暗示着墓主有着较高的等级与社会地位，同时也表明下窑嘴一带可能分布有一处等级较高的二里冈文化时期聚落。该区域零星分布的新石器时代和西周时期的堆积表明，下窑嘴自新石器时代至二里冈文化时期乃至西周时期长期作为人类居址而存在。下窑嘴岗地的海拔高程为 26.8~28.3 米，这意味着起码在二里冈文化时期，长江（黄州段）和其支流举水的洪水位应该不高于 26.8 米。据现代地方志资料记载，长江黄州江段在 1986、1988、1991、1996、1992、2003 等年份爆发多次洪灾，其中 1996 年长江黄州江段最高水位达 26.41 米，沿江滨湖地区均遭洪涝灾害，受灾人口 13.98万[②]。据此分析，现代长江汛期的洪水位（26.41 米）仍略低于下窑嘴遗址的海拔高程（26.8 米），这意味着现代长江洪水基本不会淹没下窑嘴遗址所在的岗地。考虑到二里冈文化时期长江洪水位可能大幅低于现代洪水位，因此下窑嘴遗址所在区域在二里冈文化时期应基本不受长江洪水的威胁。

---

① 潘增、闫宝伟、于雨等：《考虑长江回水影响的举水危险流量研究》，《人民长江》2018 年第 1 期。

② 湖北省黄冈市黄州区地方志编纂委员会：《黄州区志》，武汉大学出版社，2015 年，第 63 页。

（四）郭元咀

郭元咀遗址位于湖北省武汉市黄陂区，地处滠水东岸的一处小型岗地之上，长江支流滠水流经遗址的西侧，郭元咀遗址隔滠水与黄陂主城区相望。据《黄陂县志》记载，黄陂地区水灾频发，清代至民国时期水灾爆发的频次为平均 4.5 年 1 次，新中国成立后，水灾爆发频次为 5.1 年 1 次。新中国成立后，1954、1968、1969、1980、1983 等年份均爆发过大型水灾，其中 1983 年为特大洪水年，黄陂城关水位最高纪录为 28.27 米①。而郭元咀遗址的海拔高程为 27.5～32.1 米，若遭遇 1983 年这类特大洪水则郭元咀遗址局部将被洪水淹没。由此反证，在洹北花园庄期滠水的水位应该低于当今水位。此外，20 世纪 90 年代在郭元咀遗址西侧的滠水河滩中曾出土过一件商文化时期的青铜罍，这件青铜罍的出土地点表明在商文化时期，滠水水位应当低于当今水位。但是由于目前我们已无法对青铜罍出土地点的海拔高程进行准确测量，也就无法对商文化时期滠水的水位进行相对准确的评估。不过可以确定的是，商文化时期滠水水位应该低于现代水位。

（五）小王家山

小王家山遗址位于湖北省孝感市云梦县东南 2 千米处的和平村，小王家山遗址地处府河下游的冲积平原之上，地形平坦，地表主要分布有大片农田和自然村庄，府河流经云梦县城西侧，与小王家山遗址相距 5.5 千米。府河自随州经安陆进入云梦平原，进而入汉水进长江，对于云梦县而言，府河是大别山南麓趋向武汉的一条重要水上通道。同时，府河亦为云梦冲积淤造了大片肥沃的土地。但是，府河在带来便捷的交通条件和优良的农业资料的同时，也带来了频繁的洪涝灾害。历史上云梦县的农业丰歉和交通兴衰都与府河密切相关。小王家山遗址所在的云梦县南部地区在历史上洪涝灾害连年发生，新中国成立后随着大量堤防工程的修筑，该区域的水

---

① 黄陂县志编纂委员会：《黄陂县志》，武汉出版社，1992 年。

患灾害才得以减轻①。

　　据《云梦县志》记载②，1954 年 7 月府河山洪频至，江汉洪水上逆，府河云梦黄江口水位最高上涨至 33.67 米，县境大半顿成泽国，洪水持续至 10 月方才退尽。而小王家山遗址海拔高程为 27.9~29.5 米。显然，若无堤防的阻挡，1954 年洪水可将小王家山遗址全部淹没。由此也可以推知，二里冈文化时期，府河云梦段的洪水位一般不会高于 27.9 米，即至少比现代洪水位(以 1954 年洪水位计)低 5.77 米。

　　以上我们对江汉地区多处遗址的海拔高程与遗址所在区域的现代洪水位进行了分析。其中荆南寺、李家台、盘龙城、郭元咀、小王家山遗址的海拔高程(最低值)均低于遗址所在区域现代洪水位的峰值，这表明二里冈文化时期长江及其支流的洪水位要低于现代洪水位，这一结论可以成为分析江汉地区古今地理环境差异的一个基本前提。在不同的遗址中，遗址高程与现代洪水位的差值并不相同，要确定古今洪水位的具体差值实则存在相当的难度。一方面，我们无法确定目前知晓的遗址就是二里冈文化时期海拔高程最低的遗址，换言之，可能有海拔高程更低的遗址尚未被发现。另一方面，现代长江洪水位也处于一个不断波动的过程，为便于讨论，本节主要以 1954 年的洪水位峰值作为现代洪水位的标准，这样的处理实际上也会造成研究结果的误差。因此，目前我们仅能依据较为有限的数据对古(二里冈文化时期至洹北花园庄期)今(1954 年)洪水位的差值作出一个较为粗疏的评估。

　　表 5.1 罗列了上述 7 处遗址的海拔高程区间与遗址所在地现代洪水位。如表 5.1 所示，香炉山和下窑嘴两处遗址的海拔高程高于现代洪水位，这两处遗址因分布在天然岗地之上，商文化时期至今，当地河湖水位均难以淹没遗址所在的区域。而荆南寺、李家台、盘龙城、郭元咀、小王家山遗

---

　　① 湖北省云梦县志编纂委员会：《云梦县志》，生活·读书·新知三联书店，1994 年，第 215 页。

　　② 湖北省云梦县志编纂委员会：《云梦县志》，生活·读书·新知三联书店，1994 年，第 15 页。

址的高程下限值均低于遗址所在地现代洪水位，其中李家台遗址海拔高程（最低值）比 1954 年洪水位低 13.45 米，荆南寺与盘龙城遗址的高程（最低值）则比 1954 年洪水位低 10~11 米，郭元咀和小王家山的高程则与现代洪水位差值较小。参见图 5.3。这些线索表明二里冈文化时期至洹北花园庄期，长江洪水位可能大幅低于现代洪水位，其差距最大可达 13.45 米。

图 5.3　长江沿岸夏商时期遗址海拔高程与现代洪水位

表 5.1　　　　　　　　夏商时期与现代洪水位比较　　　　　　　（单位：米）

遗址	夏商时期聚落高程	夏商时期洪水位	现代洪水位	古今洪水位差值
荆南寺	31.5~35.5	31.5	42.95（沙市）	11.45
李家台	29.5~30.8	29.5		13.45
盘龙城	17.5~36.4	17.5	28.01（汉口）	10.51
香炉山	30.1~35.4	30.2		—
下窑嘴	26.8~28.3	26.8	26.41（黄州）	—
郭元咀	27.5~32.1	27.5	28.27（黄陂）	0.77
小王家山	27.9~29.5	27.9	33.67（云梦）	5.77

注：1. 表中高程值均采用 1985 国家高程基准；

　　2. "古今洪水位差值"=1954 年洪水位−商代洪水位；

　　3. "现代洪水位"取自当地水文观测站记录的 1954 年最高洪水位。

三、殷墟文化时期

殷墟文化时期江汉地区的文化格局与前期相比出现了明显的变化，洹北花园庄晚期随着盘龙城的覆灭，江汉地区东部原本以盘龙城为中心的聚落群随之迅速消亡，江汉地区西部的荆南寺遗址亦被废弃。殷墟一期前后，江汉地区东部的聚落以庙台子、郭元咀等为代表，聚落数量明显减少，聚落分布的地点呈现出明显的北退之势。殷墟二期前后，江汉地区东部基本不见聚落分布，似乎暗示着中原文化彻底退出了这一区域。殷墟文化时期，江汉地区西部则出现了周梁玉桥、官堤、梅槐桥等聚落，这批聚落与荆南寺遗址虽相距不足 20 千米，但却呈现出了明显的土著文化风格，与荆南寺遗址存在明显差异。

殷墟文化时期江汉地区文化格局的显著变化是显而易见的，但是对于造成这种文化格局变迁的动因学界尚未得出明确的答案，这种文化格局的变迁是否与地理环境的变迁，尤其是河湖水位的涨落存在关联？此前我们也难以知晓。在此我们将对殷墟文化时期江汉地区若干聚落的选址特点和海拔高程予以分析，试图对这一时期江汉地区河湖水位状况进行一些合理性的讨论。

(一)周梁玉桥

周梁玉桥遗址位于湖北省荆州市沙市区，与荆南寺遗址相距仅 12 千米，因此周梁玉桥遗址与荆南寺遗址有着基本一致的地貌条件。实际上，周梁玉桥遗址与长江仅距 2.3 千米，比荆南寺遗址更加紧邻长江，且周梁玉桥遗址的海拔高程为 30.1～32.3 米，比荆南寺遗址海拔(31.5～35.5 米)更低。周梁玉桥出土的考古遗存表明，该地点在殷墟文化乃至西周时期均出现了人类定居活动。周梁玉桥遗址的地理位置和海拔高程表明，在殷墟文化时期的长江(荆州段)洪水位不会高于二里冈文化时期，否则周梁玉桥则难以成为人类长期的定居之所。

（二）盘龙城

盘龙城遗址位于湖北省武汉市黄陂区，殷墟文化时期盘龙城已彻底废弃，但是这处遗址对于我们分析殷墟文化时期长江洪水位依然具有重要的价值。

盘龙城聚落自二里头文化晚期开始出现，至洹北花园庄晚期前后被彻底废弃，前后持续三百余年。在此期间，聚落的规模与聚落中心不断变化。在三百余年间，盘龙城的聚落中心从最南部的王家嘴岗地迁移至宫城区，最后转移至北部的杨家湾岗地，直至聚落废弃。值得注意的是，从王家嘴至杨家湾，地势不断攀升，王家嘴岗地顶部的海拔为 24 米左右，而杨家湾岗地顶部海拔为 34 米，二者相差近 10 米。考虑到盘龙城周边河湖众多，盘龙城聚落的核心区由低地向高地不断迁移是否与河湖水位的抬升存在关联则显得尤为重要。盘龙城遗址及其附近区域考古遗存的分布情况或许能为我们解决这一问题提供若干线索。

近年来，考古人员在盘龙城遗址王家嘴岗地北部清理了一座商文化时期墓葬（王家嘴 M4），墓葬中出土的青铜瓿、爵、斝等遗物均呈现出了盘龙城遗址最晚一期的年代特征，尤其是其中出土的一件圜底青铜爵，表明该墓葬的年代当属洹北花园庄晚期前后。而这座墓葬正位于盘龙城遗址最南部，地势最低的王家嘴岗地，墓葬所在地海拔高程为 21 米，与墓葬同时期的遗存多分布于北部的杨家湾岗地，海拔高程为 30~34 米。王家嘴 M4 的发现表明，洹北花园庄期盘龙城聚落中心虽已迁移至地势较高的杨家湾岗地，但这并不意味着其他地势较低的区域被彻底放弃或已被上涨的河水淹没。王家嘴 M4 年代晚至洹北花园庄期，依然分布于地势最低的王家嘴岗地，恰说明洹北花园庄期盘龙城一带的河湖水位也没有发生显著的抬升，盘龙城聚落中心向高地迁移也并非受河湖水位抬升而发生的被迫迁移行为。

同时，我们注意到，在盘龙城遗址西北 1 千米处，分布有一处小型西周时期城址——磨元城。磨元城与盘龙城共同分布于府河北岸，磨元城的海拔为 22 米，与盘龙城遗址中地势最低的王家嘴岗地基本相当。这表明，在西周时期盘龙城王家嘴一带依然属于适宜人类生存的地带，并未被大规模的洪水所淹没。

综合以上线索，可知殷墟文化时期江汉地区长江洪水位并没有发生显著的抬升，而是与二里头文化晚期以来一样，维持在一个较低的水位。

四、小结

上文通过对若干沿江沿河分布聚落的海拔高程与现代江河洪水位的对比，进而对夏商时期江汉地区河湖洪水位概况进行了初步评估。我们对于夏商时期江汉地区河湖水位的关注实际上是意图对夏商时期，中原文化南下江汉地区的地理环境背景获得更为真切的认知。此前盘龙城遗址的田野考古工作表明，夏商时期盘龙城周边河湖水位明显低于现代水位。考虑到江汉地区地形平坦，河湖连通，纵横交错。由此推知，夏商时期盘龙城区域河湖水位状况应该并非孤立存在，而是当时江汉地区河湖水位整体状况的一个具体体现。本节的分析表明，江汉地区若干沿江分布的夏商时期聚落高程大幅低于现代洪水位，这就意味着夏商时期长江及其支流的洪水位应该大幅低于现代洪水位，根据目前已知的聚落高程数据，我们推测夏商时期长江洪水位可能比现代洪水位低 10 米以上。

同时，通过对江汉地区殷墟文化时期聚落高程的分析可知，殷墟时期江汉地区聚落并没有呈现出明显的向高处转移的态势，江汉地区西部新出现的周梁玉桥其海拔甚至还略低于荆南寺。盘龙城聚落虽然在殷墟文化时期被废弃，但是在盘龙城聚落废弃前依然可以发现在该聚落内地势最低的岗地仍有(洹北花园庄期)墓葬分布。这些线索表明，殷墟文化时期江汉地区并未出现河湖水位大幅抬升的现象，这一时期江汉地区的河湖水位与二里头文化晚期、二里冈文化时期至洹北花园庄期相比，并未发生明显的改变。因此，我们可以比较确信的是，殷墟文化时期中原文化在江汉地区呈现出明显的退缩之势可能并非受到洪水抬升的影响。

第二节　聚落地貌与聚落功能

聚落所处空间的地貌形态可以被视为一种自然景观，但与此同时，聚落的地貌形态又深刻地影响着人类的行为方式，甚至与聚落自身的社会功能与性质存在某种关联。在人类历史上，一些特殊的自然地貌单元常常成为政治、经济或军事意义上的"廊道""屏障""要塞"及"咽喉"等。从资源域的角度而言，不同的地貌单元有着不同的资源类型，那么分布于不同地貌之中的聚落可能有着多元化的资源获取方式和生计类型。因此，聚落所在空间的地貌形态差异在一定程度上体现着聚落自身功能与性质的不同。

迄今江汉地区已发现了多处夏商时期的聚落，但是对于这些聚落在夏商时期社会中所承担的功能以及聚落自身的性质尚缺乏足够的了解。显而易见的是，盘龙城当属这一时期规模最大、等级最高的一处聚落，通常被视为夏商时期江汉地区的区域中心，有学者指出盘龙城可能是作为一处"军事据点"或"直辖邑"而存在的①。对于盘龙城以外的其他聚落而言，尚难以确定这些聚落承担着怎样的社会功能。但是从这批聚落的地貌形态中，我们似乎可以窥见一些端倪。

江汉地区虽然属典型的河湖冲积平原地貌，但是在平原内部河湖纵横，兼有若干残丘、低山，垄岗，形成了"大平小不平"的地貌特征②。因此若具体考察某一聚落的微地貌形态，则不难发现江汉地区夏商时期聚落呈现出了多样性的选址特征，从低平的河谷地带到起伏的垄岗平原，从长江干流沿线到山间小溪之畔，都可能成为夏商时期聚落的分布地带。聚落选址特征的多样性表明其在地理区位、自然资源、生计类型等方面存在着

---

① 高大伦：《论盘龙城遗址的性质与作用》，《江汉考古》1985 年第 1 期；王立新：《从早商城址看商王朝早期的都与直辖邑》，《新果集——庆祝林沄先生七十华诞论文集》，科学出版社，2009 年，第 176~198 页。

② 陈钦峦、王富葆、尹国康：《江汉平原地区的地貌及其与农业生产的关系》，《南京大学学报》(自然科学版)1963 年第 15 期。

一定的差异性，这或许暗示出了不同聚落在功能与性质上的差异。因此，本节对于夏商时期聚落选址特征的分析主要聚焦于聚落所处的微地貌形态。考古和民族学调查表明，早期人类聚落中农业活动的半径为 5 千米或 1 小时步程、狩猎采集活动的半径是 10 千米或 2 小时步程[①]。在此，我们所研究的聚落微地貌形态，即是以聚落为中心方圆 5~10 千米范围内的地貌形态。

在对江汉地区夏商时期遗址进行实地调查的过程中我们发现，由于此区域现代人口密集，遗址所在区域的微地貌形态均不同程度地遭受了人类活动的破坏，部分遗址甚至被现代城市建筑区完全覆盖，有些遗址则被人工种植的林木或开挖的鱼塘占据。凡此种种均对我们观察遗址所在区域的原始地貌造成了直接的困难。例如盘龙城遗址外围现已为林立的高楼所占据，盘龙城遗址保护区与其外围高耸的城市楼宇形成了高度对比和色彩反差，致使当今我们无法通过实地考察直接记录和分析盘龙城遗址所在区域的自然地貌形态。而这一遗址被现代楼宇包围的景象在 30 年前尚不存在，现代城市化进程对古代聚落景观的改变可见一斑。

因此，在研究方法上我们主要采用以下方法来观察和提取夏商时期聚落的地貌信息，一方面通过对夏商时期遗址进行实地调查，明确遗址当前的保存状况和大体的分布范围，这方面信息已在本文第三章、四章的论述中予以呈现。另一方面，采用 CORONA 卫星影像和数字高程模型两类资料来呈现夏商时期聚落的地貌形态。

一、二里头文化晚期

二里头文化晚期江汉地区聚落数量较少，迄今发现的考古遗址包括位于汉水中游的襄阳王树岗、钟祥乱葬岗、枣阳墓子坡，位于荆江北岸的荆州荆南寺以及位于鄂东北地区的武汉盘龙城遗址。依据考古发掘简报，可

---

① 秦岭、傅稻镰、张海：《早期农业聚落的野生食物资源域研究——以长江中下游和中原地区为例》，《第四纪研究》2010 年第 2 期。

以获知在这批聚落中发现二里头文化晚期遗迹以零星分布的一些灰坑为主，遗迹数量十分有限，出土遗物则以普通日用陶器为大宗。这些信息表明二里头文化晚期江汉地区聚落的规模普遍较小，人口数量也处于较低的水平，这为探讨二里头文化晚期江汉地区聚落的功能与性质提供了基本的方向。

由于这一时期江汉地区聚落自身规模较为有限，且田野考古工作开展得亦不够充分，使得我们目前难以对江汉地区二里头文化晚期聚落的布局开展具体的观察和研究，因此对于这些聚落的功能和性质也缺乏足够的认知。不过，从聚落所在空间的地貌环境入手，或许能获取一些新的信息。

上一章已经对江汉地区夏商时期聚落的景观进行了一些初步的分析。不难发现，江汉地区大多数聚落都分布于自然岗丘和台墩之上，其中一些台墩形制较为规整，明显高出周围地表，人工堆筑和整饬的迹象十分明显。实际上，将聚落营建在天然岗丘和台墩之上的选址方式，是江汉地区十分常见的一种聚落景观。直至现代江汉平原腹地的自然村落，也大多分布于地势较高的台、墩之上，因此很多自然村落名称中都包含有"台""墩""山"等字眼①。

然而，当我们考察江汉地区为数不多的几处二里头文化晚期聚落时，却发现一个值得注意的现象。这些聚落基本都没有选址于天然岗地或台墩之上，而是分布于平整开阔的旷野之中，遗址周围分布有大片平整的农田，就现代的地貌而言，这些遗址与周围地表并无明显的高差。二里头文化晚期江汉地区聚落基本分布于平地之中，这种地貌特征似乎与二里冈文化时期聚落多分布于岗地或台墩之上的地貌形态呈现出了较为明显的差异。前文(第四章)已经对二里头文化晚期的几处聚落景观进行了分析，基本可以确定，这些聚落在二里头文化晚期即分布于平坦的冲积平原之上，而并非由于现代人类活动对二里头文化时期的地貌造成了破坏所致。

---

① 鲁西奇：《长江中游的人地关系与地域社会》，厦门大学出版社，2016年，第201页。

　　细审二里头文化晚期江汉平原出现的几处聚落的地貌形态，可以归纳出两项基本特征：（1）聚落多分布于地形平坦的天然原野之中，而非分布于自然岗地或人工堆筑的墩台之上；（2）聚落所在地域均同时兼具了地形平坦、土地肥沃、宜农宜居和交通便利两方面区位优势。具体而言，襄阳王树岗、钟祥乱葬岗和枣阳墓子坡位于汉水沿线的河谷地带，该区域地形平坦，汉水自北向南流带来了丰沛的水源和肥沃的土壤，襄阳、钟祥、枣阳等地至今依然是江汉地区重要的粮棉产区，农业种植条件十分优越。同时，汉水自古以来也是南北文化交流的要冲之地，先秦时期汉水作为交通路线意义十分显著。荆州荆南寺和武汉盘龙城则直接分布于长江沿线，以长江为依托，荆州与武汉地区的交通优势更为显著，这两座现代城市的兴起亦与长江水道的流经密切相关。

　　从上述二里头文化晚期聚落地貌形态的两项特征中，我们可以解读出一些丰富的信息，进而对这些聚落的功能与性质进行一些合理性的分析。一方面，上述聚落多分布于长江、汉水沿岸的冲积平原之上，地形平坦开阔，农业种植条件十分优越。这为先秦时期人类的生存提供了十分有利的条件，因此上述区域也是先秦时期聚落集中分布的地带。同时这些区域地处中原与江汉地区交流要冲之地。二里头文化晚期，中原文化南下扩展过程中，在交通要道沿线率先出现了王树岗、乱葬岗、墓子坡、荆南寺及盘龙城等聚落也就不足为奇了。这些地点优良的农业种植条件，为人类的生存提供了最为基础的保障。

　　另一方面，上述聚落多选址于平坦的原野之中，而并未分布于天然岗地或人工堆筑的台墩之上（这与二里冈文化时期聚落多分布于台墩之上的现象存在明显差别）。二里头文化晚期聚落的这种选址特点应该并非巧合或孤立，而正是折射出了当时整体的聚落景观与社会背景。首先，江汉地区虽属典型的冲积平原地貌，但平原内部仍分布有低岗、残丘、孤山，构成了"大平小不平"的地貌形态。从农业耕种活动的角度而言，平坦的河湖冲积平原显然比岗丘地带更易于开垦和耕种。尤其是江汉地区大量的种植水稻，对水资源有较高的需求，地形起伏的岗丘地带其开垦和灌溉难度都较大。因此，选择平坦的冲积平原营建聚落更加易于开展农业种植活动。其次，我们可以看到二里冈文化时期的若干聚落分布于一些形制规整的台墩之上，台地边缘甚至分布有城垣或环壕遗迹。这些台墩人工修葺和整饬的痕迹十分明显。这也意味着营建这些台墩需要调动较大规模的人力物力资源。二里头文化晚期聚落多分布于平坦的原野之中，并未选址于天然岗丘之上，也基本未出现人工堆筑的墩台，这恰表明当时聚落规模普遍较小，聚落营建者所能调动的社会资源十分有限，对自然地貌的改造能力亦较弱，不太具备营建大型人工堆筑台地的能力。因此，聚落优先选址于最易于农业耕种的河湖冲积平原之上，且基本未对自然地貌进行明显的人工改造。

综上所述，我们推测二里头文化晚期，江汉地区出现聚落规模可能接近于普通村落，尚未出现大规模的区域中心聚落。这类聚落所在区域具备优良的农业种植条件，但是从聚落的规模和地貌形态来看，这些聚落可能尚未具备手工业作坊、贸易中心、军事作坊等复杂的社会功能。

二、二里冈文化时期至洹北花园庄期

二里冈文化时期江汉地区的聚落数量较之于二里头文化晚期有明显增加，不仅如此，这一时期盘龙城也由此前的普通聚落迅速发展为规模庞大的大型城邑，成为江汉地区的区域中心。盘龙城聚落内部分布的宫殿建筑、手工作坊、贵族墓葬、城垣、壕沟等遗迹表明这处聚落已经成为一处兼具宗庙祭祀、手工业生产、军事防御甚至贸易往来等复杂功能的大型城邑。作为区域中心聚落的盘龙城，显然不是孤立存在的，分布于盘龙城周边的同时期聚落应该与其保持着不同形式的互动和往来，因此这些聚落的功能可能不仅仅作为普通居址而存在。因此，我们有理由推测，二里冈文化时期至洹北花园庄期，分布于江汉地区的多个聚落在作为居址的同时，可能还兼具有多样化的复杂功能，并与盘龙城这处大型城邑保持着密切的互动。

实际上，从某些聚落中发现的遗存已经透露出了这一时期聚落功能的多样性，例如荆南寺、下窑嘴、小王家山、郭元咀等遗址曾发现过数量不等的青铜容器或等级较高的墓葬，这些线索表明聚落中可能生活着等级较高的人群，这些聚落性质可能有别于普通的小型村落。此外，近期郭元咀遗址发现了洹北花园庄期的铸铜遗存，表明这一时期该聚落很有可能存在着青铜生产活动。上述遗存表明，二里冈文化时期至洹北花园庄期与二里头文化晚期相比，并不仅仅是聚落数量的增加，伴随着聚落数量增长的可能还有日趋复杂化的聚落功能与性质。

通过前文对聚落景观的初步分析，我们得以对二里冈文化时期至洹北花园庄期聚落的地貌形态尤其是微地貌特征进行较为直观的考察。由此发现这一时期江汉地区聚落的微地貌形态呈现出了明显的差别，而这些聚落地貌形态的差别显然是人类刻意选择的结果，因此比较聚落地貌形态的差异为分析聚落功能与性质提供了新的切入点。

二里冈文化时期至洹北花园庄期聚落集中分布于两大区域：即江汉地区东北地区的涢水、澴水、滠水、倒水等长江支流沿线和长江以北的荆州、沙市地区。就地貌形态而言，江汉地区东北部属大别山南麓与江汉平原交接地带，因此该区域地势北高南低，低岗与平原湖区交错分布，整体呈现出低缓起伏的地貌形态。而荆州、沙市地区地处长江（荆江段）以北的冲积平原，地形极为平坦，地表除河湖洼地外，基本不见岗状起伏。上述两大区域地貌形态存在明显差异，因此二里冈文化时期至洹北花园庄期聚落的微地貌形态自然呈现出了多样性。

江汉地区东北部地处大别山余脉与长江沿线冲积平原的过渡地带，大致包括今随州、孝感、黄陂、新洲、黄冈、黄梅等县市（区）。在上述区域内均可见南北向纵列分布的狭长岗地。这些呈枝杈状分布的岗地与岗间洼地、河湖共同组成了江汉地区东北部常见的垄岗状平原地貌。此类垄岗状平原地表呈波状起伏，坡度一般小于 3 度，地面海拔高程一般为 25～45 米，整体地势北高南低，河岗相间，冲沟发育多呈南北走向[1]。与此同时，

---

① 武汉地方志编纂委员会：《武汉市志·总类志》，武汉大学出版社，1998 年，第 39 页。

涢水、澴水、滠水、倒水等多条长江支流穿行在鄂东北地区的垄岗状平原之间，并在河流两侧形成了平坦的河谷地带，这些河谷地带因地形平坦、土壤肥沃，同时又有河流穿行其间，带来了便捷的交通条件，因而在这些河谷地带往往分布着现代城市。以涢水为例，涢水沿线的河谷地带就分布着随州、安陆、云梦等县市。江汉地区东北部以盘龙城为代表的诸多二里冈文化时期至洹北花园庄期遗址的主要分布于两类地貌之中：位于垄岗状平原之中的岗地之上或分布于河流沿线的平坦河谷地带。

　　江汉地区西部的荆州、沙市地区，其地貌则与江汉地区东北部的垄岗状平原有所不同。荆州至沙市一线紧邻长江，属长江北侧的冲积平原，地表平坦分阔，分布有大片农田和湖泊，基本不见垄岗起伏。荆南寺、李家台等遗址即分布于荆江北岸的冲积平原之上。

　　为了直观呈现上述聚落的微地貌形态，我们在获取了遗址所在区域30米分辨率数字高程模型之后，进行了适当的裁剪和渲染，并将江汉地区二里冈时期至洹北花园庄期的聚落周边5~10千米区域的地貌形态逐一呈现出来。通过对这批聚落的微地貌进行观察，可将这一时期江汉地区聚落的微地貌大致可以分为三类(参见图5.4、表5.2)。

　　第一类聚落分布于地形平坦的冲积平原之上，具体包括分布于府河、澴水、滠水河谷地带的小王家山、聂家寨、晒书台、庙台子等遗址和地处长江北岸的冲积平原的荆南寺遗址等。此类聚落所在的区域具备地形平坦、邻近水源、土地肥沃等天然有利条件，十分适宜人类生存。就这一特点而言，第一类聚落的地貌形态与二里头文化晚期聚落有着几乎一致的选址特点。但有所不同的是，第一类聚落均分布于形似椭圆或方形的台墩之上，这些台墩形制较为规整，人工堆筑和整饬的迹象十分明显，这些形制规整的台墩很有可能是二里冈文化时期人群利用了天然残丘、土岗加以修葺而成，部分台墩边缘还修筑有城垣以及环壕，总而言之，二里冈文化时期第一类聚落虽与二里头文化晚期聚落有着基本一致的选址特点(分布于地形平坦的河谷或冲积平原之上)，但二里冈文化时期聚落的营建方式和复杂程度明显高于二里头文化晚期。这是由于聚落营建者所能调动的社会资源的差异造成的。这表明二里冈文化时期聚落的规模和其承载的人口数量均较二里头文化晚期有明显提升。值得注意的是，小王家山遗址仅为一处南北长 180 米，东西宽 80 米的小型台墩，但是台墩的边缘竟修筑有二里冈文化时期的城垣，从现代遥感影像上观察城垣以外似乎分布有环壕。如此小规模的聚落却修筑有城垣、环壕等防御性设施，这些迹象暗示着聚落自身功能的复杂性和特殊性。

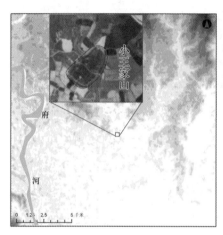

a. 第一类

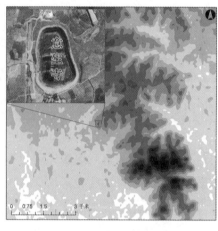

b. 第二类

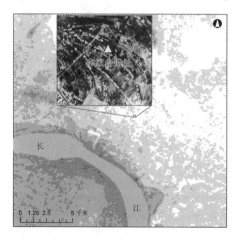

c. 第三类

图 5.4　江汉地区夏商时期聚落微地貌的三种类型

表 5.2　　　　　　　　　　　江汉地区夏商时期聚落地貌分类

聚落地貌形态类别	聚落营建方式	聚落地貌示意图	典型遗址举例
第一类	在人工堆筑台墩之上营建聚落		荆南寺、小王家山等
第二类	在天然岗地之上营建聚落		香炉山、郭元咀等
第三类	直接在平地上营建聚落		李家台

第二类聚落分布于天然岗地之上。例如香炉山遗址位于长江北岸的一条南北走向的狭长形岗地之上，遗址所在岗地高出周围地面 3~10 米。与香炉山遗址地貌特征相似的遗址还包括盘龙城、下窑嘴、郭元咀、意生寺、寨上等遗址。如前所述，江汉地区东北部分布有大片垄岗状平原，上述聚落利用了这一自然地貌，选择在天然岗地之上营建聚落。仔细观察此类聚落还可发现，这些聚落均分布于岗地的前端，即岗地与平原交界的地带，这种高度相似的聚落选址特征可能是人类有意识选择的结果。

由前文的分析可知，二里冈文化时期至洹北花园庄期江汉地区河湖水位大幅低于现代水位，因此不能将第二类聚落选址于岗地之上的原因简单地归因于抵御洪涝灾害。实际上，从香炉山、下窑嘴、郭元咀、意生寺等聚落的微地貌形态可以看出，这些聚落所在的岗地周边分布有大片平坦的土地。这些聚落并没有选择更易于开垦和营建居址的平坦地带，而将聚落营建在地势相对较高，农业开垦难度较大的岗地之上，我们推测造成这一聚落选址特征的原因可能与聚落自身的功能与性质有关。

迄今我们已对盘龙城的聚落布局形成了相对全面的认知，考古发掘表明盘龙城聚落中的人类活动空间从当今所见的岗地顶部一直延展至现代湖面以下的低洼地带。从遗迹的类别来看，地势较高岗地中上部区域分布有大型建筑、高等级墓葬、手工作坊、城垣、环壕等遗迹，而地势低平的现代湖盆(二里冈文化时期为陆地)地带则很有可能是盘龙城聚落中的农业区。

盘龙城的聚落布局对于理解二里冈文化时期至洹北花园庄期江汉地区聚落的选址特点具有启发意义。前文所述的第二类聚落基本都是选址于地势较高的岗地，这种"择高而居"的聚落选址原因，可以从两方面分析。一方面，盘龙城的聚落布局形态表明地势较高的地带往往分布着等级较高的人群活动区域，例如高等级建筑基址、墓葬区、祭祀区都分布于岗地中上部区域。第二类聚落择高地而居的原因可能是由于聚落居住者中存在着等级较高的人群，因此需要将聚落营建在地势较高的地带。另一方面，坡状起伏的岗地可能满足某些手工业生产的必要条件。盘龙城遗址中目前发现了多条大型"灰烬沟"遗迹，这些长达数十米的灰沟与青铜生产活动直接相关。此前盘龙城遗址还曾发现了"长窑"遗迹，此类遗迹被认为与陶器生产有关。无独有偶，这些手工作坊类遗迹均分布于坡状起伏的岗地之上，盘龙城遗址中发现的多条"灰烬沟"首位扩差可达 2 米左右。由此我们推测，上述第二类聚落选址于地势较高的岗地可能与聚落中存在的某些手工业生产活动有关。

虽然以上两方面分析均有较大程度的主观推测成分，但是不管造成第二类聚落择高而居的具体原因是什么，从此类聚落的地貌形态可以看出，聚落营建者在确定聚落选址时已经不再单纯地从满足人类基本生存的角度出发，选择最适宜人居和易于开垦的平坦河谷地带，而是出于某些复杂的原因将聚落营建在地势相对较高，农业种植条件不甚优越的岗地之上。这一聚落选址特点本身就已说明了第二类聚落可能有着比较复杂和多样化的功能，有别于普通的自然村落而存在。

第三类聚落则是直接分布于平坦的冲积平原之上，聚落本体与周围地表无明显高差，例如沙市李家台遗址。此类聚落的地貌特征与二里头文化晚期的聚落十分相似，较之于第一类、二类聚落，第三类聚落的面积最小，甚至都难以确定其准确的分布范围，此类聚落亦不见明显的人工营建痕迹(无人工堆筑或营建的台墩)。据此，我们推测第三类聚落的性质当属普通自然村落，其功能较为单一，聚落中人口的等级和规模均较为有限。

三、殷墟文化时期

殷墟文化时期，商文化势力整体呈现出收缩之势，与二里冈文化时期对外扩张的强劲势头形成鲜明的对比。在此背景之下，商文化在江汉地区亦呈现出了明显的北退趋势，具体表现为盘龙城聚落被彻底废弃，并随之引发了荆南寺、意生寺、下窑嘴、聂家寨等聚落几乎同时被废弃的连锁反应。殷墟文化一期前后，江汉地区东部以盘龙城为核心的聚落格局不复存在，庙台子、郭元咀、徐家洲、钟家岗等少量的聚落分布在府河、滠水、涢水中上游地带，聚落的数量和规模较前期明显缩减。至殷墟文化二期前后，江汉地区东部基本不见商文化迹象分布，表明这一时期商文化势力近乎完全退出了该区域。殷墟文化时期，江汉地区西部以荆南寺、李家台为代表的聚落被废弃，以周梁玉桥、官堤、梅槐桥为代表的聚落随之兴起，有考古证据表明周梁玉桥等聚落的兴废时间可能贯穿整个殷墟文化时期乃至西周早期。从地理位置来看，周梁玉桥与荆南寺共处荆北平原，二者相距仅12千米左右，也就是说二里头文化时期至殷墟文化时期，长江北岸的荆北平原之上始终活跃着一定数量的人群。不过，从文化面貌而言，出现于殷墟时期的周梁玉桥等聚落与荆南寺存在显著的差异，这一现象表明殷墟文化时期，随着商文化势力的整体北退，荆南寺、李家台等聚落随之消亡。与此同时，新的文化因素进入荆北平原，周梁玉桥等聚落随之兴起。

在上述背景之下江汉地区以盘龙城为中心的文化格局被打破，二里冈文化时期至洹北花园庄期江汉地区的聚落分布体系亦随之瓦解，江汉地区东部与西部呈现出了不同的文化景观。殷墟文化一期、二期，江汉地区东部聚落数量明显减少，随着盘龙城的废弃，原本分布于府河、滠河、涢水下游的聚落随之覆灭。府河上游出现了庙台子、淅河铜器群等为代表的新聚落中心。至殷墟文化三期、四期江汉地区东部基本难觅商文化踪迹。与之形成鲜明对比的是，江汉地区西部的荆北平原地区，随着荆南寺、李家台等聚落的覆灭，以周梁玉桥为代表的聚落随之占据了该区域。

就聚落的微地貌形态而言，殷墟文化时期江汉地区东部与西部聚落形态呈现出了一定的差异。江汉地区东部殷墟文化时期聚落规模普遍较小，分布的地点仍以府河、滠水及澴水沿线为主，可以看出这一时期江汉地区东部聚落基本是沿此前(二里冈文化时期至洹北花园庄期)中原与江汉地区交流路线分布。所以聚落的微地貌形态与前期没有显著差别，基本是选择在河流沿岸的小型岗地或台墩之上营建聚落，这一形态实际上也与江汉地区东部垄岗状平原的地貌形态相适应。而江汉地区西部殷墟文化时期的聚落则以周梁玉桥等为代表，周梁玉桥虽与荆南寺仅相距12千米左右，但有所不同的是，周梁玉桥聚落属平地直接起建，并未营建大型的土筑台墩，使聚落与周边地表形成较为明显的高差。而此前出现的荆南寺遗址则是分布于一处明显高出周围地表的大型台墩之上，前文对荆南寺景观复原研究中已经指出，荆南寺所在的台墩很有可能系二里冈文化时期人工堆筑或利用天然孤山、残丘修葺而成。

殷墟文化时期江汉地区聚落的数量较二里冈文化时期而言明显较少，而且聚落微地貌形态也与前期存在明显差别。这一时期聚落的规模普遍较小，营建方式也较为简化，且趋同二里冈文化时期至洹北花园庄期所见的以荆南寺、小王家山、聂家寨等为代表的聚落，均分布于人工堆筑的台墩之上，而以盘龙城、香炉山、意生寺等为代表的聚落选址于天然岗地之上，但也在天然岗地的基础上对自然地貌进行了显著的改建，例如利用在自然原始地貌上加筑城垣、开挖环壕等。殷墟文化时期聚落则多见直接利用自然地貌来营建的，营建方式简化且趋同，这一方面说明，殷墟文化时期营建聚落所需调动的人力和社会资源明显较低，另一方面，可能也说明此时聚落所承担的社会功能比较单一且相似。

四、小结

本节通过对二里头文化晚期至殷墟文化时期，江汉地区聚落微地貌形态的分段式观察，可以发现不同时期此区域聚落的微地貌形态存在明显的差异，这种差异可与聚落自身所承载的社会功能的变化有着较为直接的关联。

二里冈文化时期至洹北花园庄期，江汉地区聚落数量众多，其微地貌形态也大致可分三类：平地直接起建、人工堆筑台墩或选址于天然岗地之上。除平地直接起建外，其余两种聚落微地貌的形成都需要耗费较大的人力与物力，且这两类聚落还常见修筑有城垣、环壕或大型建筑基址等配套设施。城垣、环壕及大型建筑基址的出现，暗示着聚落在作为人类定居之地的同时可能承担着军事防御等多样化的功能，且聚落中可能活动着社会等级较高的人群。虽然，我们迄今仍然无法获知夏商时期江汉地区聚落分别承担着哪些具体的社会功能，但是从盘龙城聚落布局的研究中可以发现，盘龙城聚落分布于一片临湖岗地之上，地势较高的岗地的中上部区域，分布着大型建筑基址、城垣、青铜铸造作坊及出土青铜礼器的墓葬等社会等级较高的一些遗存。而盘龙城聚落中地势相对较低的岗间洼地则很有可能是该聚落中低等级人群的居所和农田的分布地带①。由此可知，就聚落的功能区而言，地势较高的地带往往成为高等级人群的分布地带，以及一些重要社会资源的加工之地（例如铸铜作坊）。实际上，就人类的基本生存需求而言，将聚落营建在地势平坦、邻近水源的地带更适宜开展农业种植活动。而将聚落选址于地形起伏较大的岗地之上，或者人工堆筑出一个高出地面数米的台墩，这种聚落营建方式显然不是出于满足和适应农业种植行为的需求。从聚落功能多样性的角度而言，上述聚落差异化的微地貌形态，似乎可以表明这些聚落可能承担着较为复杂多样的社会功能，而平地起建的聚落其规模往往较小，营建方式也较为简单，其功能可能较为单一，仅作为普通的人类集居之地。

若上述推论成立，则可以明显发现，与二里头文化时期相比，二里冈文化时期至洹北花园庄期，江汉地区聚落的微地貌形态变得复杂多样，暗示着聚落所承载的社会功能出现了分化，部分聚落在地势低平的冲积平原之上，具有优良的农业种植优势，适宜人类生存。但另一部分聚落则选址

---

① 据盘龙城遗址水下考古勘探工作可知，当今遗址区域的湖泊在商文化时期可能是水稻田的分布区域。参见《武汉市盘龙城遗址水下勘探及试掘简报》，《江汉考古》2018 年第 5 期。

于天然岗地或人工堆筑台墩之上的聚落，其社会功能在作为人类定居之所的同时，可能还承担着军事据点、交通节点、手工作坊或政治中心等复杂多样的功能。与之形成鲜明对比的是，二里头文化晚期和殷墟文化时期，聚落的微地貌形态较为趋同，更多的是平地直接起建的聚落，我们推测这些聚落的功能更有可能是作为普通的人类集居地，而不具备其他复杂多样的功能。

从上述不同时期聚落微地貌形态的差异可以推知，二里冈文化时期至洹北花园庄期聚落的功能更为复杂和多样，折射出了这一时期江汉地区社会的结构与层级相对复杂。考虑到此时中原文化对南方地区展示出十分强劲的扩张势头，此时聚落功能的分化和多元可能正是这一文化扩张背景的具体体现。

第三节　聚落面积与聚落等级

聚落是复杂社会系统中的基本单元，因此通过聚落形态进而对社会关系进行考察成为聚落考古的基本范式[1]。现代地理学研究表明，在一片均匀的景观中，区域中心聚落周围通常会被一批次中心聚落围绕，次中心聚落自身也拥有更小规模的卫星村落，基于这一现象地理学家提出了"中心位置理论"[2]。中心位置理论表明不同聚落因其功能与人口承载力等方面的差别，表现出了不同的聚落规模。这种聚落规模的显著差异在田野考古调查中亦屡见不鲜，成了考古学家观察某一时期社会层级的一种重要途径。不仅如此，伴随着某些王朝政体的分化和重组，同一地理空间内的聚落层级会呈现出明显不同的阶段性差异[3]。在考古学研究中，聚落的面积成了

---

[1]　张光直：《考古学专题六讲》，文物出版社，1986年，第86页。

[2]　"中心位置理论"由德国地理学家瓦尔勒·克里斯塔勒于1930年提出，用来解释现代德国南部城镇的间隔与功能。

[3]　侯卫东：《郑州商城肇始阶段王畿区域聚落变迁与社会重组》，《江汉考古》2018年第2期。

划分聚落层级进而透视社会结构的一项重要指标，前文已对夏商时期江汉地区聚落景观进行了初步复原，由此可以对江汉地区不同时期聚落的层级的差异作比较，进而对相应时期的社会层级进行分析和研究。

在以往的研究中，学者们从考古遗存或历史文献的角度出发，对商文化时期聚落的等级差异进行了讨论。有学者将目前已发现的早商时期城址划分为"都城"与"直辖邑"①，亦有学者依据甲骨文卜辞记载将商代聚落划分为四个等级："商王都""方国都城""大型村落"和"小聚落"②。还有学者借助若干理论模型，对二里头文化时期至二里冈文化时期，中原与周边地区可能存在的经济上的"贡赋关系"进行了推测，并指出二里冈文化时期的聚落可能存在着从都城到地方中心乃至村庄等五个等级③。不过上述研究均存在一定的主观臆测成分，由于考古资料所限，考古学家对于夏商时期都城及地方中心城邑之外的聚落形态及其具体的分布范围均缺乏足够的了解，因此难以对相应时期的聚落层级形成更为准确和完整的认知。

本节所关注的时空范围是夏商时期的江汉地区，前文已对江汉地区夏商文化时期聚落的景观进行了初步复原，因此对于各个聚落的面积及其营建方式形成了相对准确的认知，这为观察夏商时期江汉地区的社会层级奠定了良好的基础。具体而言，即分别对二里头文化晚期、二里冈文化时期至洹北花园庄期和殷墟文化时期，江汉地区的聚落层级作分析和比较，由此对相应时期的社会层级进行分析和推测。

迄今在江汉地区发现的夏商时期遗址中，盘龙城遗址面积最大，开展的田野考古工作亦最为充分，因此对于夏商时期盘龙城聚落形态的研究也最为深入。夏商时期盘龙城聚落布局形态的变迁历程表明，二里头文化晚

①　王立新：《从早商城址看商王朝早期的都与直辖邑》，《新果集——庆祝林沄先生七十华诞论文集》，科学出版社，2009年，第176~198页。

②　陈朝云：《商代聚落模式及其所体现的政治经济景观》，《史学集刊》2004年第3期。

③　刘莉、陈星灿：《中国早期国家的形成——从二里头和二里冈时期中心和边缘之间的关系谈起》，《古代文明》第1卷，文物出版社，2002年。

期至洹北花园庄期，盘龙城由一处普通小型聚落发展成区域中心城邑，随后逐渐衰败。伴随着聚落规模不断变化的则是聚落面积的盈缩，由此可见聚落的面积是评估聚落规模的一项重要指标。与此同时，聚落中出土的一些重要遗存亦是评估聚落层级的重要因素，例如聚落中大型建筑、城垣、环壕等公共设施的营建，以及青铜容器等高等级贵族用器的出现等因素都可成为评估聚落层级的重要参考因素。因此在以下的分析中，主要通过聚落面积及聚落中出土的典型遗存对聚落的层级进行划分，从而分析相应时期的社会层级与结构。

一、二里头文化晚期

二里头文化遗存在江汉地区的出现，无疑是二里头文化南向传播的结果。目前，在王树岗、乱葬岗、墓子坡、荆南寺及盘龙城等地点发现的遗存表明，至迟在二里头文化晚期，二里头文化已经进入了江汉地区。但是，以上各地点发现的二里头文化时期遗存数量都极为有限，基本是以零星分布的几座灰坑为主要的遗迹类别，出土遗物多以日常陶器为主。盘龙城遗址王家嘴岗地虽发现有相应时期的文化层，但亦无法据此对二里头文化晚期，江汉地区的聚落形态进行相对完整的观察，因此对于聚落的面积亦难以获知。

上述遗存分布的态势，实际体现出了二里头文化时期江汉地区聚落的基本面貌，即聚落规模十分有限，可能均属于最小规模的人类定居单元，因此依据上述几处聚落的规模尚难以看出聚落之间的等级差异。上一节已对这些聚落的地貌形态进行分析，这一时期江汉地区聚落基本为平地起建，尚未发现有大规模人工营建设施（如人工堆筑的台墩、城垣、环壕等）的出现。聚落的地貌形态亦与我们对聚落规模的评估相吻合。因此，虽然迄今尚未在江汉地区发现一处保存相对完好的二里头文化时期聚落，但是依据目前所见的遗存迹象，可以推测二里头文化晚期江汉地区聚落规模普遍较小，可能均为近似"村落"的最小人类定居单元，聚落之间尚无明显的规模和层级分化。

二、二里冈文化时期至洹北花园庄期

二里冈文化时期至洹北花园庄期，江汉地区聚落的数量较前期明显增加，不仅如此各聚落之间的面积也呈现出了显著的差异。显而易见的是，这一时期盘龙城由此前的一处普通聚落发展成面积近4平方千米的区域中心城邑，除此之外，江汉地区还分布着多个面积相对较小，布局相对简单的聚落。经过对这些聚落景观的复原，我们发现这些聚落之间并非规模趋近，形制趋同的同类聚落，恰恰相反，就面积而言，这些聚落存在明显的差别，就出土遗存和营建方式而言，这些聚落亦不尽相同。二里冈文化时期至洹北花园庄期，江汉地区的聚落群似乎呈现出了较为明显的层级差异，这为观察和分析这一时期的社会层级与结构提供了全新的视角与契机。

本书第三章、四章已经对江汉地区夏商时期聚落的景观进行了初步复原，对于聚落的面积获得了相对准确的认知，这为我们对这批聚落进行层级划分提供了重要的信息。同时，聚落中出土的一些典型的遗迹遗物亦可为分析聚落层级提供重要的依据，在此，我们将各个聚落的面积及其中所见的典型遗存予以集中呈现。盘龙城聚落的面积达3.95平方千米，远超其他聚落，同时盘龙城聚落分布有大型建筑基址、贵族墓葬群等高等级遗存以及城垣、环壕等大型公共设施，毋庸置疑，盘龙城当属这一时期江汉地区的区域中心聚落。而盘龙城遗址以外的聚落面积多小于0.01平方千米，不过其中有两处聚落值得特别注意。

其一为意生寺，该聚落面积为0.1平方千米，其面积明显大于盘龙城周边的其他聚落。而且根据前文对意生寺遗址的景观分析可知，意生寺所在台墩的边缘分布有环绕台地一周的"城垣"，在"城垣"之外还相应地分布有一圈"环壕"。虽然目前尚未对城垣和环壕开展解剖工作，还不能确定其是否修筑于二里冈文化时期，但是从意生寺遗址局部发掘出土的遗迹和遗物表明，该遗址的堆积以二里冈文化时期遗存为主，二里冈文化时期以前和之后历史时期的堆积均较少见，表明意生寺遗址一带在二里冈文化时期人类活动最为频繁。据此我们推测上述城垣和环壕很有可能就是修筑于二里冈文化时期。若此推论成立，则可以发现意生寺聚落的面积大于盘龙城周边聚落近 10 倍，且意生寺聚落还可能修筑有城垣和环壕设施，这些迹象表明，意生寺的聚落规模明显高出其他聚落。

另一处则为荆南寺，根据景观复原的结果，二里冈文化时期荆南寺聚落的面积可达 0.56 平方千米，这使得荆南寺成了江汉地区除盘龙城以外的面积最大的聚落。由于现代人类取土活动使得荆南寺遗址遭到严重破坏，因此 20 世纪 80 年代考古人员对该遗址进行大规模发掘时，该遗址残存的面积十分有限，我们也无法根据当时的遗址保存状况对二里冈文化时期荆南寺的聚落规模进行准确评估。20 世纪 80 年代，荆南寺遗址曾出土过一座随葬青铜器墓葬，其南端被另一墓葬打破，在残存的墓葬中出土了钺、斝、爵、戈、刀等青铜器，这些随葬品表明墓葬有着较高的身份等级。通过对荆南寺聚落面积的复原，可以推测二里冈文化时期荆南寺应该是一处规模庞大，结构复杂的大型聚落，聚落中应该活跃着一批社会等级较高的人群。

依据聚落景观复原结果，可以发现聚落之间的面积存在明显差距，由此大致可以将这批聚落划分为三个层级。

第一层级聚落以盘龙城为代表，面积达 3.95 平方千米，聚落中分布有多个功能区，同时修筑有宫殿建筑、城垣、护城河等大型公共设施，此类聚落的性质当属区域政治和文化中心；

第二层级聚落以荆南寺和意生寺为代表，面积为 0.1~0.5 平方千米左右，虽然目前由于田野考古工作开展得不够充分，对此类聚落的具体布局尚不清楚，但是意生寺遗址所见的（疑似）城垣、环壕结构，以及荆南寺遗址出土的随葬青铜礼器的墓葬，表明此类聚落的规模明显高于其他小型聚落，第二层级聚落应该活跃着一批具有较高身份等级和社会地位的人群；

第三层级聚落以聂家寨、小王家山、香炉山、郭元咀等为代表，面积多为 0.01 平方千米以下，此类聚落数量最多，面积较为接近。因此我们推测此类聚落可能是当时社会最为基层的聚落单元。

以上将江汉地区二里冈文化时期的聚落划分为三个层级，考虑到在盘龙城(第一层级)这一层级聚落之上还存在着郑州商城这类都邑性聚落，我们大抵可以将早商时期的聚落划分为四个层级：都城、区域中心城邑、次中心聚落和一般性聚落。这种聚落层级结构似乎与前述历史学家对商王朝聚落等级的划分趋同。因此，对江汉地区的聚落层级的划分实际为我们观察商时期的社会层级与结构提供了一个生动的个案。

不仅如此，我们还可以看到二里冈文化时期至洹北花园庄期与二里头文化晚期，江汉地区聚落层级的显著差异。自二里头文化晚期开始，中原文化就开始了对江汉地区的扩张进程。从王朝历史的角度而言，二里头文化与二里冈文化并非简单的前后相续的两个时期，而是夏王朝与商王朝的政权交替，在上述两个时期内，江汉地区聚落的层级与社会结构呈现出了明显的不同，在一定程度上正是夏王朝与商王朝对江汉地区所采取的政治经略与管控范式不同的具体体现。显而易见的是，二里冈文化时期至洹北花园庄期，中原王朝对江汉地区的政治管控与文化联系更为紧密。

就以上三个层级聚落的空间分布态势而言，在区域中心聚落盘龙城的周围(约0~70千米范围内)分布的基本是面积较小的第三层级聚落。而在与盘龙城相距150~200千米的东部和西部地区，则分布有意生寺和荆南寺两处面积明显较大的第二层级聚落。这种聚落分布态势表明，江汉地区聚落的层级并非是由区域中心聚落向周边地区逐渐递减，而是中心聚落周围往往分布有一些小型聚落，次中心聚落则分布在距离中心聚落较远的地带。

在以往的研究中，主要是通过出土遗存的文化面貌分析中原文化在江汉地区的分布和影响范围。但是上述江汉地区不同层级聚落的分布特征让我们可以从新的角度观察中原文化势力在江汉地区的分布范围和边界。一方面，在盘龙城周边地区，由于其作为区域中心聚落的强大辐射力，导致大量的资源和人口在此聚集，故而盘龙城周边地区分布着大量规模较小的第三层级聚落。另一方面，在聚落盘龙城较远的意生寺和荆南寺所在地域，盘龙城的辐射和影响力逐渐减弱，这为规模较大的第二层级聚落的出现创造了条件。就文化面貌而言，二里冈文化时期，盘龙城及其所在的鄂东北地区，考古遗存的文化面貌基本趋同，被视为二里冈文化的一个地方类型——盘龙城类型。但是意生寺、荆南寺出土遗存的文化面貌，在与盘龙城类型表现出诸多相似之处的同时，亦呈现出了极为明显的地域风格。因此，有学者将以意生寺和荆南寺为代表的遗存分别命名为"意生寺类型"和"荆南寺类型"[①]，以此表达这两批遗存与盘龙城类型的区别和联系。就地理位置而言，意生寺与荆南寺分别位于江汉地区的东部和西部边缘，意生寺所在的地区属江汉地区与赣鄱地区的交界地带，而荆南寺所在地区属江汉地区进入峡江地区和湘北平原的咽喉之地。从意生寺和荆南寺遗址的地理位置和遗存的文化面貌来看，我们似乎不难理解上述江汉地区聚落分布模式。由于意生寺与荆南寺位于江汉地区与周边地区的交界地带，二者与盘龙城的距离相对较远，中原王朝经由盘龙城所施加的政治管控和文化影响力均相对较弱，因此在这些"文化边缘"地带出现一些规模相对较大的聚落也就不足为奇。由此，我们可以大致勾勒出二里冈文化时期至洹北花园庄期，中原文化在江汉地区的影响范围可能大致就是以意生寺和荆南寺为边界。

三、殷墟文化时期

殷墟文化时期，中原文化在江汉地区呈现出明显的消退之势，二里冈文化时期至洹北花园庄期以盘龙城、意生寺、荆南寺等为代表的聚落此时已经完全废弃，由不同规模的聚落所构成的多层级聚落体系亦随之瓦解。殷墟文化时期，江汉地区聚落整体数量较前期较少，基本不见规模较大的聚落出现，此时江汉地区聚落的面积基本为 0.01 平方千米以下，与前文所划分的二里冈文化时期第三层级聚落面积基本相当，因此就殷墟文化时期江汉地区聚落的面积而言，我们看不出聚落之间存在明显的层级差异。

虽然，至今尚不清楚是什么原因造成了殷墟文化时期中原文化势力在江

---

① 豆海峰：《长江中游地区商代文化研究》，吉林大学博士学位论文，2011 年，第 56 页；何驽：《荆南寺遗址夏商时期遗存分析》，《考古学研究》（二），北京大学出版社，1994 年，第 78~100 页。

汉地区由盛转衰，直至退出。但是从殷墟文化时期江汉地区聚落的面积和分布态势，可以从中获知一些重要的信息，大致勾勒出当时的社会图景。

一方面，随着中原商文化势力的退出，区域中心聚落盘龙城彻底被废弃，并随之引发了诸多聚落几乎同时被废弃的连锁反应。但是，江汉地区并没有随着中原文化的退出而陷入沉寂，形成人群分布的"空白区"。在江汉地区东北部，依然可以看到庙台子、郭元咀、徐家洲、中分卫湾、钟家岗等聚落分布于府河及澴水沿线。江汉地区西部出现了以周梁玉桥、官堤为代表的新的聚落群。此外，在江汉地区东南部丘陵地带，还分布有以大路铺遗址为代表的一批聚落，这些聚落的年代上限可能早自殷墟文化时期。由此可见，殷墟文化时期江汉地区仍然分布着一定数量的聚落。周梁玉桥、大路铺等聚落出土的遗存具有明显的地域文化风格，表明殷墟文化时期随着中原文化势力的退出，新的人群进入江汉地区，为殷墟文化时期长江流域区域青铜文明的兴起创造了条件。

另一方面，殷墟文化时期江汉地区聚落的规模普遍较小，具体表现为聚落的面积普遍小于 0.01 平方千米，因此这一时期江汉地区的聚落基本看不出明显的层级分化。这种聚落分布态势表明，殷墟文化时期，随着中原文化的退出，来自长江流域的新的文化因素随即进入江汉地区，但是这一时期聚落规模普遍较小，聚落层级单一，表明尚未形成明显的区域文化中心，这是殷墟文化时期与二里冈文化时期至洹北花园庄期的社会结构存在明显的差别。

四、小结

本节以江汉地区聚落的面积为切入点，对二里头文化晚期至殷墟文化时期江汉地区不同阶段聚落形态的差异进行了对比研究。研究聚落面积的出发点在于，聚落面积的大小乃是聚落规模及其人口承载力的体现，田野考古调查和现代市镇形态均可以表明，城镇的面积大小与其人口规模及社会等级有着直接的关联。因此一定时期内聚落面积的差异，可以被视为当时社会层级的一种体现。由本节的论述可知，二里冈文化时期至洹北花园庄期，江汉地区形成了以盘龙城为中心的聚落体系，在盘龙城的周围还存在着两级聚落等级，考虑到在盘龙城之上还存在着都城一级的聚落，例如郑州商城。由此可以从江汉地区的聚落形态，比较直观地看到当时的社会存在着从都城到普通聚落之间的四个聚落等级，本节所述的聚落等级划分与相关学者依据文献将商代聚落划分为四个等级（商王都、方国都城、大型村落、小聚落）的结论基本相合①。但是，在二里头文化晚期和殷墟文化时期，江汉地区聚落的规模普遍较小，就聚落面积而言，似乎看不出明显的差异。这种现象实际是江汉地区社会发展状况的直接体现，二里头文化晚期，中原文化虽已进入江汉地区但其所辐射的范围比较有限，尚未形成体系完整、等级分明的聚落体系。而殷墟文化时期，随着中原文化的北向收缩，江汉地区原有的（二里冈文化时期形成的）聚落等级随之瓦解，聚落之间无明显的等级差别，暗示着此时中原政体对江汉地区已经失去了有效且直接的管控，而此地区兴起的土著青铜文明又尚处于有限的发展水平，并未形成较为明确的区域中心和多层级聚落体系。

第四节　聚落分布与交通路线

江汉地区在龙山时代即已出现诸多文明因素，并开始了向文明社会过渡的进程。直至夏商时期，尤其是二里冈文化时期江汉地区才在中原文化的强力辐射之下融入文明发展的洪流之中，正式迈入文明阶段②。因而夏商时期江汉地区的文明发展进程与黄河流域中原文化有着密不可分的关系。无论是文化上的传播与交流，还是政治势力的经略与控制，都必须仰赖于一定的交通路线才能得以实现，因此对交通路线的考察是观察夏商时期江汉与中原地区文化关联和汉江地区文明发展进程的重要切入点。

---

① 　陈朝云：《商代聚落模式及其所体现的政治经济景观》，《史学集刊》2004 年第 3 期。

② 　李伯谦：《长江流域文明进程》，《中国青铜文化结构体系研究》，科学出版社，1998 年，第 280~293 页。

　　然而，通过田野考古遗存对早期文明社会的交通路线进行研究着实存在不小的难度，尤其是对于常见的出土遗址而言，考古学家难以通过对考古遗存的发掘和识别直接锁定某一时期的"道路"乃至交通网络。因此，在考古学研究中，对于人类社会早期交通道路的研究多是基于聚落分布位置从宏观上勾勒可能存在的交通路线。相较而言，西周以后的历史时期，可以借助出土文献和传世文献中的若干信息复原相应时期的交通路线，但是对于史前时期及夏商时期，由于文字资料的匮乏，因此欲准确复原出当时的交通路线则主要依靠考古遗存的分布情况进行一些可能性的推测。

　　需要说明的是，本节所欲关注的重点并不仅是复原出某一时期的江汉地区的交通路线，更重要的是试图比较二里头文化晚期至殷墟文化时期，江汉地区可能存在的交通路线的异同之处。具体而言，夏商时期中原文化在江汉地区呈现出了多波次的扩张与收缩之势，我们尤为关注的是夏商时期不同阶段，中原与江汉地区文化互动所经的交通路线存在哪些沿用和变化？交通路线的沿用或变化无疑可以成为观察不同的中原政体对江汉地区所实施经略方式异同的重要视角。

　　检索已有的交通地理的研究成果①，可以对商代至今江汉与中原地区主要的交通干线进行对比和分析。值得注意的是，商代以来历史时期的交通路线与当代江汉地区的交通干线存在相当程度的契合。这种延续数千年的交通路线格局实际与江汉地区地貌形态有着密切的关系。江汉地区北部自西向东分布着荆山、大洪山、桐柏山、大别山，同时汉水、涢水、滠水、溠水等河流穿山谷而过，这些河流所行经的山间谷地就成了沟通江汉与中原地区的重要通道。具体而言，可以将江汉地区北上中原的交通路线

---

①　宋镇豪主编，孙亚冰、林欢著：《商代地理与方国》，中国社会科学出版社，2010年，第238页；赵燕姣：《金文所见昭王南征路线考》，《中国历史地理论丛》2018年第2期；尹弘兵：《地理学与考古学视野下的昭王南征》，《历史研究》2015年第1期；史念海：《河山集》第4集，陕西师范大学出版社，1991年，第536页；杨正泰：《明代驿站考》，上海古籍出版社，1994年，第114页。星球地图出版社编：《湖北省地图集》，星球地图出版社，2009年，第6~7页。

划分为东、中、西三条。东线是从武汉出发沿澴水北上，穿过大别山进入信阳乃至郑州地区，这条线路与当今京广铁路的走向基本吻合；中线则是从武汉出发向东北方向北上，经随枣走廊进入南阳盆地进而折向东北进入中原腹地，这条线路基本与府河（涢水）的走向吻合。西线是从荆州出发，沿着汉水西侧平坦的河谷地带途径荆门，北上襄阳，由此经由南阳盆地进入中原。西线大致与汉水中游河段部分重合。这三条交通线路在相当长的历史时期内成为沟通江汉与中原地区的重要通道，现代的贯穿于河南与湖北省境的公路、铁路网络亦是以上述三条线路为主干。因此，上述交通地理格局成为我们分析夏商时期江汉地区交通路线的重要基础。

一、二里头文化晚期

二里头文化三期、四期前后，长江北岸沿线以及汉水中游地带出现了以盘龙城、荆南寺以及王树岗、乱葬岗、墓子坡为代表的二里头文化遗存。已有学者依据遗存的分布地带对这一时期二里头文化南传的路径进行过分析。张昌平指出长江沿线出现的二里头文化应该是由豫东经大悟、孝感一带传播至盘龙城，而后溯江而上至荆南寺遗址。而鄂北地区的二里头文化遗存则是二里头文化自南阳盆地沿汉水南传的结果，不过沿汉水南下的这股文化势力似乎未打通至长江一线的通道①。而向桃初则认为二里头文化是从南阳盆地经随枣走廊沿府河进入江汉地区，此后以长江干流为主轴，分别向长江上游的成都平原和下游的赣都地区传播②。在盘龙城考古报告中也可以看到类似的表述，报告编著者认为府河是盘龙城北上中原地区的重要交通路线③。

如上所述，不同学者对于二里头文化时期中原文化南传进入江汉地区

---

① 张昌平：《夏商时期中原与长江中游地区的文化联系》，《华夏考古》2006年第3期。

② 向桃初：《二里头文化向南方的传播》，《考古》2011年第10期。

③ 湖北省文物考古研究所：《盘龙城：一九六三年——一九九四年考古发掘报告》，文物出版社，2001年，第1页。

的路径尚存争议，其不同之处在于二里头文化是经由随枣走廊沿涢水南下，还是经由溾水南下进入江汉地区。从江汉地区的自然地理格局和前文对于各历史时期交通路线的梳理可知，以上两条（沿溾水和涢水）路线均有可能是二里头文化晚期中原与江汉地区往来交通的重要路线。同时，在汉水沿线发现的襄阳王树岗、钟祥乱葬岗和长江沿岸的荆州荆南寺等地点出土二里头文化晚期遗存，表明由南阳盆地沿汉水南下至长江北岸的荆州地区显然也是一条重要的交通路线。不过由于二里头文化时期鄂东北地区迄今发现的遗址数量比较有限，对于这一时期江汉与中原地区的交通路线尚难以作出更为详尽的分析。

二、二里冈文化时期至洹北花园庄期

二里冈文化时期至洹北花园庄期江汉地区的聚落数量明显增多，更为重要的是这一时期江汉地区出现了规模宏大的区域中心城邑——盘龙城，同时在盘龙城的周边地带，尤其是府河、溾水沿线出现了一批规模相对较小的同时期聚落。这批以盘龙城为代表的遗存与中原二里冈文化表现出了高度的相似性，同时也体现出了二里冈文化时期至洹北花园庄期，江汉地区东北部与中原地区频繁的交通往来。与此同时，还可以看到这一时期出现了荆南寺、李家台、香炉山、下窑嘴及意生寺等一批分布于长江沿岸的聚落。这些自西向东分布于长江北岸的聚落似乎表明，二里冈文化时期至洹北花园庄期，江汉地区除了与中原地区存在着南北向的交通往来之外，还可能存在着东西向的交通路线，并由此实现与长江上游和下游地区的文化关联。因此需要从多个方向考察这一时期江汉地区交通路线的复杂性。

此外，需要明确的是，江汉地区现代地理环境与二里冈文化时期相比可能存在一定的差别。以往的研究表明，古代交通路线往往与河流走向密切相关，但易被忽视的是历史时期河流可能存在的改道现象，江汉地区地形平坦，河湖众多，河流改道较为频繁。因此在对古代交通路线进行分析和复原时，需要对相应区域河道的走向以及变迁过程进行细致的考察，方能得出令人信服的结论。

（一）南北向的交通路线

二里冈文化时期至洹北花园庄期，江汉地区东北部出现了以盘龙城为中心的聚落群，反映出了这一区域与中原地区有着密切的交通往来和文化关联。在一定程度上，可以将盘龙城视为商王朝在南方地区设立的"据点"或"直辖邑"。因此，作为地方据点的盘龙城与都邑郑州商城之间的交通路线就成了我们尤为关注的问题。

实际上，从地理格局而言，地处武汉市北郊的盘龙城要与其北部450千米处的郑州商城实现交通往来并不困难，两地之间虽有大别山阻隔，但是自盘龙城出发经滠水北上即可穿过大别山山间隘口，北上郑州；抑或自盘龙城出发沿府河经随枣走廊进入南阳盆地，而后抵达郑州地区。而且发源于随州大洪山的府河不仅是江汉地区东北部最大的长江支流，府河下游还直接流经盘龙城遗址南缘，盘龙城遗址南端的王家嘴岗地直抵府河北岸，故而府河沿线通常被视为二里冈文化时期至洹北花园庄期盘龙城北上中原地区的重要通道①。

不过，以上对于交通路线的分析是以现代府河的河道走向为依据的，忽视了历史时期可能存在的河流改道问题，因此需要在对府河的水系结构及其历史变迁过程有一个基本梳理的基础上，重新考虑交通路线的问题。府河上游河道受沿岸山地的约束，不易发生明显的河流改道，但是府河自安陆以下则进入平原地带，府河下游支流众多，水系结构错综复杂，因此二里头文化时期府河下游的具体走向直接影响着我们对于这一时期鄂东北地区交通路线的认识。

从现代水系结构而言，府河发源于大洪山，全长266千米，穿随枣走廊、安陆、云梦、孝感后纳滠水，并称府滠河。此后府滠河折向东流经盘龙城南缘，于武汉谌家矶注入长江，府河是鄂东北地区最大的一条长江支

---

① 湖北省文物考古研究所：《盘龙城：一九六三年——一九九四年考古发掘报告》，文物出版社，2001年，第1页。

流。西周时期，在府河沿线就分布有鄂、随、厉等封国，昭王南征亦是自成周出发经由随枣走廊一带南下至孝感①。春秋时期，楚王伐随也是经由府河沿线的②。可见，自古以来，府河沿线就是鄂东北地区水陆交通较为发达的地区，成为沟通江汉与中原地区的重要通途。盘龙城地处府河下游，依据当今的河流走向，自盘龙城溯府河北上，可至南阳盆地，进而进入中原腹地，故而将府河视为二里头文化晚期中原与江汉地区的交通路线具有一定的合理性。

从现代遥感影像上可以看到，当前府河在孝感附近，纳滠水，后府河与滠河合二为一共同汇入长江。但是，孝感以上府河河道蜿蜒曲折，呈天然河道自然延伸状态。在孝感以下与滠水合并河段则十分平直规整，与天然河道存在明显差别，考虑此区域属孝感与武汉交接地点，人类活动频繁，推测这段平直的河道可能系人工修整而成。

实际上，《湖北省志·水利》对府河下游的人工改道过程有着明确记载，1959 年以前，府河与滠河二者各分其流，府河属汉江支流，于武汉市西侧的新沟镇注入汉江。而滠河属长江支流，滠水在绕经孝感城关后，汇入捷径河，最终于武汉谌家矶注入长江。因此，1959 年以前流经盘龙城遗址南缘的河道属滠河下游河道③。1959 年，湖北省政府为治理府河下游水患，实施了府河、滠河改道工程，将原本各自独立的府河、滠河自卧龙潭以下合而为一，统一由武汉谌家矶注入长江。由此，府河由汉江支流转为长江支流，而滠水由长江支流转变为府河的最大支流④。

1959 年府、滠河改道工程显著改变了盘龙城遗址周边的水系格局，这一工程使得原本流经盘龙城遗址南缘的长江支流——滠河，转变成为府河

---

① 尹弘兵：《地理学与考古学视野下的昭王南征》，《历史研究》2015 年第 1 期。

② 刘玉堂、袁纯富：《楚国交通研究》，湖北教育出版社，2012 年，第 11 页。

③ 滠河下游北径咀至谌家矶段又名为捷径河。笔者查阅了清代同治年间和民国时期绘制的地图，图中均显示盘龙城遗址南缘的河段名为"捷径河"，且捷径河属滠河下游干流。

④ 湖北省地方志编纂委员会：《湖北省志·水利》，湖北人民出版社，1995 年，第 552 页。

的一条支流，而原本位于盘龙城西侧约 30 千米的汉水支流——府河转而流经盘龙城遗址南缘，成了与该遗址关系最为密切的一条河道。

盘龙城遗址发现于 1954 年，正式的田野考古工作始于 20 世纪 60 年代，当现代考古学家开始审视盘龙城遗址周边水系格局时，府河已经成了长江支流并直接流经盘龙城遗址南侧。因此，考古学家很自然地将府河视为盘龙城北上中原，南下长江沿线的重要交通路线①，而澴河与盘龙城的密切联系则在一定程度上被忽视。

以 1959 年府、澴河改道之前的水系格局而言，澴河直接流经盘龙城遗址南侧，而府河则位于盘龙城遗址西侧 30 千米，显然澴河与盘龙城的关系更为密切。通过以上对水系变迁过程的梳理，我们发现河流的走向直接影响着对于古代交通路线的推测和判断。因此，在分析二里冈文化时期鄂东北与中原地区交通路线时，需要对府河、澴水等主干水系的基本走向予以明晰，不能简单地以现代水系结构臆测古代的交通路线。

实际上，在历史文献及古旧地图中均可见到关于汉江、府河、澴水的河道走向若干信息。鲁西奇等学者即依据《水经注》等文献对汉魏六朝至唐宋明清时期，汉江、府河下游河道进行了详细的考证，据其研究成果基本可以确定汉魏六朝时期以来府河即为汉水支流②。同时，在谭其骧等学者编著的《中国历史地图集》中可以看到春秋直至明清时期，府河均汇入汉水，而澴水则注入长江。可见，春秋时期以来，府河与澴河各分其流，分属汉水和长江支流的格局未曾发生改变。目前，虽难以从历史文献或古旧地图中直接获知二里冈文化时期府河与澴河的河道走向，但是上述已知的历史地理研究成果，可以让我们有理由推测二里冈文化时期府河与澴河干流的空间位置关系应该与 1959 年府澴河人工改道工程之前的形态基本一致。换言之，府河与澴河干流在数千年间均保持着相对稳定的河道形态，1959 年的人工改道工程则是府河与澴河下游最为显著的一次河流改道过程。

---

① 湖北省文物考古研究所：《盘龙城：一九六三年——一九九四年考古发掘报告》，文物出版社，2001 年，第 1 页。

② 鲁西奇、潘晟：《汉水中下游河道变迁与堤防》，武汉大学出版社，2004 年，第 155 页。

不过，应该注意到，府河与澴河下游支流众多，湖汊纵横，水系结构十分复杂，在历史上府河与澴河干流虽然各分其流，但二者由于距离较近，且并无自然山脉、天堑阻隔，那么府河与澴河下游可能存在着某些分支河道，使二者沟通。《水经注·涢水篇》即记载涢水下游分为两支，"西入于沔，东通澴水"，此处的"沔"即汉水，这一记载表明涢水除注入汉水以外，还存在着东通澴水的一条分支。据鲁西奇考证，涢水干流注入汉水，但同时涢水也存在着连通长江的支流。涢水通长江的这条支流正与澴水下游河道相通①。笔者查阅了《中国历史地图集》以及 20 世纪初期由不同的测绘单位出版印制的地图，却均未发现府河与澴河各分其流，这是因为这些地图比例尺均较小，所体现的是府河与澴河干流的流向。而在 1928—1932 年间中华民国组织测量的五万分之一实测地形图中，则可以较为细致地观察到府河与澴河下游的河道形态。我们搜集了覆盖府、澴河下游区域的九幅民国时期军用地形图，并依据图表将其按相对位置予以拼合。从图中可以看到，府河与澴河干流各分其流，但是澴河下游分为两支，其东支汇入长江，西支则与涢水连通。这一水系格局基本与《水经注·涢水篇》中记载的"（涢水）西入于沔，东通澴水"的河道形态相吻合。

综上所述，20 世纪 30 年代，府河与澴河干流各分其流，二者分属汉水和长江支流，但府河与澴河之间存在小型河道使得二者保持连通的状态，这一水系结构直至 1959 年才为人工河道改造工程所打破（参见图5.5）。而 20 世纪 30 年代实测地形图所反映的府河与澴河水系结构，与前述春秋至汉魏六朝时期的水系结构基本一致。

目前虽然仍无法获知二里冈文化时期府河与澴河的河道走向，但是依据春秋时期以来的河道走向可以知晓，府河与澴河干流在两千余年间均保持着相对稳定的形态，因此二里冈文化时期这两条河道的走向很有可能与图 5.5a 中所示的形态基本吻合。经过上述分析可以发现，从交通路线的角度而言，澴水对于盘龙城的重要性显然不亚于府河。

---

① 鲁西奇、潘晟：《汉水中下游河道变迁与堤防》，武汉大学出版社，2004 年，第 161 页。

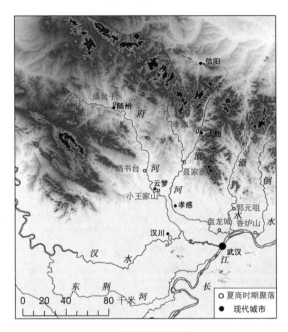

a. 商代府河河道

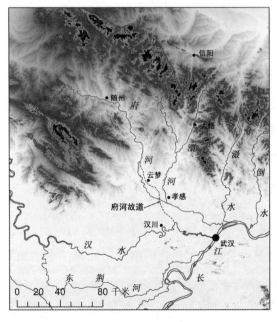

b. 现代府河河道

图 5.5　府河与澴河下游河道形态变迁对比图

澴水发源于湖北省大悟县北部的光山头，自北向南流经孝感后于武汉谌家矶汇入长江，全长133千米。实际上，在春秋时期，澴河沿线已经成为一条十分重要的水陆交通路线，顾祖禹在《读史方舆纪要》卷七十七"湖广三德安府"条中说，(澴水)其"北控三关，南通江汉，据襄樊之左腋，为黄鄂之上游，水陆流通，山川环峙，春秋时楚人用此得志于中原者也"。时至今日，当今武汉与郑州之间的铁路、公路干线均基本沿澴水平行分布。

实际上，20世纪80年代，孝感地区博物馆在鄂东北地区的涢水、澴水、滠水流域开展过多次考古调查①，调查者曾在澴水沿线发现了包括聂家寨、凤凰墩、大台子、城隍墩凤凰台、似鼓墩等多处二里冈文化时期遗址，并指出鄂东北地区商周时期的遗存以"澴水、滠水流域为最多，其次是涢水和汉水"②。而且，就空间距离而言，从盘龙城出发沿澴水北上至郑州商城，其空间距离显然短于经府河北上的路线。换言之，相较于府河而言，澴水是郑州商城与盘龙城之间最为便捷的一条交通路线。

通过对澴水、府河的河道走向和澴水沿线考古遗存的分析，我们认为，二里冈文化时期至洹北花园庄期，澴水下游直接流经盘龙城遗址，而且澴水很有可能是盘龙城与中原地区进行文化交通的一条重要通道，对于盘龙城而言澴水作为交通路线的重要性不亚于甚至更甚于府河。与此同时，府河沿线分布的小王家山、庙台子等遗存表明，府河沿线可能也作为连接江汉与中原地区的通道而存在。

由此可见，二里冈文化时期至洹北花园庄期江汉地区东部与中原地区的交通路线实际上与二里头文化晚期基本无异。在江汉地区西部虽然发现了规模较大的荆南寺遗址，但是在荆南寺以北的汉水沿线则并未发现同时

---

① 孝感地区博物馆：《孝感地区文物普查概述》，《江汉考古》1990年第2期；孝感市博物馆：《孝感市古文化遗址调查简报》，《江汉考古》1995年第3期。

② 熊卜发：《浅谈鄂东北地区古代文化》，《鄂东北地区文物考古》，湖北科学技术出版社，1995年，第3页。

期的遗址分布，这一现象可能是田野考古工作开展得不充分所致，也可能表明二里冈文化时期由南阳盆地沿汉水中游南下进入荆州地区这条交通路线似乎并未形成。荆南寺遗址所见的中原商文化因素更有可能是经由盘龙城传播而至的。

(二)东西向的交通路线

二里冈文化时期至洹北花园庄期，江汉地区聚落众多，因此此区域的交通路线可能不仅限于与中原地区之间的南北向通道。江汉地区东部与西部可能存在着东西向的连通途径。就自然地理格局而言，长江自西向东穿江汉地区而过，就现代社会而言长江水道是江汉地区最为重要的水运要道。就二里冈文化时期至洹北花园庄期而言，长江沿线自西向东分布着荆南寺、李家台、盘龙城、香炉山、下窑嘴、意生寺等一连串遗址，这些遗址均分布于长江北岸 10 千米以内的区域(除意生寺外)，其中香炉山与长江干流的距离仅 1.2 千米。这些紧邻长江干流分布的聚落，似乎表明二里冈文化时期至洹北花园庄期，长江可能已经成为沟通江汉地区东部与西部的重要交通路线。

值得注意的是，地处江汉地区东部边缘的意生寺遗址虽与其他遗址一样分布于长江干流以北，但是意生寺遗址位于长江以北约 35 千米处，其与长江干流的距离远大于荆南寺、香炉山、下窑嘴等遗址。因此二里冈文化时期意生寺是否经由长江而与江汉地区其他聚落进行交通往来则有待分析。实际上，历史地理的研究表明，先秦时期长江出武穴后，摆脱了两岸山地的约束，形成了一个以武穴为顶点，北至黄梅县城关，南至九江市的巨大冲积扇，长江在这片冲积扇上形成了多条分流水系，尚未形成稳定的主河道。在此水系格局之下，位于黄梅县西侧的意生寺遗址实际上处于先秦时期九江冲积扇的北部边缘。由此可见，意生寺遗址虽与现代长江干流相距较远(35 千米)，但是二里冈文化时期，由于长江在武穴—黄梅江段处于分流状态，而意生寺则选址于长江分流河道的北部边缘。在这一水系条件下，意生寺与长江的距离将远远小于当前所见的距离(35 千米)，而应当与荆南寺、李家台、香炉山、下窑嘴等遗址与长江的距离相似。

由此可见，二里冈文化时期至洹北花园庄期江汉地区东西部乃至江汉与长江上游、下游的文化交流很有可能是经由长江沿线得以实现的。但是，这并不意味着当时的交通行为一定是借助舟楫进入长江干流才得以展开，长江沿江地带平坦的陆地同样具有优良的交通条件。

三、殷墟文化时期

洹北花园庄晚期前后，随着盘龙城聚落被彻底废弃，江汉地区以荆南寺、聂家寨、下窑嘴、意生寺为代表的一系列聚落随之被废弃。虽然在江汉地区东部的府河、溳水沿线的随州庙台子、黄陂郭元咀遗址依然可见商人活动迹象，但是殷墟文化时期江汉地区聚落数量明显减少，中原文化势力在江汉地区呈现出了明显的退缩之势，难以直接通过聚落分布的态势对殷墟时期江汉地区的交通路线进行分析。

不过在江汉地区多处地点均出土有殷墟文化时期的青铜器，具体而言主要包括三个片区：（1）江汉地区东北部的黄陂①、新洲②、汉阳③、浠水④、枣阳⑤、安陆⑥、应城⑦、应山⑧等地点；（2）江汉地区东南部的阳

---

①　熊卜发、鲍方铎：《黄陂出土的商代晚期青铜器》，《江汉考古》1986年第4期；黄锂、况红梅：《近年黄陂出土的几件商周青铜器》，《江汉考古》1998年第4期。

②　罗宏斌、黄传馨：《新洲县阳逻架子山铜器》，《江汉考古》1998年第3期。

③　湖北省博物馆：《汉阳东城垸纱帽山遗址调查》，《江汉考古》1987年第3期。

④　刘长荪、陈恒树：《湖北浠水发现两件铜器》，《考古》1965年第7期。

⑤　枣阳市博物馆：《湖北枣阳市博物馆收藏的几件青铜器》，《文物》1994年第4期。

⑥　余从新：《湖北安陆发现商代青铜器》，《考古》1994年第1期。

⑦　尚松泉：《应城发现殷代罍、爵》，《江汉考古》1980年第2期；余家海：《应城县出土商代鸮卣》，《江汉考古》1986年第1期。

⑧　应山县文化馆、张学武：《应山县发现商代铜鼎》，《江汉考古》1980年第1期。

新①、崇阳②以及石首③等地；（3）江汉地区西部的江陵④、沙市⑤等地。这些殷墟文化时期青铜器的出土地点基本呈线性分布，且与二里冈文化南下至江汉地区的路线基本相同。据此可以推测，殷墟文化时期江汉地区可能存在的交通路线与二里冈文化时期至洹北花园庄期基本一致，并未发生显著的变化。

但是，上述地点出土青铜器所体现出的文化面貌却存在明显的区别，有学者将江汉地区出土殷墟文化时期青铜器的文化风格分为三类：（1）江汉地区东部黄陂、新洲、浠水、安陆等地出土的瓿、爵、斝、瓶、罍等青铜容器风格与殷墟青铜器基本一致，属典型的商式铜器；（2）江汉地区西部江陵、沙市等地出土的体量巨大的青铜尊和罍则明显有别于中原地区的商式青铜器，且在长江流域的四川三星堆、湖南华容等地亦有发现，这类青铜尊和罍可能是长江流域特有的青铜文化风格；（3）江汉地区东南部阳新、崇阳出土的青铜铙、镈和鼓则明显属于南方地区较为常见的青铜乐器。

从江汉地区青铜器的文化风格来看，殷墟文化时期与二里冈文化时期不同，江汉地区并未形成一个明显的区域中心，不同区域形成了各具地域风格的青铜文化。随着中原文化势力的逐渐退出，来自长江流域的青铜文化因素开始逐渐进入江汉地区，为南方地区青铜文明的的兴起奠定了基础。就交通路线的特点而言，似乎可以看出，殷墟文化时期，江汉地区在继续保持与北方中原地区交通路线的同时，四川盆地、洞庭湖平原等地的青铜文化因素大致沿着以长江为主轴的文化交流通道进入江汉地区。

---

① 咸博：《湖北省阳新县出土两件青铜铙》，《文物》1981 年第 1 期。

② 鄂博、崇文：《湖北崇阳出土一件铜鼓》，《文物》1978 年第 4 期。

③ 戴修政：《湖北石首出土商代青铜器》，《文物》2000 年第 11 期。

④ 荆州地区博物馆、王从礼：《记江陵岑河庙兴八姑台出土商代铜尊》，《文物》1993 年第 8 期。

⑤ 彭锦华：《沙市近郊出土的商代大型铜尊》，《江汉考古》1987 年第 4 期。

四、小结

以上对二里头文化晚期至殷墟文化时期江汉地区可能存在的交通路线的分布情况进行了分析(参见图5.6)。夏商时期的都邑性城市始终在中原腹地流转,江汉地区地处中原以南,因此长期以来江汉与中原地区之间形成了比较稳定的南北向交通路线。实际上,山川、河流的走势基本奠定了江汉地区与中原地区交通往来的主要路径,时至今日这些线路依然是湖北、河南两省之间公路铁路网络的所经之地。

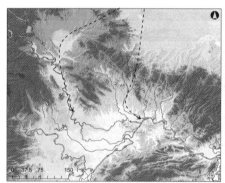

a. 二里头文化时期　　　　　　　　b. 二里冈文化至洹北花园庄期

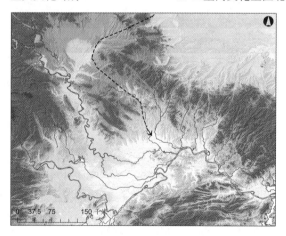

c. 殷墟文化时期

图5.6　江汉地区不同时期交通路线图

夏商时期由中原地区进入江汉地区的路径可以归纳为两条：第一条路线由中原地区南下穿过大别山隘口，沿澴水南下至盘龙城，这条线路与现代京广铁路郑州—武汉段所经之地基本相合。或是由中原地区出发进入南阳盆地，至随州一带沿府河南下亦可抵达盘龙城一带。第二条路线则是由中原地区进入南阳盆地然后至襄阳—钟祥一线，这条路线基本与汉水中游河道相合。从夏商时期聚落的分布态势而言，二里头文化更有可能是沿着第二条路线进入江汉地区，而二里冈文化则基本沿着第一条路线传播至江汉地区，二里冈文化时期交通路线格局在洹北花园庄期至殷墟时期基本得以沿用。

由此，似乎可以看到来自中原地区的二里头文化与二里冈文化在南传至江汉地区时选择了不太相同的交通路线。从王朝历史的角度而言，二里头与二里冈文化这两支考古学文化所对应的是夏王朝与商王朝，因此二里头文化与二里冈文化进入江汉地区路线的差异，在一定程度上可以被视为不同的中原政体对南方地区所采取的经略方式和理念的差异。实际上，从空间位置而言，第一条路线与第二条路线基本呈平行走向分布于江汉地区的东部和西部。从地貌形态而言，江汉地区东部与西部存在明显的区别，江汉地区东部分布有大别山余脉，地表分布有低缓的岗地，可见大片垄岗状平原；江汉地区西部则分布有汉水沿线的河谷地带以及长江以北的冲积平原，地形平坦开阔。就满足人类基本生存需求的角度而言，江汉地区西部分布着大片冲积平原与河谷，地形平坦土地肥沃，农业种植条件十分优越，相比之下，江汉地区东部多见垄岗状平原，地形起伏，农业开垦难度相对较大。但是江汉地区东部沿长江而下即可接近鄂东和赣北等重要的铜矿产地，这一明显的资源优势显然是江汉地区西部所不具备的。虽然我们不能将二里冈文化南下江汉地区的动因简单地归因于"南下掠铜"，但是考虑到江汉地区东部与西部自然资源的差异和二里头文化与二里冈文化南下路径的不同，可以较为清晰地观察到夏、商王朝对于地处其南部的江汉地区采取了明显不同经略方式和政治意图，而造成这种差别的重要原因可能就是江汉地区东部与西部自然地理条件和资源的差别。

　　若从江汉地区反观中原，亦能从另一个角度理解二里头文化与二里冈文化南下路线不同的现象。从西周时期以后江汉地区的交通路线格局不难发现，某一交通路线或者重要城市的兴起与相应时期都城的地理位置有着重要的关联。对此，清代地理学家顾祖禹曾指出，"盖天下之形势，视建都者为推移。藩屏之疏密，视建都之向背何如耳"。二里头文化时期都城位于偃师二里头遗址，二里冈文化时期的都城则位于二里头遗址以东约90千米的郑州商城遗址。从二里头文化时期至二里冈文化时期，都城位置的东移可能也是造成这两个时期江汉地区交通路线发生变化的原因所在。显而易见的是，自郑州南下穿过大别山沿澴水进入江汉地区，是盘龙城与郑州商城之间最为便捷的一条通道。二里头文化时期的都城位居郑州以西，由二里头遗址出发至南阳盆地再由汉水进入江汉地区自然就成了这一时期较为常用的一条交通路线。

第六章 结 语

景观，作为一个地理学概念，其初始含义是指地面上可见的景物，山川城镇、房屋街景均可涵盖其中。因此有地理学家将景观概括为自然与文化共同塑造而成的地表。与地理学类似，考古学对古代社会的研究同样需要对所研究区域的地表空间结构进行深入考察。不仅如此，考古学研究往往会采用相对宏观的时间尺度对一定空间区域的历时性变化进行长程观察，因此在考古学语境中，景观成了一种不断变化的景象，在自然与人文等复杂因素的作用下，古代与当代的景观通常会存在较大的差别。正因如此，当我们试图通过考古遗存窥探早已远去的古代社会时，则需要对当时的地理景观进行复原和重建，当我们在一个接近真实的古代景观背景之下，重新审视古代人类活动与社会图景时，或能从中获知更为丰富且生动的社会历史信息。

在考古遗址中，古代与当代景观得以交融，一方面，考古遗存分布形态乃是古代人类行为的直观呈现，另一方面，当前考古遗址的现存形态又是当代景观的组成部分。就时间尺度而言，可以将一定区域内的景观区分为古代与当代景观，但是古今景观并非孤立存在，古代的景观格局为当代景观的形成奠定了基础，同时，在当代景观中亦能追溯和还原出古代景观原貌。从考古遗址当前的面貌入手，通过相关的分析和研究手段，尽可能接近真实地还原出古代聚落和区域景观，就成了本书研究的基本思路。

通过本书的研究，我们对江汉地区夏商时期的地理景观形成了相对清晰的认识，在此基础上对夏商时期这一区域聚落景观及其所折射出的社会背景进行了新的分析和解读。此外，还对江汉地区夏商时期以来景观变迁的历史趋势的阶段性特征进行了总结，以下对上述三方面的问题分而述之。

一、江汉地区夏商时期地理景观

江汉地区内部属典型的河湖冲积平原，地形平坦、河网纵横、湖泊密布是其基本的地貌特征，此区域内部的冲积平原与外围分布的山地、丘陵、岗地共同形成了一个相对独立的地理空间。从地质地貌学的研究可知，夏商时期以来，江汉地区宏观地貌格局基本没有发生改变，换言之，夏商时期此区域活跃的人群所面对的山岳形态与今人所见基本无异。不过，当把视野缩小至具体的遗址则会发现，江汉地区夏商时期遗址多临河（湖）分布，在若干遗址中可以见到夏商时期居址或墓葬分布于现代河（湖）水面以下的奇特景象。同时，遗址周边的河道形态亦可见明显的人工或自然改道痕迹。这些线索暗示着，夏商时期以来此区域河湖水位以及河道走向可能发生了比较明显的变化。另外，在对多处遗址的景观调查过程中发现，夏商时期遗址的原始地貌被后期（尤其是现代）人类活动破坏的现象十分普遍，以致难以从遗址现存的地貌直接分析其在夏商时期的整体布局和分布范围。基于以上线索，我们对江汉地区夏商时期地理景观的复原主要聚焦于三个方面。

（一）河湖水位

本书将江汉地区夏商时期遗址的海拔高程与当代长江洪水峰值进行比对，发现多处夏商时期遗址的海拔高程均低于（遗址所在区域的）当代长江洪水位，由此可知，夏商时期江汉地区长江及其支流的洪水位应该低于现代洪水位，从遗址高程与现代洪水位的差值可知，此区域古（夏商）今（当代）洪水位差值可达 10~13 米。不难想见，夏商时期以来，长江及其支流的洪水位经历了一个显著的抬升过程，对于地势低平的江汉地区而言，这种大幅度的水位抬升对地貌格局的影响则是显而易见的，由此也就不难理解在江汉地区多个地点曾发现分布于现代河、湖之中的古代遗存这一现象了。

本书通过对江汉地区河湖洪水位变迁过程的长程观察，让我们对夏商时期乃至史前时期此区域河湖水位的基本情况有了更为清晰的认知。一方面，我们比较肯定的是夏商时期活跃于此区域的人群所面对的是河床下切较深，水位较低的水文状况，因此不能以当今河湖分布范围为基础，观察和分析夏商时期聚落的选址和布局特点。另一方面，目前虽然有若干证据显示，江汉地区在史前时期尤其是石家河文化晚期可能出现过洪水频发期，但这些史前时期的洪水对此区域的人类活动乃至文明进程造成了多大程度的影响则是众说纷纭的议题。从本书的分析可知，此区域河流洪水位的显著抬升期是近千年以来的宋元时期，因此夏商乃至此前的史前时期，此区域河湖水位应该处于一个相对低下的水平，即便暴发洪水频发期或特大洪水，这一自然灾害对人类聚落的影响程度应该也是相对有限的，迄今似乎没有在江汉地区史前或夏商时期聚落中发现比较明确的古洪水淤积层可能也从侧面说明了这一问题。

若以上推论成立，则我们在分析江汉地区夏商时期地理景观乃至相应时期的人地关系时，需要把握两个基本点：其一，夏商时期此区域河湖水位普遍低于当代同期水位，二者差距可达 10~13 米；其二，夏商时期，洪水作为一种自然灾害对此区域聚落构成直接威胁（直接淹没人类居址）的可能性较低，偶发性的洪水更有可能会对聚落周边的低平地带造成一定程度的淹没。因此当我们分析和探究此区域文明兴衰原因之时，不应简单地将其归因于某些特大洪水灾害的发生。

（二）河流走向

河流本是一种自然景观，但在相当长的历史时期内，河流时常成为交通路线的载体，因此河流的延伸方向影响着古代交通路线的走向。对江汉地区而言，此区域河流多发源于北部山地，河流进入平原地带之后因失去沿岸山地的约束，汛期易出现河流自然改道现象，近百年以来此区域人口数量迅速扩张，农田水利建设过程中对天然河道进行裁弯取直，人工改道的现象也十分普遍。

具体而言，在江汉地区所见的长江支流中，府河与滠水的改道对于认识夏商时期此区域交通路线有着重要影响。府河与滠水分别发源于鄂东北地区的大洪山和大别山，这两条河流自古以来就是连接中原与江汉地区的重要通道。当前，府河自孝感以下纳滠水，二者合流，并称"府滠河"或"府河"，府滠河下游流经盘龙城遗址南缘，随后注入长江。因此，从现代河流走向而言，府河直接流经盘龙城遗址，同时府河上游连接随枣走廊及南阳盆地，下游直通长江。因此，学界习惯性地认为府河是夏商时期盘龙城与外界沟通的重要通道，府河沿线也就成了这一时期江汉与中原地区之间的一条交通要道。

但是，府河与滠水合流是 1959 年当地政府为治理水患，而将河道人为改造的结果，1959 年以前，府河与滠水各分其流，府河属汉水支流，其在汉川新沟镇涢口附近注入汉水；滠水属长江支流，其自孝感以下向东流经盘龙城遗址南侧，随后注入长江。因此，1959 年府、滠河人工改道之前，流经盘龙城遗址南缘的是滠水，府河则在盘龙城遗址以西 30 千米处注入汉水。相较于府河而言，滠水与盘龙城遗址的关系更为密切。实际上，作为交通路线而言，滠水与府河分别对应着两条不同的路线：沿滠水下游北上穿过大别山即可进入中原地带；沿府河上溯经随枣走廊进入南阳盆地后亦可到达中原腹地。

通过查阅 20 世纪初期的历史地图和翻检历史地理研究成果，我们可以确认 1959 年以前府河与滠水各分其流的局面起码自周代就已形成，这种河流走向一直延续至 1959 年府河人工改道之前，可见在两千余年间府河与滠水下游的水系结构较为稳定，未曾发生明显的自然改道。虽然迄今仍然无法获知夏商时期府河与滠水下游河流的具体走向，但可以确定的是，当今所见府河下游流经盘龙城遗址的现象乃是河流人工改道所致。夏商时期府河与滠水的河流走向很有可能与周代以来（至 1959 年以前）的河流走向一致，即府河与滠水各分其流，滠水直接流经盘龙城遗址南部，并注入长江，府河在盘龙城遗址以西注入汉水。滠水作为一条南北向河流居于盘龙城与郑州商城之间，其作为交通路线的重要性自然不言而喻。

另一方面，夏商时期以来长江干流并未发生大幅度的改道现象。但是相关研究表明，先秦时期由于长江沿岸并无人工堤防的困束，长江部分河段可能并未形成稳定统一的主河道，而呈现出多道漫流的状态。尤其是在武穴至黄梅江段，先秦时期长江在出武穴后，形成了一片北至黄梅南至九江的冲积扇，长江在这片冲积扇上呈漫流态势，当今武穴—黄梅以南地表仍可见多条古河道遗迹正是长江漫流所致。当前意生寺遗址位于长江（黄梅段）以北约 40 千米，但若考虑到夏商时期长江在此呈多道漫流态势，此时长江（北支线）应该直接流经黄梅县南侧。如此观之，则夏商时期意生寺实际上是位于紧邻长江的地带。考虑到长江沿岸 10 千米以内的区域分布有荆南寺、李家台、盘龙城、香炉山、下窑嘴、意生寺等一系列聚落，可知夏商时期长江就已经成了江汉地区一条重要的东西向交通路线。

（三）遗址微地貌

就宏观地貌而言，江汉地区内部以河湖冲积平原为主，外围以山地、丘陵环绕，这一地貌格局数千年以来基本未曾发生改变。但是，具体到某一遗址的微地貌形态，夏商时期以来在人类活动与自然营力的双重作用下，遗址的微地貌形态发生了十分显著的变化。本书认为，江汉地区夏商时期聚落多分布于一些台墩或岗地之上，但是由于近百年以来人类对自然地貌的改造能力显著增强，很多在自然旷野中保留了数千年的台墩、岗地，在现代农业生产和城市化进程中遭到严重破坏，甚至荡然无存，因此就遗址所在地的当代地貌景观而言，难以对其聚落布局与分布范围进行观察和研究。

本书对江汉地区夏商时期遗址逐一进行了微地貌复原研究，进而发现此区域夏商时期聚落选址特点和营建方式存在明显的差别，大致可分三类：（1）盘龙城、香炉山、下窑嘴、郭元咀、意生寺等聚落选址于天然岗地之上。（2）荆南寺、小王家山、聂家寨、晒书台、庙台子等聚落则分布于土筑台墩之上，台墩与其周围平坦的地表形成 2~10 米的落差。这些遗址所在的台墩形制较为规整，矗立于平坦的冲积平原之上，人工营建的痕迹十分明显，推测这些台墩应非自然形成，而是夏商时期人群利用天然残丘、土岗人工堆筑，修茸而成。(3)乱葬岗、王树岗、墓子坡、李家台等聚落则直接分布于平坦的河湖冲积平原之上，未见明显高出地表的台墩或岗地。以上三类聚落在选址和营建方式上呈现出的差异，实际与聚落营建者所能调动的社会资源有关，因此聚落的营建方式在一定程度上体现着聚落自身等级与规模的差别。聚落选址和营建方式的多样性也可能表明聚落自身功能的多元和复杂。

同时，通过对遗址微地貌的复原，可以发现夏商时期聚落的面积呈现出了显著的差异。夏商时期江汉地区的区域中心聚落面积趋近 4 平方千米，而其他聚落面积远小于盘龙城，若以聚落所在的台墩面积计算，这些聚落的面积大多为 0.01 平方千米左右。但是，荆南寺与意生寺两处聚落的面积为 0.5 平方千米左右，明显大于(盘龙城以外)的其他聚落。同时，在意生寺遗址中还可见到疑似城垣、护城河的遗迹分布。荆南寺遗址由于早年破坏较为严重，仅发现过一座出土青铜器的墓葬。聚落面积的差别表明聚落中人口数量的差异，一些特殊遗迹(城垣、护城河、高等级墓葬)的出现暗示着聚落中可能居住着社会地位较高的人群。因此可以通过聚落的面积及其中高等级遗存的出现，将江汉地区的聚落划分为三个等级，分别以盘龙城、荆南寺和意生寺及其他聚落为代表。

综上所述，夏商时期江汉地区的河湖水位普遍低于当今水位，河流的走向亦与目前所见存在差别，这一时期聚落的微地貌形态亦与当今所见的遗址景观存在一定的差别。夏商时期江汉地区地理景观与当代景观的多方面差异，势必影响着我们对夏商时期聚落形态乃至人类行为、社会背景的分析与阐释。换言之，对江汉地区地理景观的复原和探究，为我们从新的角度认识和复原古代社会提供了可能。

二、江汉地区夏商时期的聚落与社会

通过对江汉地区夏商时期地理景观的复原，使我们有机会观察到更为接近真实的夏商时期聚落景观"原貌"，由此可以对江汉地区夏商时期的若干社会背景进行新的解读。实际上，利用有限的考古材料试图对古代社会图景进行全面复原存在着相当的难度和挑战，因此研究中通常是对古代社会中的某些侧面进行分析和复原，以此对一定区域内的古代社会发展背景形成整体性认识。本书对于江汉地区夏商时期聚落与社会的讨论基本可以概括为两个方面：一方面是夏商时期盘龙城兴废的背景；另一方面则是夏与商文化时期江汉地区聚落形态的差异及其所折射出的社会历史信息。

（一）盘龙城兴废的背景

盘龙城是一座形成于二里冈文化时期至洹北花园庄期的大型城邑，其作为城市的"生命"前后延续三百余年。盘龙城所在的长江中游地区被视为商王朝的"南土"①，盘龙城的出现通常被看作商王朝南下扩张的重要标志和直接体现，另外盘龙城所在的江汉地区东部毗邻鄂东与赣北铜矿带，因此也有学者认为盘龙城的出现与商王朝获取南方地区铜矿资源的活动相关②。然而，本书通过对盘龙城遗址区域景观变迁过程的分析，发现该区域古今景观存在显著的差异，因此需要对盘龙城城邑的兴废背景重新予以考量。

就当代景观而言，盘龙城遗址位于今武汉市北郊约 5 千米处，遗址面积近 4 平方千米。该区域地处府河下游，在府河北岸大堤修筑之前（1974年之前）盘龙城遗址区域经常遭受府河洪水的侵袭，导致 20 世纪 50—70 年代，当地多个村落屡次向地势较高的地带搬迁。同时由于该区域属于血吸虫病的重灾区，新中国成立之前大量的村民死于血吸虫疾病。就地貌形态而言，盘龙城遗址区域分布着多条低矮的临湖岗丘和大小不一的湖泊，当地的稻作农业对于灌溉水源有着较大的需求，起伏的岗地对于农业灌溉造成了较大的困难。同时盘龙城区域地表分布着大片网纹红土，土壤较为贫瘠，农作物产量较低。因此，就当代地理景观而言，盘龙城遗址区域并不

---

① 江鸿：《盘龙城与商朝的南土》，《文物》1976 年第 2 期。
② 万全文：《商周王朝南进掠铜论》，《江汉考古》1992 年第 3 期。

具备土地肥沃、地形平坦等十分适宜人居的地理条件，因此，盘龙城遗址区域的人口数量一直保持着较低水平，2005 年以前该区域分布着 7 个自然村落，人口总数 1 千余人。通过对历史时期(西周至明清时期)盘龙城区域考古遗存的全面调查亦可知晓，两周至明清时期，盘龙城区域亦未出现大规模的城邑，仅分布着规模较小的若干自然村落，与该区域所见的现代村落格局基本无异。

简而言之，从人居环境的角度而言，盘龙城遗址区域当代地理环境并不太适合大规模人口聚居，因此长期以来该区域仅分布着若干小型自然村落。而盘龙城遗址区域的当代景观却与商文化时期在此出现的大型城邑形成了鲜明对比，商文化时期作为江汉地区区域中心的盘龙城最大分布范围接近 4 平方千米，其中分布着大型宫殿建筑群、城垣、城壕、贵族墓葬以及铸铜作坊等一系列复杂功能区。很显然，商文化时期作为大型城邑的盘龙城其兴起所依托的地理环境背景与当今所见的盘龙城遗址区域地理景观有着较大的差别。

笔者研究发现，商文化时期盘龙城区域河湖水位大幅低于当前水位，因此当今所见的散布于多个临湖岗地之上的盘龙城遗址，在商文化时期实际上应当呈现出一大片相对完成的陆地空间，岗地与岗地之间几乎没有湖水阻隔。而当前盘龙城遗址中面积近 1 平方千米的盘龙湖，在商文化时期该湖盆有相当一部分实际上是低平的陆地，且有线索表明盘龙湖湖盆地带在商文化时期很有可能存在着以水稻种植为主的农业活动。另一方面，城市并非一个自给自足的封闭空间，城市的兴起显然需要依托较为优良的交通条件。就当代的水系结构而言，府河连通随枣走廊，其下游流经盘龙城遗址随后注入长江，因此以府河为主轴的这条西北—东南向交通路线似乎成了盘龙城与外界连通的最主要通道。然而，通过对河流改道过程的分析，本书指出当前作为府河支流的滠水在商文化时期与盘龙城的关系更为密切，因此以滠水为主轴，沿大别山南麓南下盘龙城的南北向交通路线可能是商文化时期盘龙城与中原地区连通的另外一条重要通道，考虑到作为都邑的郑州商城大体位于盘龙城正北方向约 450 千米处，从盘龙城经由滠水沿线进入中原地带,直抵郑州(大体与当今京广铁路相合),这条路线相较于其他路线显然是一条最为便捷、直接的通道。

综上所述,商文化时期盘龙城城邑的兴起所依托的地理条件与当今盘龙城遗址所处的地理环境大相径庭,而这一背景正是我们分析盘龙城遗址的功能与性质的重要基础。不仅如此,长期以来学界对于盘龙城城邑在洹北花园庄晚期被废弃的原因尚未形成较为明确的认知。不过,从盘龙城聚落中心分布态势来看,有一条值得注意的线索。有学者在此前的研究中明确指出盘龙城在长达三百余年的营建和使用历程中,其聚落中心从遗址区最南端的王家嘴逐渐向北迁移至宫城区,最终又迁移至遗址区最北端的杨家湾岗地。从海拔高程来看,盘龙城聚落中心的两次转移实际上是不断向地势较高的地带搬迁,杨家湾岗地与王家嘴岗地高程可达 12 米左右。考虑到当前盘龙城遗址濒临府河与盘龙湖,因此盘龙城聚落中心不断向高处迁移并最终被废弃,似乎暗示着盘龙城的废弃可能与当地河湖水位的上涨有关。对于这一猜测本书亦作出了相对明确的回应。

通过对盘龙城遗址区域不同时期(商文化至明清时期)考古遗存分布的海拔高程进行比对可知,商文化晚期(殷墟文化时期)至两周时期盘龙城区域并未发生显著的河湖水位上涨现象,该区域河湖水位的大幅抬升发生于宋元时期以来,而这一水位抬升趋势亦与整个江汉地区河流洪水位变迁大势相合。因此,对于盘龙城城邑被废弃的原因虽然仍属未知,但本书认为盘龙城最终被废弃的原因与河湖水位的上涨并无太大关联。

(二)夏商时期江汉地区的聚落景观

由前文的分析可知,江汉地区夏商时期聚落的地貌形态与营建方式存在显著差异,随着中原文化势力在江汉地区"扩张"与"消退"[1],上述聚落景观呈现出了较为鲜明的阶段性特征。具体而言,可将聚落景观的阶段性

---

[1] 孙卓:《南土经略的转折——商时期中原文化势力从南方的消退》,科学出版社,2019 年。

差异划分为两个时期：二里头文化晚期至二里冈文化时期、洹北花园庄期至殷墟一期前后。

1. 二里头文化晚期至二里冈文化时期

二里头文化晚期，中原文化因素大体沿汉水及府、澴河南下传播至长江干流沿线，二里冈文化时期，随着江汉地区聚落数量的显著增加，上述文化传播路线更趋明晰（参见图 6.1a、图 6.1b）。然而，就聚落的整体分布态势及微观地貌形态而言，长江干、支流沿线呈现出了不尽相同的聚落景观。

第一，这一时期形成了以长江干流为核心的多层级聚落体系，打破了江汉地区史前时期的聚落分布格局。二里头文化晚期至二里冈文化时期，以盘龙城、香炉山、下窑嘴、意生寺、铜鼓山、荆南寺为代表的一系列聚落直接分布于长江干流沿线。城邑的出现以及青铜礼器的出土，暗示着上述聚落具有较高的社会等级，长江干流无疑成了这一时期江汉地区聚落分布的核心地带。

值得注意的是，新石器时代江汉地区聚落分布的核心地带曾长期处于澧阳平原—荆山南麓—大洪山南麓所共同构成的"月牙形地带"，长江中游地区迄今发现的 17 座史前城址中有 15 处均位于该区域之内①。二里头文化晚期至二里冈文化时期，江汉地区的聚落分布态势，彰显出了早期王权国家对其"南土"有着全新经略与管控意图，从而打破了江汉地区延续数千年的地缘格局。

第二，长江各支流的聚落景观呈现出不同的特征，体现出了自然地貌对聚落形态的影响和制约。这一阶段江汉地区聚落的地貌形态大体可以分为岗地与平原两大类别。在汉水与澧水流域聚落多居于平原之上，然而，在府、澴河与赣江沿线聚落则多选址于岗地之上。这种差异化的地貌选择与长江各支流沿线的地貌特征有着密切关联。

---

① 刘辉：《长江中游新石器时代城址的空间分布和兴废对环境变化的响应》，《环境考古研究》第五辑，科学出版社，2016 年。

汉水中上游沿岸由于受到了秦岭余脉、大巴山、荆山、大洪山等大型山地的制约，适宜人居的地块实际非常狭窄，汉水沿岸平坦的河流阶地自然成了聚落分布的理想之所。澧水沿岸高耸的武陵山脉同样不宜人居，而澧水两侧的河流阶地地形平坦，土地肥沃。正因如此，汉水及澧水沿线聚落均选址于平坦的河流阶地之上，造就了前文所述的"平原"景观。

而府、澴河沿线位于大别山南麓与江汉平原的过渡地带，赣江沿线则处于幕阜山、九岭山与鄱阳湖平原之间。在上述山地与平原间的过渡地带，分布着大片起伏的低岗。正因如此，府、澴河与赣江沿线聚落多选址于天然岗地之上，形成了前文所述的"岗地"景观。

第三，长江干流沿线聚落多居于岗地之上，体现出了聚落营建者"趋高"的选址倾向。耐人寻味的是，长江干流沿线聚落同样多居于岗地之上。然而，这一选址倾向可能并非受自然地貌的制约，而当属人为选择的结果。一方面，长江干流沿线分布着大片平坦开阔的陆地空间，并非岗丘起伏的地带。另一方面，由前文的分析可知，夏商时期长江干流水位低于当代水位 5~10 米。长江水道下切较深，因此干流的平坦地带并无显著的水患威胁。换言之，夏商时期长江干流沿线的平原地带同样适宜人居。因此，长江干流沿线聚落多分布于岗地之上，体现出了聚落营建者对"岗地"景观的刻意追求和有意识选择。就农业生产行为，尤其是南方地区最为常见的稻作农业而言，将聚落营建在平坦开阔的"平原"地带显然较岗地更适宜稻作农业活动的开展。然而，相较于"平原"而言，岗地具备了更为开阔的视野，这使得岗地具备更为优越的军事防御条件。不仅如此，一些手工业生产活动似乎需要借助地形上的起伏才能得以顺利实施①。由此可见，长江干流沿线聚落择高处而立的选址倾向，在一定程度上折射出了这些聚落自身功能的复杂与多样。这些聚落的兴起可能并非以满足最基本的生计

---

① 迄今在盘龙城遗址中发现的二里冈文化时期的"灰烬沟""长窑"等与铸铜、制陶等手工业生产活动密切相关的大型遗迹均分布于坡地之上，遗迹底部呈现出了 1~3 米的高程落差。因此，可以推测相较于平地而言，某些手工业生产活动可能更适宜于在坡地展开。

活动为出发点，而是承担着军事防御、交通运输、手工业生产等更为复杂的社会功能。

第四，聚落营建方式与面积呈现出了较为明显的等级分化。如前所述，江汉地区夏商时期聚落的营建方式可以分为 A、B、C 三类。A 类与 C 类营建方式同属对自然地貌的直接利用，而 B 类营建方式则是在自然地貌的基础之上，人为营建出了城垣、环壕等大型公共设施。显然，与其他两类营建方式相比，B 类营建方式需要调动更为丰富的社会资源，可能表明采用此种营建方式的聚落具备更高的社会等级。另一方面，聚落自身的面积，是考量其等级的重要参考因素。就考古发掘简报与报告刊布的数据而言，二里头文化时期江汉地区聚落的面积大体可分为三类：1 万~5 万平方米，5 万~30 万平方米，大于 30 万平方米。

综合聚落营建方式的复杂程度及其面积的大小，基本可以将二里头—二里冈文化时期江汉地区的聚落划分为三个等级。二里头文化晚期此区域聚落的等级分化尚不明显。二里冈文化时期，江汉地区出现了以盘龙城为代表的区域中心聚落，其面积趋近 4 平方千米，营建有城垣、环壕等大型设施，当属此区域等级最高的聚落。在盘龙城之外，还分布着小王家山、意生寺等规模较小的城邑。同时位于江汉地区西部的荆南寺，其形态更似一处天然的岗地，未见城垣、环壕等大型人工设施。但是依据本书所示的 CORONA 影像可知其原始面积趋近 30 万平方米，远大于其他普通聚落。同时，荆南寺遗址中还曾出土过随葬多件青铜礼器的墓葬。这些线索表明，以小王家山、意生寺、荆南寺为代表的聚落当属第二等级。除此之外，江汉地区长江各级支流沿线分布着数量众多的第三等级聚落，其面积为 1 万~5 万平方米，营建方式基本为平地起建或直接利用天然岗地，不见大型公共设施，出土遗存则以普通日用陶器为代表，未见高等级青铜礼器。二里冈文化时期，随着中原文化时期对江汉地区南扩势头趋于鼎盛，该区域的聚落等级出现了明显的分化。中原王朝对江汉地区的经略与管控可能正是经由这些不同层级的聚落得以实现和展开。多座城邑集中出现了府、澴河下游及长江干流东段，则反映出了商王朝这一区域的管控力度尤甚于其他地带。

2. 洹北花园庄期至殷墟一期前后(参见图 6.1c)

第一，分布于长江干流沿线的等级较高的聚落率先被废弃，长江支流沿线各聚落继续存在。这一阶段中原文化对江汉地区的影响日渐式微。洹北花园庄晚期，随着盘龙城聚落被彻底废弃，长江沿线的荆南寺、铜鼓山、下窑嘴、意生寺等聚落相继被废弃。

在上述分布于长江干流沿线的、等级较高的聚落被率先废弃之后，一系列规模较小、等级较低的聚落继续存在于该区域。在此前荆南寺聚落的分布地带，出现了周梁玉桥、官堤、梅槐桥、阴湘城等新兴聚落。在盘龙城所在的府、澴河下游，香炉山、小王家山、聂家寨、中分卫湾、徐家洲、钟家岗、晒书台等聚落继续存在。而在府河上游的随州一带，庙台子聚落兴起，带有环壕的聚落布局，该遗址中出土的制作精良、纹饰细腻的陶器，表明庙台子具有较高的社会等级。庙台子似乎成了盘龙城覆灭之后，府、澴、溾水流域新兴的一处区域中心聚落①。

这一阶段聚落景观似乎反映出中原王朝对江汉地区的经略模式有所调整，其不再依托大型高等级聚落对此区域实现直接的管控，转而通过若干规模较小、等级较低的聚落继续保持与江汉地区的政治联系与文化互动。

第二，府、澴河沿线聚落继续与中原地区保持着密切的文化互动，而长江其他支流沿线则逐渐被土著文化因素占据。就出土遗存的文化面貌可言，这一阶段府、澴河沿线依然与中原地区保持着密切的文化联系。然而，在长江南侧的澧水、赣江沿线，中原文化因素几乎不见踪迹，而带有浓厚土著文化风格的因素日趋兴起。这一文化格局为殷墟文化晚期长江流域青铜文化的兴起奠定了基础。府、澴河沿线与中原地区在地理空间上的邻近关系为其在文化面貌上保持长久的同步提供了重要的地理条件。而长江南侧的低山、丘陵地带有着相对封闭且独立的地理空间，这些掩映在山

---

① 孙卓:《南土经略的转折——商时期中原文化势力从南方的消退》，科学出版社，2019 年。

岭之间的小型地块为殷墟文化时期"费家河文化""大路铺文化""吴城文化"等极具地方风格的青铜文化的兴起提供了沃土。

江汉地区以河湖冲积平原为主，兼具低岗、残丘的地貌特征，造就了此区域夏商时期聚落景观的若干共性特征，聚落大多沿天然水系分布，同时因地制宜式地选择在"岗地"或"平原"之上营建聚落。

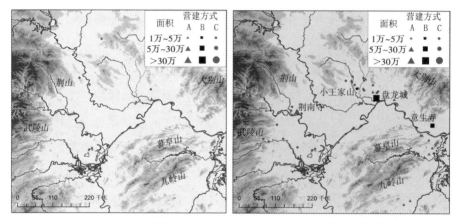

a. 二里头文化时期　　　　　　b. 二里冈文化时期

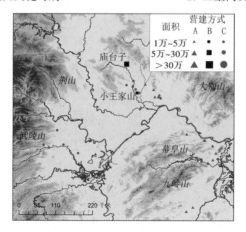

c. 洹北花园庄至殷墟一期

图6.1　江汉地区夏商时期聚落景观

另一方面，此区域夏商时期聚落在营建方式、选址特点等方面又呈现出了诸多的差异化特征。以盘龙城、意生寺、小王家山、荆南寺等为代表的聚落表现出了聚落面积的巨大、营建方式的复杂和"趋高"的选址倾向。这些聚落景观特征无疑是人为规划与刻意选择的结果，折射出了聚落自身等级、功能乃至性质等方面的显著差异。不仅如此，二里头文化晚期至二里冈文化时期，高等级聚落在长江干流沿线地带的集中兴起，反映出了中原王朝对江汉地区的经略乃是基于长江干流得以展开，从而打破了此区域史前时代所形成的聚落分布态势，彰显出了早期王权国家对南方地区所采取的管控与经营模式。这一聚落景观对历史时期江汉地区的城市分布格局造成了深远的影响。

主要参考文献

一、中文文献

（一）地图集与地方志

周世棠、孙海环：《二十世纪中外大地图》，新学会社，1906年。

东亚同文会：《中国分省地图——一九一八至一九四四年》，凌云书房株式会社，1981年。

谭其骧：《中国历史地图集》（第一册），中国地图出版社，1982年。

湖北省水利厅、湖北省勘察设计研究院：《湖北省湖泊变迁图集》，湖北科学技术出版社，1991年。

水利部长江水利委员会：《长江流域地图集》，中国地图出版社，1999年。

水利部长江水利委员会：《长江防洪地图集》，科学出版社，2001年。

国家文物局：《中国文物地图集》（湖北分册），西安地图出版社，2002年。

古道编委会：《湖北舆地图》（影印本），西安地图出版社，2005年。

湖北省地方志编纂办公室：《湖北省志（地理）》，湖北人民出版社，1997年。

武汉历史地图集编纂委员会：《武汉历史地图集》，中国地图出版社，1998年。

武汉市防汛指挥部办公室：《武汉堤防志》，出版社不详，1986年。

荆江大堤志编纂委员会：《荆江大堤志》，河海大学出版社，1989 年。

武汉市地方志编纂委员会：《武汉市志（总类志）》，武汉大学出版社，1998 年。

湖北湖泊志编纂委员会：《湖北湖泊志》，湖北科学技术出版社，2014 年。

（二）调查、发掘简讯、简报和报告

蓝蔚：《湖北黄陂县盘龙城发现古城遗址及石器等》，《文物参考资料》1955 年第 4 期。

郭冰廉：《湖北黄陂杨家湾古遗址调查》，《考古通讯》1958 年第 1 期。

郭冰廉：《湖北黄陂矿山水库工地发现了青铜器》，《考古》1958 年第 9 期。

郭德维、陈贤一：《湖北黄陂盘龙城商代遗址和墓葬》，《考古》1964 年第 8 期。

湖北省博物馆、北京大学考古专业：《盘龙城——长江中游商代城址的新发现》，《光明日报》，1975 年 4 月 9 日。

湖北省博物馆：《一九六三年湖北黄陂盘龙城商代遗址的发掘》，《文物》1976 年第 1 期。

湖北省博物馆、北京大学考古专业：《盘龙城一九七四年度田野考古纪要》，《文物》1976 年第 2 期。

湖北省博物馆：《盘龙城商代二里冈期的青铜器》，《文物》1976 年第 2 期。

中国科学院地理研究所、水利部长江水利委员会：《汉江流域地理调查报告》，科学出版社，1957 年。

余从新：《安陆晒书台商周遗址试掘》，《江汉考古》1980 年第 1 期。

大冶县文教局、文化馆：《湖北大冶罗桥出土商周铜器》，《文物资料丛刊》第 5 辑，文物出版社，1981 年。

随州市博物馆：《湖北随县发现青铜器》，《文物》1981 年第 8 期。

咸宁地区博物馆：《湖北省阳新县出土两件青铜铙》，《文物》1981 年第 1 期。

襄樊市文物管理处：《湖北襄樊拣选的商周青铜器》，《文物》1982 年第 9 期。

黄陂县文化馆、孝感地区博物馆、湖北省博物馆：《湖北黄陂鲁台山两周遗址与墓葬》，《江汉考古》1982 年第 2 期。

北京大学考古专业商周组、山西省考古研究所、河南省安阳、新乡地区文化局、湖北省孝感地区博物馆：《晋豫鄂三省考古调查简报》，《文物》1982 年第 7 期。

湖北省孝感地区博物馆：《孝感市几处古遗址调查简报》，《江汉考古》1983 年第 3 期。

孝感地区博物馆：《孝感、黄陂两县部分古遗址复查简报》，《江汉考古》1983 年第 4 期。

沙市市博物馆：《湖北沙市周梁玉桥遗址试掘简报》，《文物资料丛刊》第 10 辑，文物出版社，1987 年。

湖北省博物馆：《沙市官堤商代遗址发掘简报》，《江汉考古》1985 年第 4 期。

湖北荆州地区博物馆、北京大学考古系：《湖北江陵梅槐桥遗址发掘简报》，《考古》1990 年第 9 期。

咸宁地区博物馆、阳新县博物馆：《阳新和尚垴遗址调查简报》，《江汉考古》1984 年第 4 期。

湖北省孝感地区博物馆：《孝感市几处古遗址调查简报》，《江汉考古》1987 年第 3 期。

荆州地区博物馆：《湖北荆门、钟祥、京山、天门四县古遗址调查》，《文物资料丛刊》第 10 辑，文物出版社，1987 年。

孝感地区博物馆：《湖北省汉川县考古调查简报》，《考古》1993 年第 8 期。

云梦县博物馆：《湖北云梦商、周遗址调查简报》，《江汉考古》1990

年第 2 期。

孝感地区博物馆：《湖北安陆市商周遗址调查》，《考古》1993 年第 6 期。

武汉大学历史系考古专业、襄樊市博物馆、随州市博物馆：《随州庙台子遗址试掘简报》，《江汉考古》1993 年第 2 期。

武汉大学历史系考古教研室、襄樊市博物馆、随州市博物馆：《西花园与庙台子》，武汉大学出版社，1993 年。

李端阳、陈明芳：《湖北孝感市古文化遗址调查简报》，《考古》1994 年第 9 期。

孝感地区博物馆、孝感市博物馆：《湖北孝感聂家寨遗址发掘简报》，《江汉考古》1994 年第 2 期。

湖北省文物考古研究所、阳新县博物馆：《阳新大路铺遗址东区发掘简报》，《江汉考古》1992 年第 3 期。

香炉山考古队：《湖北武汉市阳逻香炉山遗址考古发掘纪要》，《南方文物》1993 年第 1 期。

武汉大学历史系考古教研室、武汉市博物馆、新洲县文化馆：《湖北新洲香炉山遗址(南区)发掘简报》，《江汉考古》1993 年第 1 期。

吴晓松、董子儒：《湖北省黄州市下窑嘴商墓发掘简报》，《文物》1993 年第 6 期。

京九铁路考古队：《京九铁路(浠水—黄梅段)文物调查》，《江汉考古》1993 年第 3 期。

湖北省黄黄公路考古队：《黄黄公路古文化遗址调查》，《江汉考古》1996 年第 2 期。

孝感地区博物馆：《湖北孝感地区古文化遗址调查》，《考古》1986 年第 7 期。

余从新：《湖北安陆发现商代青铜器》，《考古》1994 年第 1 期。

荆州地区博物馆、江陵县文物管理处：《湖北江陵荆南寺遗址》，《文物资料丛刊》第 10 辑，文物出版社，1987 年。

荆州地区博物馆、北京大学考古学系：《湖北江陵荆南寺遗址第一、二次发掘简报》，《考古》1989 年第 8 期。

武汉市博物馆、湖北省文物研究所、黄陂县文物管理所：《1997—1998 年盘龙城发掘简报》，《江汉考古》1998 年第 3 期。

孝感市文管所：《孝感市大台子新石器时代遗址调查》，《江汉考古》1990 年第 2 期。

孝感市博物馆：《湖北孝感市徐家坟遗址试掘》，《考古》2001 年第 3 期。

河南省文物考古研究所：《郑州商城——一九五三至一九八五年考古发掘报告》，文物出版社，2001 年。

湖北省文物考古研究所：《盘龙城：一九六三年——一九九四年考古发掘报告》，文物出版社，2001 年。

荆州市周梁玉桥遗址博物馆：《湖北沙市周梁玉桥遗址 1987 年的发掘》，《考古》2004 年第 9 期。

湖北省文物考古研究所纪南城工作站：《湖北黄梅意生寺遗址发掘报告》，《江汉考古》2006 年第 4 期。

武汉市盘龙城遗址博物馆：《盘龙城东部长峰港商代遗存调查勘探简报》，《武汉文博》2007 年第 2 期。

河南省文物考古研究所等：《颍河文明——颍河上游考古调查试掘与研究》，大象出版社，2008 年。

荆州博物馆：《荆州荆南寺》，文物出版社，2009 年。

湖北省文物考古研究所、湖北省黄石市博物馆、湖北省阳新县博物馆：《阳新大路铺》，文物出版社，2013 年。

湖北省文物考古研究所、黄石市博物馆：《大冶蟹子地遗址 2009 年发掘报告》，《江汉考古》2010 年第 4 期。

中国社会科学院考古研究所：《偃师商城》，科学出版社，2013 年。

武汉大学历史学院、湖北省文物考古研究所、盘龙城遗址博物院、中国科学院南京地理与湖泊研究所、武汉大学遥感信息工程学院：《武汉市盘龙城遗址水下勘探及试掘简报》，《江汉考古》2018 年第 5 期。

盘龙城遗址博物院：《武汉市盘龙城遗址杨家湾 M13 发掘简报》，《江汉考古》2018 年第 5 期。

武汉大学历史学院、盘龙城遗址博物院、武汉市文物考古研究所：《武汉市盘龙城遗址杨家湾商代建筑基址发掘简报》，《考古》2017 年第 3 期。

武汉大学历史学院等、湖北省文物考古研究所、盘龙城遗址博物院：《武汉市盘龙城遗址杨家湾 2014 年发掘简报》，《考古》2018 年第 11 期。

武汉大学历史学院、湖北省文物考古研究所、盘龙城遗址博物院：《武汉市盘龙城遗址杨家湾北坡发掘简报》，《江汉考古》2018 年第 5 期。

武汉大学历史学院、湖北省文物考古研究所、盘龙城遗址博物院：《武汉市盘龙城遗址杨家湾坡顶发掘简报》，《江汉考古》2018 年第 5 期。

盘龙城遗址博物馆：《盘龙城遗址博物馆征集的几件商代青铜器》，《武汉文博》2004 年第 3 期。

武汉市文物考古研究所：《2014 年盘龙城遗址部分考古工作主要收获》，《盘龙城与长江文明国际学术研讨会论文集》，科学出版社，2016 年。

盘龙城遗址博物院：《武汉市盘龙城遗址王家嘴 M4 发掘简报》，《江汉考古》2018 年第 5 期。

韩用祥：《盘龙城遗址首次发现铸造遗物及遗迹》，《江汉考古》2016 年第 2 期。

武汉大学历史学院、湖北省文物考古研究所、盘龙城遗址博物院：《武汉市盘龙城遗址小王家嘴墓地发掘简报》，《江汉考古》2018 年第 5 期。

武汉大学历史学院、湖北省文物考古研究所、盘龙城遗址博物院：《武汉市盘龙城遗址小嘴 2015—2017 年发掘简报》，《考古》2019 年第 6 期。

武汉大学考古与博物馆学系：《郧县辽瓦店子遗址》，《湖北省南水北调工程重要考古发现 I》，文物出版社，2007 年。

武汉大学考古系、湖北省文物局南水北调办公室、郧县博物馆：《湖北郧县店子河遗址发掘简报》，《考古》2011 年第 5 期。

湖南省文物考古研究所：《湖南石门皂市商时期遗存》，《考古学报》1992 年第 2 期。

湖南省文物考古研究所、岳阳市文物工作队：《岳阳市郊铜鼓山商时期遗址与东周墓发掘报告》，《湖南考古辑刊》第 5 集，《求索》杂志社，1989 年。

王文建、龙西斌：《石门县商时期遗存调查——宝塔遗址与桅岗墓葬》，《湖南考古辑刊》第 4 集，岳麓书社，1987 年。

枝柳铁路复线工程考古队荆州博物馆支队：《湖北松滋西斋汪家嘴遗址发掘报告》，《江汉考古》2002 年第 4 期。

荆州地区博物馆：《湖北松滋博宇山遗址试掘简报》，《文物资料丛刊》第 10 辑，文物出版社，1987 年。

江西省文物工作队、德安县博物馆：《江西德安石灰山商代遗址试掘》，《东南文化》1989 年第 4 期、5 期。

江西省文物考古研究所、德安县博物馆：《江西德安县陈家墩遗址发掘简报》，《南方文物》1995 年第 2 期。

江西省文物考古研究所、九江市文化名胜管理处、九江县文物管理所：《九江县龙王岭遗址试掘》，《东南文化》1991 年第 6 期。

江西省文物工作队、九江市博物馆：《江西九江神墩遗址发掘简报》，《江汉考古》1987 年第 4 期。

江西省文物考古研究所、九江市文化名胜管理处、九江县文物管理所：《江西九江县马回岭遗址调查》，《东南文化》1991 年第 6 期。

（三）研究专著、论文

Adrian Myers 著，吴梦洋译，葛威校：《Google Earth 在考古学中的应用潜力与局限性评述》，《南方文物》2015 年第 4 期。

陈贤一：《盘龙城商代二里冈期墓葬陶器初探》，《中国考古学会第四次年会论文集》，文物出版社，1983 年。

陈贤一：《江陵张家山遗址的试掘与探索》，《江汉考古》1980 年第 2 期。

陈贤一：《江汉地区的商文化》，《中国考古学会第二次年会论文集》，文物出版社，1980 年。

陈贤一：《盘龙城遗址的分期及城址的性质》，《考古学研究》（五），科学出版社，2003 年。

程功弼：《江汉—洞庭湖区新石器遗址分布与河湖演变的联系性》，《安徽师范大学学报》（自然科学版）2005 年第 2 期。

陈诚、王宏志、沈雅琼、徐建军：《基于 GIS 的旧石器时代遗址时空分布规律的研究——以丹江口水库淹没区为例》，《云南地理环境研究》2008 年第 1 期。

陈曦：《从江陵"金堤"的变迁看宋代以降江汉平原人地关系的演变》，《江汉论坛》2009 年第 8 期。

陈曦：《宋代长江中游的环境与社会研究》，科学出版社，2015 年。

陈胜前：《理解后过程考古学：考古学的人文转向》，《东南文化》2013 年第 5 期。

长江水利委员会水文局：《1954 年长江的大洪水》，长江出版社，2004 年。

豆海峰：《长江中游地区商代文化研究》，西北大学博士学位论文，2011 年。

豆海峰：《从出土遗物看商时期南方与中原的文化互动》，《考古》2017 年第 4 期。

邓辉、陈义勇、贾敬禹、莫多闻、周昆叔：《8500 a BP 以来长江中游平原地区古文化遗址分布的演变》，《地理学报》2009 年第 9 期。

方勤：《曾国历史与文化：从"左右文武"到"左右楚王"》，上海古籍出版社，2018 年。

方辉：《聚落与环境考古学理论与实践》，山东大学出版社，2007 年。

方秋梅：《论晚清汉口堤防建设对城市环境变迁的影响》，《江汉论坛》

2009 年第 8 期。

　　高至喜：《商文化不过长江辨》，《求索》1981 年第 2 期。

　　高大伦：《论盘龙城遗址的性质与作用》，《江汉考古》1985 年第 1 期。

　　龚达发、邱声鸣：《沙市发现商代古文化遗址》，《人民日报》，1983 年 1 月 2 日。

　　顾延生、蔡述明：《武汉部分先秦遗址考古土壤中的植硅石组合及其环境意义》，《武汉大学学报》(人文社会科学版)2001 年第 2 期。

　　郭立新：《长江中游地区新石器时代自然环境变迁研究》，《中国历史地理论丛》2004 年第 2 期。

　　高应勤：《鄂西夏商时期文化遗存试析》，《文物》1992 年第 3 期。

　　龚胜生：《2000 年来中国瘴病分布变迁的初步研究》，《地理学报》1993 年第 4 期。

　　龚胜生：《湖北瘟疫灾害的时空分布规律：770BC～1911AD》，《华中师范大学学报》(自然科学版)2003 年第 3 期。

　　顾延生、刘金华、魏航空、许志斌：《武汉地区部分先秦遗址土壤标本中植硅组合及其意义》，《江汉考古》2000 年第 3 期。

　　龚胜生：《两湖平原城镇发展的空间过程》，《地理学报》1996 年第 6 期。

　　何驽：《荆南寺遗址夏商时期遗存分析》，《考古学研究》(二)，北京大学出版社，1994 年。

　　何驽：《湖北江陵江北农场出土商周青铜器》，《文物》1994 年第 9 期。

　　胡刚：《汉水流域夏商时期考古学文化研究》，西北大学博士学位论文，2013 年。

　　胡厚宣：《气候变迁与殷代气候之检讨》，《中国文化研究汇刊》第 4 卷上册，燕京大学国学研究所，1944 年。

　　郝园林、森谷一树：《CORONA 影像在城市考古中的应用》，《边疆考古研究》2017 年第 2 期。

　　江鸿：《盘龙城与商朝的南土》，《文物》1976 年第 2 期。

蒋刚：《湖北盘龙城遗址群商代墓葬再探讨》，《四川文物》2005 年第 3 期。

蒋刚：《盘龙城遗址群出土商代遗存的几个问题》，《考古与文物》2008 年第 1 期。

贾敬禹：《近 2000 年来江汉平原河湖水系演变》，北京大学硕士学位论文，2009 年。

江伟涛：《民国 1∶10 万地形图及其所见江南市镇数量——兼论常熟、吴江市镇数量的巨大反差》，《中国历史地理论丛》2017 年第 3 期。

科林·伦福儒、保罗·巴林著，陈淳等译：《考古学理论方法与实践》，上海古籍出版社，2015 年。

李丽娜：《试析湖北盘龙城第一至三期文化遗存的年代和性质》，《江汉考古》2008 年第 1 期。

李旻、王艺：《中国考古学景观与卫片的利用》，《形象史学研究》2014 年第 4 期。

蓝荣钦、林丽霞：《科罗纳侦察卫星影像及其地图制图应用》，《信息工程大学学报》2000 年第 4 期。

罗运兵、陈斌、丁伟：《大路铺文化土著因素的形成与传播》，《江汉考古》2014 年第 6 期。

李长安：《桐柏—大别山掀斜隆升对长江中游环境的影响》，《地球科学——中国地质大学学报》1998 年第 6 期。

林承坤、许定庆、吴小根：《洞庭湖的调节作用对荆江径流的影响》，《湖泊科学》2000 年第 2 期。

李可可：《荆湖地区水系演变与人类活动历史研究》，武汉大学博士学位论文，2003 年。

刘辉：《长江中游新石器时代城址的空间分布和兴废对环境变化的响应》，《环境考古研究》第五辑，科学出版社，2016 年。

鲁西奇：《新石器时代汉水流域聚落地理的初步考察》，《中国历史地理论丛》1999 年第 1 期。

鲁西奇：《青铜时代汉水流域居住地理的初步考察》，《中国历史地理论丛》2000 年第 4 期。

鲁西奇：《区域历史地理研究：对象与方法——汉水流域的个案考察》，广西人民出版社，2000 年。

鲁西奇、潘晟：《汉水中下游河道变迁与堤防》，武汉大学出版社，2004 年。

罗靖波：《新石器时代两湖地区人类活动与环境研究》，《江汉考古》2017 年第 5 期。

刘建国：《考古与地理信息系统》，科学出版社，2007 年。

蓝勇：《历史时期三峡地区经济开发与生态变迁》，《中国历史地理论丛》1992 年第 1 期。

鲁西奇、蔡述明：《汉江流域开发史上的环境问题》，《长江流域资源域环境》1997 年第 3 期。

刘礼堂：《唐代长江上中游地区的生态环境文化》，《江汉论坛》2007 年第 4 期。

李水城、罗泰主编：《中国盐业考古（第一集）——长江上游古代盐业与景观考古的初步研究》，科学出版社，2006 年。

蒙文通：《中国古代北方气候方略》，《史学杂志》1920 年第 3 期、4 期合刊。

毛欣、李长安、张玉芬、陈旭、刘辉：《湖北天门谭家岭遗址全新世中晚期气候变化及其对人类活动的影响》，《地球科学》2014 年第 10 期。

梅莉、张国雄、晏昌贵：《两湖平原开发探源》，江西教育出版社，1995 年。

彭锦华：《沙市周梁玉桥甲骨的初步研究》，《考古》1986 年第 4 期。

彭锦华：《沙市周梁玉桥殷商遗址试析》，《江汉考古》1989 年第 2 期。

秦岭、傅稻镰、张海：《早期农业聚落的野生食物资源域研究——以长江下游和中原地区为例》，《第四纪研究》2010 年第 2 期。

秦臻：《河南舞钢西平地区战国秦汉冶铁遗址的景观考古学研究》，北京大学硕士学位论文，2010 年。

任放：《明清长江中游市镇经济所依托的自然及人文环境》，《历史地理》第 19 辑，上海人民出版社，2003 年。

宋焕文：《从盘龙城的考古发现谈商楚关系》，《江汉考古》1983 年第 2 期。

孙卓：《论商时期中原文化势力从南方的消退》，武汉大学博士学位论文，2017 年。

孙华：《安阳时期商朝国家的政治版图》，《古代文明》第 10 卷，上海古籍出版社，2016 年。

石泉、蔡述明：《古云梦泽研究》，湖北教育出版社，1996 年。

史威、朱诚、李世杰、马春梅：《长江三峡地区全新世环境演变及其古文化响应》，《地理学报》2009 年第 11 期。

王劲：《对江汉地区商周时期文化的几点认识》，《江汉考古》1983 年第 4 期。

王立新：《早商文化研究》，高等教育出版社，1998 年。

王传雷：《盘龙城商代城址田野考古物探工作总结》，《江汉考古》1998 年第 3 期。

王立新：《从早商城址看商王朝早期的都与直辖邑》，《新果集——庆祝林沄先生七十华诞论文集》，科学出版社，2009 年。

王宏：《论周梁玉桥文化》，《江汉考古》1996 年第 3 期。

王从礼：《记江陵岑河庙兴八姑台出土商代铜尊》，《文物》1993 年第 8 期。

吴文贤、王传雷、喻忠鸿：《地球物理方法在盘龙城（府河工区）考古调查中的应用》，《物探与化探》2007 年第 S1 期。

王红星：《长江中游地区新石器时代遗址分布规律、文化中心的转移与环境变迁的关系》，《江汉考古》1998 年第 1 期。

王红星：《长江中游地区新石器时代的人地关系研究》，长江出版社，2015 年。

吴良镛：《中国人居史》，中国建筑工业出版社，2014年。

吴立、朱诚、李枫、马春梅、李兰、孟华平、刘辉、王晓翠、谭艳、宋友桂：《江汉平原钟桥遗址地层揭示的史前洪水事件》，《地理学报》2015年第7期。

吴小平：《试论三峡地区大溪文化的经济活动及其与地理环境的关系》，《江汉考古》1998年第2期。

武仙竹：《长江流域环境变化与人类活动的相互影响》，《东南文化》2000年第1期。

王蕾：《明清时期江汉平原水患与城镇发展》，《中南民族学院学报》（人文社会科学版）2000年第2期。

熊卜发：《浅谈鄂东北地区古代文化》，《鄂东北地区文物考古》，湖北科学技术出版社，1995年。

谢远云、李长安、王秋良、殷鸿福：《江汉平原9.0KaBP以来的气候演化：来自江陵剖面的沉积物记录》，《地理科学》2006年第2期。

谢树成、胡超涌、顾延生、黄咸雨、朱宗敏、黄俊华：《最近13Ka以来长江中游古水文变化》，《地球科学——中国地质大学学报》2015年第2期。

肖笃宁、李秀珍、高峻：《景观生态学》，科学出版社，2014年。

杨果、陈曦：《经济开发与环境变迁研究——宋元明清时期的江汉平原》，武汉大学出版社，2008年。

岳连建：《商代边远地区二里冈文化分析——兼论商代早期的政治疆域》，《考古与文物》1993年第4期。

杨权喜：《湖北商文化与商朝南土》，《中国商文化国际学术讨论会论文集》，中国大百科全书出版社，1998年。

杨权喜：《探索鄂西地区商周文化的线索》，《江汉考古》1986年第4期。

姚伟钧：《长江流域的地理环境与饮食文化》，《中国文化研究》2002年第1期。

周厚强：《孝感地区的商代文化》，《江汉考古》1990年第2期。

周凤琴：《荆江近5000年来洪水位变迁的初步探讨》，《历史地理》1986年第4期。

周凤琴：《荆江历史变迁的阶段性特征》，《历史地理》第10辑，上海人民出版社，1992年。

周凤琴：《湖北沙市地区河道变迁与人类活动中心的转移》，《历史地理》第13辑，上海人民出版社，1996年。

周凤琴：《云梦泽与荆江三角洲的历史变迁》，《湖泊科学》1994年第1期。

张修桂：《云梦泽与下荆江河曲的形成》，《复旦学报》（社会科学版）1980年第2期。

张修桂：《荆江百里洲河段河床的历史演变》，《历史地理》第8辑，上海人民出版社，1990年。

张修桂：《汉水河口段历史演变及其对长江汉口段的影响》，《复旦学报》（社会科学版）1984年第3期。

邹衡：《试论夏文化》，《夏商周考古学论文集》，文物出版社，1980年。

邹秋实：《从水系看盘龙城遗址环境的变迁》，《江汉考古》2018年第5期。

张玉石：《中国南方青铜器及中原商王朝与南方的关系》，《文物》1994年第2期。

赵世纲：《夏商青铜文化的南向传播》，《中原文物》1993年第3期。

张玉石：《中国南方青铜器及中原商王朝与南方的关系》，《文物》1994年第2期。

张昌平、孙卓：《盘龙城聚落布局研究》，《考古学报》2017年第4期。

张昌平：《夏商时期中原与长江中游地区的文化联系》，《华夏考古》2006年第3期。

张海、王辉、邹秋实、陈晖、苏昕、廖航：《商代盘龙城聚落地貌演变的初步研究》，《江汉考古》2018 年第 5 期。

张海：《景观考古学——理论、方法与实践》，《南方文物》2010 年第
4 期。

张光直：《考古学专题六讲》，文物出版社，1986 年。

张国雄：《明清时期两湖平原开发与环境变迁初议》，《中国历史地理
论丛》1994 年第 2 辑。

张玉芬、李长安、陈国金、王小平、肖明远：《江汉平原湖区周老镇
钻孔磁化率和有机碳稳定同位素特征及其古气候意义》，《地球科学——中
国地质大学学报》2005 年第 1 期。

周尚兵：《唐代长江流域土地利用形式及其自然灾害原因》，《中南民
族学院学报》(人文社会科学版)2001 年第 5 期。

张迪祥：《春秋、战国时期以来长江流域人口活动对植被变迁的影
响》，《植物资源与环境学报》2000 年第 1 期。

朱利安、托马斯著，战世佳译，陈胜前校：《地方和景观考古》，《南
方文物》2015 年第 1 期。

张海：《数学计算模型与二里头早期国家的疆域》，《中国聚落考古的
理论与实践：纪念新砦遗址发掘 30 周年学术研讨会论文集》，科学出版
社，2010 年。

张建民：《清代江汉—洞庭湖区垸堤农田的发展及其综合考察》，《中
国农史》1987 年第 2 期。

周魁一：《洞庭湖的历史演变与防洪功能评价》，《黑龙江水专学报》
2001 年第 3 期。

中国科学院地理研究所、水利部长江水利委员会：《汉江流域地理调
查报告》，科学出版社，1957 年。

朱诚、于世永、卢春成：《长江三峡及江汉平原地区全新世环境考古
与异常洪涝灾害研究》，《地理学报》1997 年第 3 期。

张建民、鲁西奇：《长江中游地区人地关系的历史演变及其特点》，
《光明日报》，2004 年 9 月 21 日。

朱士光:《历史时期江汉平原农业区的形成与农业环境的变迁》,《农业考古》1991 年第 3 期。

曾艳红、蔡述明:《地理环境对近代武汉城市经济发展的影响》,《长江流域资源域环境》2002 年第 4 期。

朱育新、薛滨、羊向东、夏威岚、王苏民:《江汉平原沔城 M1 孔的沉积特征与古环境重建》,《地质力学学报》1997 年第 4 期。

竺可桢:《中国历史上之气候变迁》,《东方杂志》1925 年第 22 卷。

竺可桢:《中国近五千年以来气候变迁的初步研究》,《考古学报》1972 年第 1 期。

朱诚、钟宜顺、郑朝贵、马春梅、李兰:《湖北旧石器至战国时期人类遗址分布与环境的关系》,《地理学报》2007 年第 3 期。

朱诚、张强、张之恒、于世永:《长江三峡地区汉代以来人类文明的兴衰与生态环境变迁》,《第四纪研究》2002 年第 5 期。

中国科学院《中国自然地理》编辑委员会:《中国自然地理·历史自然地理》,科学出版社,1982 年。

二、英文文献

Allen M J, Environment and Land-use: The Economic Development of the Communities Who Built Stonehenge, *Economy to Support the Stones*, 1997, 10 (4).

Aston M and Rowley T, *Landscape Archaeology: An Introduction to Fieldwork Techniques on Post-Roman Landscapes*, Left Coast Press, 1974.

Brookes S J, Baker J, Landscapes of Violence in Early Medieval Wessex: Towards a Reassessment of Anglo-Saxon Strategic Landscapes, *The Scandinavian Impact on Southern England*, Oxford University Press, 2015.

Bruno D and Julian T, *Handbook of Landscape Archaeology*, Left Coast Press, 2008.

Chase A and Chase D, The Use of LiDAR in Understanding the Ancient

Maya Landscape, *Journal of the Society for American Archaeology*, 2014, 2(3).

Dunnell C, The Notion of Site, in Rossignol J and Wandsnider L (eds) *Space, Time, and Archaeological Landscapes*, Plenum Press, 1992.

Higgs E S and Vita-Finzi C, Prehistoric Economies: A Territorial Approach, *Papers in Economic Prehistory*, Cambridge University Press, 1972.

Ian H and Scott H, *Reading the Past*, Cambridge University Press, 2003.

Jackson J B, *Discovering the Vernacular Landscape*, Yale University Press, 1984.

Keightley N D, The Late Shang State: When, Where, and What? *The Origins of Chinese Civilization*, University of California Press, 1983.

Mandy M, Continuity Versus Cultural Makers: Results of the Controlled Surface Collection of Tell Halula, North Syria, *PhD Thesis of Australian National University*, 2010.

Menze Bjoern and Ur A J, Mapping Patterns of Long-Term Settlement in Northern Mesopotamia at a Large Scale, *Proceedings of the National Academy of Science*, 2012(10).

Michael G and Bernard K, *The Sydney Cyprus Survey Project: Social Approaches to Regional Archaeological Survey*, Cotsen Institute of Archaeology at UCLA, 2003.

Milner R George, The late prehistoric Cahokia Cultural System of the Mississippi River Valley: Foundations, Florescence, and Fragmentation, *Journal of World Prehistory*, 1990, 4(1).

Olwig K, Sexual Cosmology: Nation and Landscape at the Conceptual Interstices of Nature and Culture; or What does Landscape Really Mean? *Lanscape: Politics and Perspectives*, 1993(14).

Pitt Rivers A L F, Excavations in Cranborne Chase near Rushmore, on the Borders of Dorset and Wilts, *Farnham: Privately printed*, 1987(1).

Patterson T, A Brief History of Landscape Archaeology in the Americas,

Handbook of Landscape Archaeology, Left Coast Press, 2008.

Qiao Y, Development of Complex Societies in the Yiluo Region: A GIS Based Population and Agricultural Area Analysis, *Indo-Pacific Prehistory Association Bulletin*, 2007(27).

Sauer C O, The Morphology of Landscapes, *University of California Publication in Geography 2*, 1925.

Ur A J, CORONA Satellite Photography and Ancient Road Networks: A Northern Mesopotamian Case Study, *Antiqutiy*, 2003(77).

Ur A J, *Urbanism and Cultural Landscape in Northeastern Syria*, Published by the Oriental Institute of the University of Chicago, Volume137, 2010.

Ur A J, Karsgaard, P and Oates, J, Early Urban Development in the Near East, *Science*, 2007, 317(5842).

Wilkinson T J, *Archaeological Landscape of the Near East*, The University of Arizona Press, 2003.

Zhang H, Bevan A and Fang Y, Archaeobotanical and GIS-Based Approaches to Prehistoric Agriculture in the Upper Ying valley, Henan, China, *Journal of Archaeological Science*, 2010(37).

Zhang H, Bevan A and Guo D, The Neolithic Ceremonial Complex at Niuheliang and Wider Honshan Landscape in North-eastern China, *Journal of World Prehistory*, 2013(26).